EDUARDO

Eduardo Jáuregui est psychologue spécialisé dans la psychologie positive et le sens de l'humour. Il enseigne à l'université Saint Louis, à Madrid. Il est également le cofondateur de l'entreprise SeriousFun, qui propose des exercices de développement personnel. En 2016, il publie son premier ouvrage, *Conversations avec mon chat*, aux éditions Presses de la Cité.

CONVERSATIONS AVEC MON CHAT

EDUARDO JÁUREGUI

CONVERSATIONS AVEC MON CHAT

ROMAN

Traduit de l'espagnol
par Vanessa Capieu

PRESSES DE LA CITÉ

Titre original :
CONVERSACIONES CON MI GATA
Publié en 2013 par Vergara, Barcelone, Espagne.

MIXTE
Papier issu de sources responsables
FSC® C003309
FSC www.fsc.org

Pocket, une marque d'Univers Poche,
est un éditeur qui s'engage pour la préservation
de son environnement et qui utilise du papier fabriqué
à partir de bois provenant de forêts gérées
de manière responsable.

ISBN 978-2-266-27834-8
Dépôt légal : mai 2018

À la mémoire de Rino Bertoloni,
taoïste sicilien

« Imitons les animaux :
manger, dormir, jouer et aimer. »

PREMIÈRE PARTIE

SYBILLE

1

Des coups de patte à la fenêtre

La première fois que je l'ai vue, elle est apparue comme par magie, comme les génies des lampes, mais sans nuage de fumée, sans musique céleste, et sans autre frottement que le ressassement de mes soucis.

Ce matin-là, j'étais pressée, comme presque tous les jours, et j'avais un tel nœud au ventre à cause de la réunion prévue avec l'équipe de Royal Petroleum que je n'avais pas pu avaler la moitié d'une tartine. Je venais de revoir ma présentation dans la cuisine et, sur la table, mon MacBook allumé trônait entre le beurre irlandais, le plan de Londres, les gants que Joaquín avait oubliés dans sa hâte matinale, mon assiette de toasts et un mug avec une photo du mariage de William et Kate qui ne sortait du placard que quand tous les autres étaient sales.

Je m'approchais de l'évier, l'ordinateur dans une main et mon mug dans l'autre, quand soudain ma vue s'est brouillée. J'avais encore un de ces vertiges… J'ai lâché le mug, lequel est tombé bruyamment sur la vaisselle que Joaquín avait laissée dans l'évier. Je me suis appuyée de ma main libre à la surface en Inox, serrant l'ordinateur contre ma poitrine et cherchant à refréner la vague nauséeuse, accompagnée d'une sorte de léger frisson qui parcourait ma peau. Une sensation devenue familière ces dernières semaines. J'ai respiré un grand coup et j'ai avalé ma salive plusieurs fois de suite.

« Du calme, Sara, me suis-je dit, ça va passer… Comme c'est passé les autres fois. »

J'ai fixé le paysage par la fenêtre pour me raccrocher au monde. Dehors, je voyais l'immuable ciel gris de Londres, les avions en partance de Heathrow, notre jardin triste et abandonné et, au fond, les maisons en briques foncées. Ce n'était pas une jolie vue, mais au moins elle donnait une impression d'espace et m'était familière. Elle m'a servi d'ancrage. Le vertige a paru diminuer.

— Mais qu'est-ce que j'ai ?

C'était la première fois que je me posais la question depuis qu'avaient commencé ces nausées matinales.

Quelques années plus tôt, j'aurais immédiatement pensé que j'étais enceinte. Catastrophée, j'aurais foncé dans une pharmacie pour acheter un test de grossesse. Aujourd'hui, j'aurais plutôt bien accueilli la nouvelle, mais elle n'était pas réaliste : depuis trop longtemps, Joaquín et moi n'avions pas trouvé le calme ni l'intimité nécessaires pour nous livrer à ces jeux agréables et divertissants. Pourtant, autrefois, nous faisions l'amour tout le temps et n'importe où, dans les rires et dans l'improvisation. Mais ce temps-là était fini. Alors, qu'est-ce que j'avais ?

C'est là que le génie de la lampe a fait son apparition. J'avais baissé les yeux une demi-seconde, le temps de m'assurer que le mug princier était indemne, et, quand j'ai relevé la tête, l'animal était là, énorme, ses yeux verts de prédateur plantés dans les miens. J'ai poussé un cri et levé mon ordinateur portable en bouclier devant moi. Comme pour me protéger du « fauve ».

Derrière le carreau se tenait un inoffensif chat au poil court et doré, la queue droite et l'air plutôt aristocratique. Il me regardait, semblant observer avec curiosité le comportement étrange de la drôle d'humaine que j'étais. Malgré mon cri, il n'avait pas bougé d'un poil.

Soulagée, je suis partie d'un grand éclat de rire, qui s'est très vite coincé dans ma gorge…

— Tu m'ouvres ?

C'était une voix douce et veloutée, clairement féminine, qui m'a fait penser presque immédiatement que j'avais affaire à une chatte. Une voix proche du ronronnement, profonde et délicate à la fois, aussi ancienne que le son d'un violoncelle Stradivarius mais avec une touche plus… sauvage.

J'ai posé mon Mac sur le plan de travail et j'ai regardé autour de moi, histoire de vérifier que j'étais bien seule dans la cuisine, qu'il n'y avait pas de ventriloque planqué dans le lave-vaisselle, ni de caméras cachées dans les placards. Mais non, rien à signaler : les gants de Joaquín avaient gardé la forme de ses mains absentes, le réfrigérateur continuait à vrombir légèrement et la pendule au mur donnait l'heure du méridien de Greenwich… L'heure de filer en vitesse, d'ailleurs, si je ne voulais pas arriver en retard à ma réunion.

Mais il y avait ce chat (cette chatte ?)... Il avait maintenant l'air de s'impatienter et arpentait le rebord de la fenêtre de long en large. Puis il s'est de nouveau assis et s'est remis à parler, plus pressant :

— Allez, laisse-moi entrer, quoi...

C'est en tout cas ce que j'ai cru comprendre, aussi absurde que cela puisse paraître. Par contre, comme je ne l'avais pas quittée des yeux, j'étais maintenant sûre que cette chatte (j'avais décidé que c'était une femelle) n'avait PAS remué les lèvres. Quelle découverte ! Bravo, Sara ! Comme si les chats avaient des lèvres ! Comme s'ils pouvaient parler ! Ce que j'avais entendu ne pouvait pas venir de cet animal.

Mais d'où ça venait, alors ? Ce n'était pas la radio, et les phrases semblaient bien sortir tout droit de sa bouche.

— Oui, c'est moi, là, à la fenêtre, ai-je alors entendu.

La voix de velours était aussi nette que le tic-tac de l'horloge.

— Alors, tu me laisses entrer, oui ?

Et, pour appuyer sa demande, le félin a frappé deux fois de sa patte sur le carreau. J'ai sursauté, comme si j'avais craint que la vitre ne cède. Parce que le pire, quand on se met à entendre un chat parler avec ce naturel et cette fluidité, c'est que tout devient envisageable, aussi délirant que ce soit.

« Bon, OK, je suis en train de rêver », me suis-je dit pour tenter de me calmer. Est-ce que c'était une hallucination ? À vrai dire, j'avais beaucoup trop travaillé ces derniers temps et bien trop peu dormi, même pour quelqu'un comme moi. On ne peut pas vivre indéfiniment à coups de cafés pour se réveiller et de cachets pour trouver le sommeil. Je le savais. Mes migraines sporadiques étaient devenues de plus en plus fréquentes et maintenant j'avais droit aussi à ces étranges vertiges. Si j'en avais eu le temps, j'aurais certainement été plus inquiète... si j'en avais eu le temps. Mais cette réunion commençait dans à peine plus d'une demi-heure. Déjà, je sentais monter un nouveau malaise. J'ai fermé mon Mac en vitesse, je l'ai rangé dans sa sacoche noire en Lycra et je me suis dirigée vers la porte de la cuisine. Avant de quitter la pièce, j'ai entendu la chatte frapper au carreau, deux fois, mais je n'ai pas pris la peine de me retourner.

La réunion était prévue à 9 heures. 9 heures pile, car en Angleterre toutes les réunions débutent à l'heure « pile ». Quand le froid de la rue m'a accueillie, il était 8 h 27. Quand je suis entrée dans la bouche de métro de West Hampstead, 8 h 36. C'était mal parti pour moi, et déjà j'entendais le commentaire sarcastique de Grey à propos de la petite Espagnole et de son rapport au temps si méditerranéen. En chemin, je n'ai prêté attention ni aux arbres nus de février, ni aux Londoniens pressés, ni aux affiches publicitaires jouxtant les escaliers mécaniques. Mon corps courait et ma tête répétait la présentation que j'avais commencée la veille, dans le train de Glasgow, et poursuivie à la maison jusqu'à minuit, avec Grey qui m'appelait sur mon portable toutes les dix minutes :

— *Come on, Penelope*, c'est pour demain, et si

ce n'est pas prêt je vais être obligé de te balancer aux requins.

Grey trouvait follement drôle de m'appeler Penelope, sans doute parce que Penelope Cruz était la seule Espagnole qu'il connaissait. Après onze ans de relations de travail, la blague continuait à lui sembler désopilante. Et plus encore depuis que l'actrice avait joué dans *Pirates des Caraïbes*, l'un des trois piliers de la culture occidentale, pour Grey, avec le foot et la bière.

La première fois que j'avais mis les pieds dans les bureaux de Buccaneer Design, je m'étais un peu renseignée sur cette petite agence de communication installée à Notting Hill, et je n'avais pas été surprise outre mesure par les cocotiers gonflables, les épées en plastique et les coffres au trésor débordants de barres chocolatées et de sachets de chips. Mais rien n'aurait pu me laisser prévoir l'accueil que réservait le « Captain Grey » à tous les nouveaux venus. Au mur de son bureau, juste au-dessus de son fauteuil, dans un splendide cadre ancien, était accroché le portrait d'un homme corpulent, le regard fier dans son élégant costume grenat, une perruque baroque sur la tête et une épée à la main. Un portrait datant du XVIIe siècle (selon ses dires). Dessous, sur une espèce de trône doré, était assis dans une pose identique un homme lui aussi corpulent, le regard également fier, dans un costume grenat (de coupe moderne, celui-ci), une incroyable tignasse poivre et sel sur la tête et la barbe assortie. Il pianotait sur un Mac dont le logo était souligné par un graffiti représentant deux os croisés.

Sans un bonjour ni le moindre préambule,

Graham Jennings s'était mis à me raconter que l'homme du tableau était son *great-great-great-great-great-great-grandfather* (c'est-à-dire son arrière-arrière… arrière-grand-père), le célèbre pirate Henry Jennings. À chaque génération, l'aîné héritait dudit tableau. Malheureusement, il ne restait pas une miette du trésor amassé par le bandit ; seuls les fonds marins en gardaient peut-être quelque trace. Mais qu'à cela ne tienne : l'arrière-arrière… arrière-petit-fils s'apprêtait à conquérir le monde d'Internet.

Je n'avais pas cru un mot des fanfaronnades de ce mythomane qui semblait avoir beaucoup en commun avec le capitaine Haddock, mais je dois reconnaître que son show m'avait impressionnée. Grey avait essayé de me vendre Buccaneer Design comme l'agence web la plus cool de la ville, et lui-même comme un génie de l'envergure de Steve Jobs. Je savais cependant que la première affirmation, tout du moins, était loin d'être vraie : Buccaneer Design avait de bons designers et sans doute un habile programmateur, mais ils n'y connaissaient pas grand-chose en matière d'usabilité et d'ergonomie. Et c'était là que je pouvais entrer en ligne de compte, et peut-être même les aider à faire de leur petite agence une grande boîte, capable de faire fortune dans ce qui était l'or du XXIe siècle. C'est ce que je lui ai dit, avec tout mon aplomb, et dans un anglais dont l'authentique accent british a dû le surprendre. J'ai déroulé sous son nez une carte jaunie à l'ancienne, façon « carte au trésor » donc, ce qui lui a fait pousser des glapissements émerveillés et appeler dans son bureau quelques-uns de ses moussaillons. Je l'avais confectionnée en connaissance de cause.

« *Welcome aboard, darling* », m'avait-il annoncé au bout d'une demi-heure.

J'ai découvert par la suite que Grey n'avait rien d'un Steve Jobs. En revanche, c'était un vendeur-né. Et ça a suffi. Après un premier succès avec webweddings.com, un site d'organisation de mariages qui a très vite conquis des milliers d'utilisateurs, nous avons commencé à travailler avec certains des sites web les plus côtés du moment, comme lastminute.com ou clickmango.com. J'ai beaucoup bossé, mais j'ai aussi pris beaucoup de plaisir. L'ambiance bon enfant qui régnait à l'agence me rappelait les colonies de vacances de ma jeunesse. Surtout, nous avions la chance de contribuer à des expériences numériques qui annonçaient une société plus participative, une démocratie plus transparente, une humanité plus sage, solidaire et unie. À cette époque, j'étais certaine que ces nouvelles technologies nous mèneraient à un monde meilleur.

Au milieu de l'année 2000, cependant, le spectaculaire château de cartes qui s'était construit autour du Net a commencé à tanguer. Et après les attentats du 11-Septembre – auxquels tout le personnel de Buccaneer Design avait assisté en direct sur l'écran géant de la salle de réunion –, nous avons réalisé que les technologies les plus avancées pouvaient être utilisées pour semer la terreur et que, en outre, notre propre tour s'effondrait elle aussi. L'économie mondiale ralentissait, les investisseurs perdaient confiance en la solvabilité des boutiques en ligne, les sociétés mettaient la clé sous la porte les unes après les autres, et mes stock-options avaient dégringolé.

Grey a dû vendre Buccaneer Design à une société de conseil plus centrée sur une clientèle traditionnelle, Netscience Inc., et nous avons déménagé dans des locaux immenses à la City, sans palmiers, sans coffre au trésor, et bien entendu sans le portrait de l'ancêtre supposé de Grey. L'atmosphère est devenue aussi glacée que la décoration minimaliste de nos bureaux. J'ai compris à quel point les choses avaient changé le jour où j'ai apporté des croissants à mes nouveaux collègues : tous ont décliné l'invitation (extrêmement poliment, c'est vrai) les uns après les autres. C'était comme s'ils avaient craint d'établir des relations au-delà du strictement professionnel. J'ai remporté presque tous mes croissants chez moi.

Désormais, le vieux pirate s'habillait comme un consultant des plus ordinaires, costume gris et cravate sobre. Il s'était coupé les cheveux et taillé la barbe. On aurait dit un banquier. D'ailleurs, nous avions de plus en plus de clients dans le secteur de la banque. J'étais devenue experte en systèmes de sécurité antifraude, calculs de prêts immobiliers et marché financier. Je peux dire que j'ai contribué à ma modeste échelle à la création et à l'éclatement de la grande bulle immobilière, et à la crise économique qui a suivi, commencée en 2008 et dont on ne sait quand elle finira. J'ai aussi participé, malgré moi, au développement des plus grands marchés du Net – les casinos virtuels, l'industrie du tabac et l'armement. Grey ne semblait pas avoir beaucoup de scrupules en la matière. Je suppose que cela faisait partie de son esprit pirate.

« On nous paie à la fin du mois, non ? Alors on astique le pont, Penelope, on ne peut pas se permettre de faire la fine bouche. »

Mais je n'y arrivais pas ; j'avais des problèmes de conscience. Moi, le fait de travailler pour certains clients me minait. Et Royal Petroleum était de ceux-là. Mes parents, enfants d'exilés espagnols après la guerre civile, avaient grandi dans le Londres des Beatles et étaient rentrés en Espagne en pleine transition. C'étaient d'authentiques hippies aux cheveux longs, avec leur fourgonnette Volkswagen bariolée et une conscience écologique très en avance sur l'époque. Félix Rodríguez de la Fuente, pionnier de la défense de l'environnement en Espagne, avait été mon idole à dix ans et j'avais rallié son « club des Lynx », créé pour rapprocher les jeunes de la nature. C'est là que j'avais rencontré mes meilleures amies, Vero, Patri et Susana, lors d'excursions dans la sierra de Guadarrama. Plus tard, j'avais décidé de faire une licence de journalisme dans l'optique de me spécialiser en environnement, et dès la première année je m'étais engagée activement dans l'association étudiante Complutense Verde. Finalement, la vie m'avait fait prendre un autre chemin, mais je restais concernée par ces sujets, et si je prenais le métro de Londres et m'enterrais quotidiennement dans ce qui se nomme à juste titre « le Tube », c'était pour épargner une source de pollution supplémentaire à cette ville et à la planète.

Bref, j'étais écœurée d'être maintenant obligée de participer à la refonte du site web de Royal Petroleum, dont le lancement devait coïncider avec celui de la nouvelle marque devenue tout simplement « RP ».

Manifestement, après la révélation de cet accident sur une plateforme pétrolière du golfe du Mexique qui avait causé une marée noire de près d'un demi-million de mètres cubes dans la mer des Caraïbes – un désastre écologique sans précédent –, ils avaient besoin de redorer leur image. Non seulement le mot « petroleum » avait disparu de leur nom, mais le nouveau logo – un soleil vert – et le slogan adopté – « Une nouvelle énergie » – évoquaient ceux d'une ONG écologiste. Pour justifier tout ça, la société pétrolière avait racheté plusieurs petites entreprises d'énergie renouvelable, représentant une fraction minuscule de son chiffre d'affaires mais destinées à occuper une place centrale sur la page d'accueil de son site.

J'étais tellement furieuse de devoir travailler là-dessus que je repoussais depuis une semaine la préparation de la réunion d'aujourd'hui, où nous devions présenter en détail la stratégie de Netscience pour le lancement de la marque RP. Mon retard rendait Grey dingue : il me bombardait d'appels et de messages depuis des jours pour savoir où j'en étais. C'est vrai qu'improviser une présentation de ce type n'avait rien d'inhabituel. Mais si nous parvenions à remporter le marché de Royal Petroleum, Netscience serait tirée d'affaire pour un bon bout de temps. Voilà pourquoi je savais que, dès mon retour à l'air libre, je trouverais au moins deux SMS et cinq appels manqués de Grey. Le métro londonien est si vieux que les appels ne passent pas.

Soudain, j'ai réalisé, dans un sursaut, que le train était stationné depuis pas mal de temps (combien ?) à Bond Street, où je devais descendre pour prendre ma correspondance. Les portes allaient se refermer et un véritable mur de dos humains serrés les uns contre les autres m'en barrait l'accès.

— *Excuse me !* me suis-je mise à hurler comme une démente, me frayant un passage tant bien que mal, trébuchant sur un parapluie et provoquant l'indignation des voyageurs obligés de s'écarter.

— *Stand clear of the doors, please !* a averti dans son mégaphone le conducteur, pour éviter qu'une inconsciente comme moi soit broyée dans une tentative de sortie téméraire.

In extremis, j'ai réussi à m'extraire de la foule et à sauter sur le quai. J'ai tiré d'un coup sec sur la ceinture de mon manteau juste avant qu'elle reste coincée. J'ai poussé un soupir de soulagement avant de me rendre compte que je n'avais plus rien dans les mains, à part cette fichue ceinture. Et que ma sacoche, qui contenait mon MacBook et la version papier de ma présentation, se trouvait dans le wagon, derrière les portes, de l'autre côté de la muraille humaine. Je n'ai rien pu faire d'autre que regarder disparaître dans le tunnel noir cette boîte de conserve vitrifiée où s'entassaient des sardines humaines avec leurs manteaux, leurs parapluies, leurs journaux et un objet désormais perdu dont j'avais besoin avec une urgence absolue. Il était 9 heures du matin. Pile.

Un changement de ligne, six stations, et un sprint dans les escalators plus tard, j'ai prévenu Grey par SMS de ce qui était arrivé, tandis que ses propres messages, de plus en plus inquiets, s'accumulaient sur mon portable. Juste avant de passer la porte de l'immeuble de Wood Street où étaient logés les bureaux de Netscience, j'ai reçu une réponse : « *Sharks for you.* » Bref, les requins m'attendaient de pied ferme.

Dans la salle, il y avait, outre les membres habituels de notre équipe, la DG de Netscience, Anne Wolfson, qui me rappelait Thatcher mais en version plus sobre quand même. Elle avait fait ses études dans le même College d'Oxford que la Dame de Fer, et elle ne manquait pas de le faire savoir en portant toujours au revers de sa veste un pin's de *graduate* du Somerville College. La première fois que je l'avais vue, c'était à la réunion générale qu'elle avait présidée après notre fusion avec Netscience, avec cinq cents autres personnes. Ce jour-là, elle nous avait parlé des efforts, de l'engagement et du sacrifice que le marché exigeait de nous. Ce « sacrifice » incluait – nous l'avions compris au fil des jours et des rumeurs qui avaient suivi – la mise en scène d'un rituel secret, sophistiqué et sanglant, dénommé *redudancies* (c'est-à-dire « licenciements »), où elle-même jouait le rôle de grande prêtresse. Au bout de quelques semaines, après un mystérieux sabbat managérial, elle nous avait convoqués pour annoncer des coupes budgétaires qui avaient affecté un employé sur quatre.

— Ah, la voilà ! a dit Grey en affichant un sourire crispé. Certains attachent une importance particulière à la ponctualité. Pour nous, en revanche, c'est l'accueil qui est l'essentiel. *Buenos días*, Sara !

Ce « *buenos días* » a fait rire tout le groupe, excepté Wolfson, qui ne riait jamais, pour autant que je sache. J'ai fait de mon mieux pour grimacer un sourire.

Je devais avoir une tête pas possible après ma cavalcade dans le métro londonien. Grey m'a présentée aux directeurs marketing et communication de Royal Petroleum et à trois autres dirigeants venus donner leur avis. Cinq hommes. Manifestement, ils n'en étaient pas à leur première réunion avec des consultants et on voyait bien qu'ils assistaient à celle-ci avec plus de résignation que d'intérêt véritable. Le dircom, un grand type au long nez avec des lunettes à monture vert citron, décolla à peine les doigts de son smartphone pour me serrer la main. Le directeur marketing, un homme d'un âge certain, bedonnant et presque chauve, bâilla à plusieurs reprises.

— Bon. Poursuivons, m'a lancé Anne en tirant sur les pans de sa veste, ce qui a fait danser le petit pin's doré.

J'étais sur le point d'expliquer mes mésaventures dans le métro, en me confondant en excuses contrites, quand Grey m'a coupé l'herbe sous le pied :

— La proposition de Netscience pour RP est fondée sur la simplicité. De même que le nom se simplifie, le design – ainsi que nous l'a expliqué Catherine – repose sur la pureté du blanc, avec quelques nuances de vert et de jaune. Mais la clé de cette simplicité réside dans la structure du site, et d'ailleurs, Sara, qui est une experte en la matière, a décidé de se passer de présentations électroniques et de revenir à l'essentiel : le tableau noir !

Anne ne semblait pas franchement convaincue par cette initiative que j'étais supposée avoir prise. Le groupe de Royal Petroleum, au contraire, s'est réveillé. Qui pouvait bien, de nos jours, oser faire une présentation sans l'aide de Power Point ? Le dircom a rajusté ses lunettes vert citron et rangé son smartphone dans la poche de sa veste.

Oui, Captain Grey était un vendeur hors pair. Encore fallait-il qu'il ait autre chose à vendre que du vent. Et là, ce n'était pas le cas.

— Euh… oui, merci, Graham, ai-je commencé, dans un état de stress total. Donc, pour ce site web, nous avons voulu un équilibre entre simplicité et fonctionnalité…

Dans un état second, je me voyais parler et gesticuler, déconnectée de mon corps, pendant que j'essayais désespérément de retrouver dans ma mémoire des fragments de ce que j'avais préparé au cours des dernières heures : menus déroulants, concepts hiérarchisés, boutons et liens, plans, microsites. Mais j'avais beau me concentrer, c'était comme si les détails se perdaient et se fondaient dans un roulis huileux et vertigineux qui faisait tanguer toute la salle. Mon cœur s'est emballé, frénétique, et, quand j'ai laissé échapper le feutre que je tenais, j'ai été prise d'une véritable panique en me rendant compte que je ne pourrais pas le ramasser sans m'évanouir.

— Exc… cusez-moi, ai-je bafouillé en essayant de sourire aux visages flous que je distinguais à peine au milieu de ce tourbillon.

Le sang dans mes veines faisait un vacarme si épouvantable que je n'entendais plus mes propres mots. Le roulis avait laissé place à des creux immenses et j'ai senti mes forces me déserter, comme un cormoran recouvert de mazout poisseux. Alors est montée une vague gigantesque, noire, visqueuse, qui m'a submergée.

2

La crise de la quarantaine

— *Hey baby.*

Joaquín m'embrassait la main.

— Salut, ai-je dit dans un filet de voix. Qu'est-ce que tu fais là ?

Sans m'en rendre compte, j'avais retiré ma main. Peut-être parce que son geste était étrange pour moi. Ou que j'étais gênée qu'il le fasse dans cette salle d'hôpital aux néons blancs. Ou simplement parce que ça faisait longtemps qu'il ne m'avait pas embrassé ainsi, avec délicatesse, le dos de la main. J'ai glissé mes deux paumes sous mes aisselles. Puis j'ai regretté et j'ai voulu lui rendre ma main pour qu'il l'embrasse encore. Mais le moment était passé.

— C'est Graham qui m'a appelé pour me prévenir que l'ambulance t'amenait ici. Alors je suis venu.

— Ah… Merci, ai-je répondu, un peu perdue. C'est absurde, non ? On ne s'est pas vus depuis quatre jours et c'est ici qu'on se retrouve.

Certes, la nuit précédente, j'avais senti son corps

chaud entrer dans le lit, et ce matin j'avais vu les restes de son petit déjeuner et ses gants vides sur la table de la cuisine. Mais ce n'était pas grand-chose. De toute façon, entre nos deux boulots, j'avais l'impression qu'on s'était à peine croisés depuis des semaines.

— Eh bien, heureusement que tu as fait un malaise, alors, a déclaré Joaquín. Si ça se trouve, la semaine prochaine, c'est moi qui tomberai dans les pommes et on aura une seconde chance de se croiser.

Je n'ai pas trouvé ça très drôle. Joaquín était toujours en train de plaisanter. Impossible de prendre quoi que ce soit au sérieux, avec lui. Mon malaise, par exemple. Ou notre relation. Quelle relation avions-nous, réellement ? Nous nous aimions, certes, mais nous ne nous voyions plus. Même lorsque nos horaires coïncidaient, à la maison, c'était comme si nous n'avions pas envie de nous voir. Lui fonçait sur sa Xbox et se plongeait pendant des heures dans ses batailles virtuelles contre des amis ou des inconnus sur l'écran géant du salon. Moi, je me mettais devant la télé ou j'appelais par Skype mon père ou mes copines. Les week-ends où nous ne travaillions ni l'un ni l'autre, il y avait toujours un voyage en Espagne, des invités à la maison ou des engagements ici ou là qui nous empêchaient finalement de passer du temps tous les deux, dans un minimum de calme.

Au début, c'était venu plutôt de moi. Je l'avais entraîné en Angleterre, où j'avais vécu petite et où avaient grandi mes parents, parce que j'avais envie de mieux connaître ce pays qui était aussi un peu le mien. Et ce serait l'occasion de travailler pour des boîtes leaders dans mon domaine. J'étais devenue la consultante type : mes horaires étaient « flexibles », c'est-à-dire qu'ils s'étiraient indéfiniment, envahissant nuits et week-ends. J'étais la voyageuse en classe business, qui se balade avec son MacBook sous le bras, sa carte gold de British Airways et sa valise réglementaire taille cabine.

Joaquín, au début, était à l'inverse celui qui avait du temps pour tout. Quand nous étions arrivés à Londres, sa famille, qui avait largement de quoi, nous avait acheté la maison. Du coup, mon salaire suffisait largement, et Joaquín n'était pas très pressé de se mettre à travailler. Il s'était d'abord consacré tranquillement à l'apprentissage de l'anglais. Plus tard, quand il avait pris son premier poste d'ingénieur dans l'aéronautique, il avait eu des horaires confortables, de 9 heures à 17 heures, qui lui laissaient encore beaucoup de temps libre. Il s'occupait de la maison et du jardin, il allait à la salle de sport plusieurs fois par semaine et il suivait des cours de toutes sortes : cuisine japonaise, massages, astronomie, modélisme. Ce qui me faisait le plus envie, c'est qu'il avait du temps pour lire... Certes, il ne lisait pas les romans qui me manquaient tant, mais il lisait quand même. Ce qui l'intéressait, c'était ces livres et revues qui étripent les versions officielles de l'histoire, démystifient la religion, la démocratie et l'économie néolibérale et lui permettaient de récuser tout ce qui est récusable.

Au fil des années, cependant, il s'était de plus en plus laissé accaparer par le travail. Depuis qu'il avait été promu directeur de projet, il avait commencé à rentrer encore plus tard que moi. Il se pliait aussi à la tradition de rester boire quelques pintes le soir avec ses collègues, une habitude qu'il avait toujours critiquée lorsque je m'y adonnais, moi. C'est ainsi que, depuis un ou deux ans, je n'avais plus droit au grand privilège de trouver le dîner prêt, la maison impeccable, les robinets réparés, et mon amoureux m'attendant à la maison avec la table de massage dépliée. Et alors que c'était moi avant qui retardais le moment de penser à avoir des enfants, repoussant toujours l'âge idéal, c'était à présent lui qui changeait de sujet.

Nous sommes restés à l'hôpital deux heures, entre examens et attentes diverses. Dans cet intervalle, Joaquín n'avait pas cessé d'insister pour que j'appelle Grey, ce dont je n'avais pas la moindre envie. Je ne voulais penser ni à cette réunion, ni à Netscience, ni à mon Mac envolé, ni au nouveau logo de Royal Petroleum. Mais Joaquín ne me lâchait pas : Graham lui avait fait promettre que je lui passerais un coup de fil dès que je serais remise.

Quand finalement je me suis exécutée, je ne l'ai pas regretté. Le pirate avait bon cœur, au fond. Il était navré et s'est confondu en excuses. Il se sentait coupable de tout, m'assurant qu'il avait seulement voulu m'aider avec son petit discours sur ma présentation « originale », sans ordinateur. Je l'ai cru. Il m'a certifié aussi que même « le major Wolfson » s'était radoucie et qu'elle m'avait caressé la joue pendant qu'il appelait l'ambulance. Là, par contre, je n'y ai pas cru du tout et je l'ai envoyé promener.

— Les types de Royal Petroleum ont dû halluciner, ai-je fait en imaginant la scène.

— Disons que la réunion restera dans les annales,

a gloussé Grey. Ils ne sont pas près de l'oublier. Mais c'est la clé du marketing, non ? Je parie qu'ils vont nous le donner, grâce à toi.

— Qu'est-ce que tu racontes ?

— Je t'assure, on fait presque partie de la famille après la peur bleue que tu nous as flanquée. Le dircom nous a raconté sa crise cardiaque en plein match de Manchester United. Il nous a même montré la bosse de son pacemaker à travers sa chemise. Tu parles d'une matinée.

— Mais, et la présentation ?

— Ne t'inquiète pas. Après une bonne pause-café, j'ai torché le truc en leur balançant ton laïus habituel sur l'usabilité et en leur disant qu'on leur enverrait tes propositions par mail. Donc vaudrait mieux que tu retrouves ton Mac, sinon tu vas devoir tout refaire.

— OK, pas de souci. Demain, je passe au bureau des objets trouvés à la première heure. Je n'y crois pas beaucoup, mais bon... Quoi qu'il arrive, je t'envoie quelque chose.

J'ai remercié Grey en lui assurant que non, je n'avais besoin de rien, qu'il était inutile qu'il vienne jusque chez moi. Vraiment. Il m'a recommandé de prendre le reste de la semaine (il faut dire qu'à force de les accumuler ces dernières années, il me restait des tas de jours de congé). Jamais on ne m'avait fait une proposition aussi alléchante.

Quand le médecin qui m'auscultait m'a interrogée sur mes symptômes, je lui ai parlé de mes nausées et de mes maux de tête. Elle a alors demandé à Joaquín d'aller attendre dehors, puis elle m'a posé une question à laquelle je ne m'attendais pas :

— Et d'un point de vue émotionnel, comment vous sentez-vous ? Vous êtes heureuse ?

Je ne sais pas quelle tête j'ai fait, mais elle a froncé les sourcils.

— Voilà comment nous allons procéder, a-t-elle repris. Vous allez remplir ce questionnaire, d'accord ?

Je n'ai aimé ni les questions qui y figuraient ni mes réponses. Après y avoir jeté un œil, elle m'a expliqué que je n'avais sans doute aucun problème physique. Il s'agissait, presque à coup sûr, d'une petite dépression.

— C'est très courant. Plus que vous ne l'imaginez. C'est la pandémie du XXIe siècle. Je vais vous prescrire un antidépresseur qui vous aidera à vous sentir mieux. Et je vous recommande de faire de l'exercice. Et de travailler moins. Si nécessaire, je peux vous prescrire des séances de psychothérapie.

J'ai retrouvé Joaquín dans le couloir et j'ai fondu en larmes en lui rapportant les paroles du docteur. Autour de nous, des vieux Anglais me regardaient, consternés, s'imaginant certainement qu'on venait de me diagnostiquer un cancer. Joaquín m'a prise dans ses bras.

— Eh, du calme, *my love*. Il y a pire dans la vie. Ce médecin a raison. C'est quelque chose de courant : une personne sur cinq souffre de dépression. C'est juste un problème de neurotransmetteurs dans le cerveau. Certains ont un déficit en cholestérol ; toi, c'est en sérotonine. Heureusement que la psychologie a fini par se tourner vers la science et a compris que tout n'était qu'une question de chimie. Il était temps qu'ils mettent au point des traitements sérieux au lieu de tout ce baratin autour du complexe d'Œdipe pour nous vendre des thérapies interminables.

Encore un de ses discours sur la science et la pseudoscience... Joaquín avait toujours été un peu pontifiant, toujours prêt à vous sortir des données ou statistiques sur n'importe quel sujet, surtout si elles contraient des vérités couramment admises. Il connaissait sur le bout des doigts les incohérences de la Bible, les expérimentations orientées qui avaient faussé les statistiques sur l'homéopathie, les points faibles des théories de gauche comme de droite, ou encore l'histoire secrète de la CIA. Cinq ans avant la chute de Lehman Brothers, il suivait déjà les économistes qui annonçaient l'éclatement de la bulle immobilière. Il ne ratait pas la moindre occasion de débusquer les clichés, de faire voler en éclats les mythes et les vérités fausses qui, selon lui, étaient les racines de tous les maux de la planète. Ses démonstrations étaient parfois si violentes qu'elles entraînaient colère, insultes, voire la perte d'un ami. Il appelait ça son « attachement à la vérité ».

C'était peut-être beau, mais ce n'était pas ce dont j'avais besoin. Là, tout de suite, j'avais juste besoin qu'il me prenne dans ses bras. Et de savoir qu'il m'aimait.

Joaquín m'a conduite jusqu'à une pharmacie de West End Lane, puis est allé garer son Audi près de chez nous. Nous sommes rentrés à pied, main dans la main, et je me suis rendu compte que cela faisait bien longtemps que nous n'avions pas fait quelque chose d'aussi simple. Pourtant, j'avais la sensation gênante que nous ne faisions qu'imiter le couple que nous étions autrefois… Mal, en plus. Comme dans cette histoire que m'avait racontée Joaquín, où Charlie Chaplin, s'étant présenté à un concours d'imitateurs de Charlot, était arrivé second. Est-ce que nous en étions là ? Le charme était-il rompu ?

Le soir où j'avais rencontré Joaquín Cuervo, à Madrid, lors de ce fameux réveillon de l'an 2000, nous avions passé des heures à discuter… Notre premier duel entre mon idéalisme utopique et son réalisme scientifique. Je venais de finir mes études de journalisme et d'être engagée par une revue d'informatique pour créer leur site. C'est là que j'ai fait mes premiers pas en langage html, apprenant, au passage, les secrets de l'usabilité. Toute la nuit, face à Joaquín, j'avais défendu le potentiel d'Internet, ce nouveau réseau technologique qui allait permettre d'échanger des tonnes de connaissances, de casser les structures sociales établies, de rapprocher les cultures, d'éviter le gaspillage de papier, d'améliorer les processus démocratiques. Pendant ce temps, ce beau gosse, intelligent sans nul doute mais un brin arrogant, soutenait qu'Internet deviendrait une arme absolue de contrôle social, un outil parfait pour les escrocs et arnaqueurs en tout genre, une technologie qui propagerait à grande vitesse les erreurs, les cruautés et les préjugés de l'espèce humaine. Nous n'étions d'accord sur rien, mais au fil des heures avaient surgi une tension créative, un équilibre des contraires, une rivalité teintée d'admiration. Et avant l'aube, cette étincelle avait allumé un feu qui s'était achevé dans les baisers et l'entremêlement de nos corps.

Pendant plusieurs années, cette tension créative entre nous est restée vive. J'ai appris à douter de mes certitudes, à remettre en question les idées reçues, à être plus critique et plus pragmatique. Mes connaissances en astronomie, en physique théorique, en anthropologie et dans presque toutes les branches des sciences naturelles et sociales se sont accrues. Et bien que Joaquín ne soit jamais vraiment venu à bout de mes croyances en quelque chose de magique – qu'on l'appelle Dieu, destin, ou Tao –, il a réussi à me convaincre que dans les idées New Age de ma mère se nichaient autant de superstitions que dans le catholicisme.

De son côté, Joaquín s'est un peu tempéré, a mieux accepté les opinions divergentes et a même fini par laisser à l'humanité une lueur d'espoir. Je l'ai aidé à pacifier ses relations avec sa famille, assez conservatrice dans ses croyances politiques et religieuses, avec laquelle il était en conflit perpétuel. Et surtout, il s'est ouvert à l'amour… Avant, il était dans une sorte de cynisme qui niait toute forme de romantisme au-delà de la pure chimie. Il s'est aussi ouvert à l'éventualité d'avoir des enfants dans un monde qu'il avait autrefois considéré comme trop terrible « pour envisager une aberration pareille ». Bref, notre relation nous avait aidés à grandir, à changer ; elle nous avait rendus meilleurs.

Mais le feu s'était éteint ces derniers temps. Routine ? Manque de temps ? Lassitude ? Quel qu'en soit le motif, nous n'étions plus à l'aise l'un avec l'autre. Plus de rires comme avant. Plus de disputes, non plus. Peut-être avions-nous évolué séparément ces dernières années, au point que nous ne savions plus qui nous étions et que nous devions nous réfugier dans un pastiche du couple que nous avions été une dizaine d'années plus tôt, à notre arrivée à Londres : un couple qui se promenait main dans la main, qui prenait plaisir à décorer sa nouvelle maison, qui louait une barque sur le lac de Regent's Park le samedi après-midi et débattait de l'avenir de l'humanité, qui déchiffrait en riant le menu du resto thaï le plus exotique de la ville, qui faisait l'amour passionnément, et qui se disputait pour savoir s'ils appelleraient leurs enfants Melissa ou Paloma, Stuart ou Manuel.

Mais nous n'étions plus ce couple. Alors que nous marchions dans la rue, nos mains sont devenues désagréablement moites malgré le froid, au point qu'en arrivant chez nous ce fut un soulagement de devoir se lâcher.

— Désolé, *baby*. J'aimerais rester mais j'ai déjà quitté le boulot trop longtemps. Tu veux que je te prenne un menu sushi à emporter au resto du coin ?

— Non, laisse, je me ferai un truc vite fait.

— Ne t'en fais pas, Sara, ça va aller. Tu as juste besoin de te reposer un peu et de prendre tes médicaments. À ce soir, OK ? J'essaierai de rentrer pour le dîner, même si, enfin, tu sais…

— Oui, ne t'inquiète pas, ça ira. Merci d'être venu.

Je l'ai embrassé, sincèrement je crois, en tout cas reconnaissante.

L'espace d'un instant, j'ai même été tentée de lui demander de rester. De reporter ses rendez-vous. De marcher encore un peu avec moi. Peut-être que cette fois nos mains ne transpireraient pas. Mais il s'éloignait déjà.

Notre chez-nous était une de ces étroites petites maisons anglaises à deux étages, avec leur escalier exigu recouvert de moquette et menant du salon-cuisine à la chambre. Quand je suis entrée, le froid et l'humidité m'ont saisie. Il était midi, et le chauffage ne s'était pas encore mis en route. Le silence était impressionnant. Dedans comme dehors. Tout le quartier semblait abandonné. J'ai enlevé mes chaussures et accroché mon manteau sur un autre, dans un amoncellement qui avait grandi au fil des années sur le mur du couloir, comme une mousse géante aux couleurs ternes. Maintenant que je le remarquais, c'était vraiment moche, absurde même. J'ai essayé d'écraser les manteaux contre le mur, en vain. Comment se faisait-il que je ne m'en étais pas aperçue plus tôt ?

C'est alors qu'un bruit a brisé le silence. Il provenait de la cuisine. Comme des coups sur le carreau. J'ai passé la tête par la porte et, oui, c'était bien lui de nouveau : ce chat, ou cette chatte, peu importe, assis sur le rebord. À croire qu'il était resté tout le temps là, à attendre mon retour.

— Tu m'ouvres ? a-t-elle demandé, de sa voix décidément féminine.

J'ai refermé la porte de la cuisine en frissonnant. Cette histoire surréaliste de chat qui parle m'était complètement sortie de la tête. Je l'avais rayée de mon esprit. Au mieux, j'aurais reconnu en avoir rêvé la nuit dernière. Mais non, elle était toujours là, cette fichue bestiole, aussi encombrante dans sa réalité que les manteaux dans le couloir.

J'ai eu un nouvel étourdissement, ce qui m'a encore plus inquiétée : hors de question que je retourne à l'hôpital ! Des fois qu'ils décident de m'enfermer jusqu'à la fin de mes jours. Je suis allée au salon et j'ai allumé la radio. C'était une émission scientifique de la BBC, du genre de celles qu'écoutait Joaquín. Ils interviewaient un professeur de l'université de Leeds à propos des volcans sous-marins qui s'enfonçaient à plus de six kilomètres de profondeur, à raison de cinq centimètres par an. C'était réconfortant d'entendre des voix humaines parler de phénomènes géologiques.

Tout en regardant les nuages de poussière se déplacer dans l'air du salon, éclairées par un rai de lumière, je me disais que je devais quand même être un peu givrée. Le spectacle que j'avais donné aujourd'hui n'était pas normal. Qu'est-ce que j'allais raconter à mon père ? Rien, mieux valait ne rien lui dire. Je n'avais pas été rassurée du tout d'apprendre que ce n'était « que » de la dépression, un déséquilibre neurochimique. Et si je m'évanouissais encore ? Sans parler des voix que j'entendais... Un chat qui parle, rien que ça !

J'ai repassé le questionnaire du docteur dans ma tête. Migraines ? Oui. Insomnies ? Oui. Activité sexuelle ? Nulle. Appétit ? Pratiquement pas. Stress ? Continuel. Épuisement ? Total. Mais est-ce que c'était vraiment de la dépression, ça ? Ce n'était pas mon genre. J'étais une personne gaie, moi. Je l'avais toujours été. Le pinson de la bande. La rieuse, la rêveuse, l'éternelle optimiste. Ou alors, j'avais changé... Il est vrai que la mort de ma mère avait assombri ma joie de vivre, ces dernières années. Sa tendresse, ses conseils, sa vision poétique et magique de la vie me manquaient. Et je me sentais coupable de vivre si loin de mon père. Le pauvre n'était plus le même depuis et, pour l'aider à la librairie, il devait compter sur mon imbécile de frère, Álvaro, ce qui était pire que de n'avoir personne. Il n'y avait que mon frère pour avoir conçu la brillante idée de rénover et d'agrandir la librairie avec les économies de mon père, en pleine crise économique. Depuis, la situation en Espagne avait encore empiré, et c'était aussi la raison pour laquelle Joaquín et moi restions à Londres. J'avais toujours eu le projet de retourner vivre à Madrid après quelques années passées en Angleterre et j'avais même acheté un appartement à Argüelles, près de la librairie, dans cette optique. Maintenant, je me demandais si j'allais vraiment pouvoir rentrer un jour.

Mais, sincèrement, je ne pouvais pas me plaindre. J'avais un travail enviable, je vivais dans une ville géniale, dans un des meilleurs quartiers, j'avais un amoureux beau, intelligent, en qui je pouvais avoir confiance, même s'il ne me préparait plus de sushis, ne sortait plus la table de massage et ne me faisait plus l'amour ces derniers temps. Est-ce que c'était vraiment si important, les massages ? Et le sexe ? En fait, l'un et l'autre me manquaient. Beaucoup, même, maintenant que j'y pensais. Qui sait, si Joaquín rentrait tôt, on pourrait peut-être y remédier ce soir, avec un bain chaud et un peu de câlinothérapie ? Et si c'était ça dont j'avais besoin, plutôt qu'un cachet pour rééquilibrer mon taux de sérotonine ?

Peut-être que j'entrais dans ce qu'on appelle la crise de la quarantaine. Dans six mois, je fêterais mes quarante ans. Est-ce que ça m'inquiétait ? Pas beaucoup, jusque-là. Oui, bien sûr, j'avais commencé à teindre mes cheveux blancs et ça m'horripilait de plus en plus de voir ces mannequins à la peau de pêche dans les pubs pour les crèmes de jour. Le comble, c'est que mes amies, celles-là mêmes qui avant m'offraient des paréos, des chapeaux loufoques et des kits d'encens, s'étaient mises à m'en apporter, de ces crèmes ! Et moi, je les utilisais religieusement, bien entendu.

En revanche, ma routine quotidienne n'incluait pas les exos d'abdos-fessiers que m'avait montrés mon amie Vero. Comme si j'avais le temps ! Malgré tout, je me trouvais encore plutôt mignonne, et j'avais un corps pas mal du tout. Pour mon âge. Je ne me serais quasiment pas inquiétée s'il n'y avait eu ces cernes qui me venaient après une semaine comme celle-ci. Et la menace de la cellulite. Et, bien sûr, celle de l'horloge biologique. Au fait, jusqu'à quel âge pouvait-on avoir des enfants ? Je me rappelais très bien avoir d'abord fixé la limite à mes trente-cinq ans. Puis je l'avais repoussée, et Joaquín avait commencé à travailler… Il fallait que je lui parle sérieusement ce soir. Après la câlinothérapie.

Joaquín vivait mal ses quarante ans. Il les avait eus l'année précédente et avait refusé de marquer le coup. Deux mois avant la date, il avait souffert d'une crise de colique néphrétique et avait cru y rester dans le taxi qui le conduisait à l'hôpital. Finalement, ce n'était pas si grave, mais il avait pris ça comme un douloureux avertissement, le signe que son corps entrait en décadence, ce qui le paniquait : il connaissait parfaitement toutes les statistiques médicales et ne se faisait aucune illusion sur la vieillesse, la mort, ni bien entendu sur la vie après la mort. En fait, il n'avait jamais beaucoup aimé les anniversaires. Il m'avait même raconté, aussi étonnant que ça puisse paraître, que le jour de ses vingt ans il avait eu une crise existentielle et qu'il avait vidé une bouteille de vodka pure en écoutant les Cure en boucle, persuadé d'avoir déjà un pied dans la tombe.

Moi, au contraire, j'aimais les anniversaires, même si je les avais peu fêtés ces dernières années. Est-ce que c'était à cause de l'âge ? La crainte de voir toutes ces bougies sur le gâteau ? Non. Simplement, ce n'était plus si facile : j'étais loin de l'Espagne, de mon père et de mes amies d'enfance. Ces dernières, avec leurs responsabilités familiales, n'avaient même plus le temps de passer un coup de fil tranquillement. Alors, ne parlons pas d'un voyage à Londres... Moi-même, sans enfants, je n'avais pas une minute à moi, toujours pressée, toujours par monts et par vaux... « Est-ce que vous fêtez vos anniversaires ? Non, docteur. »

J'avais froid. À Londres, le maximum qu'on pouvait espérer, c'était ce que les météorologues britanniques appellent des *sunny spells*, des « épisodes ensoleillés ». J'ai décidé de monter me réfugier sous la couette. Quand je me suis levée du canapé, mes poumons ont laissé échapper une sorte de souffle asthmatique. J'ai eu du mal à traîner mon corps dans l'escalier étroit, appuyée contre le vieux papier peint. Arrivée là-haut, j'ai eu l'impression que la nuit était déjà en train de tomber. Comment était-ce possible ? Quelle heure était-il ? D'après le réveil numérique posé contre une pile de romans en attente de lecture, sur ma table de nuit : 15 h 53… Quel pays !

Soudain, j'ai été envahie par l'impression angoissante que quelqu'un m'observait. Je me suis tournée vers la fenêtre et j'ai eu un coup au cœur : le chat était là, derrière l'une des larges fenêtres de notre chambre à coucher. Comment était-il possible d'atteindre le rebord de la fenêtre sans voler dans les airs ? Est-ce que c'était le même que tout à l'heure ? Dans la lumière grise de cette fin d'après-midi londonienne, il paraissait noir. « La nuit, tous les chats sont gris », aurait dit ma mère en recourant à sa collection de proverbes. Toc, toc, toc. De nouveau, il tapait au carreau, sans rien dire cette fois, ce qui m'a presque contrariée.

— *Go to hell !* lui ai-je lancé. Va au diable.

Voilà que je me mettais à lui parler. Je perdais la boule, c'était certain.

Je me suis blottie sous la couette tout habillée, me réfugiant dans sa chaleur douillette. Pendant un moment, j'ai cru entendre, de loin en loin, un vague bruit sourd. Puis plus rien. Longtemps, très longtemps. Le noir, le silence, rien. Et au milieu de ce rien, tout a commencé à tourner dans ma tête.

Qu'avais-je fait pendant ces presque quarante ans de vie ? Avais-je de quoi me réjouir ? Ou est-ce que j'étais complètement à côté de la plaque ? Pourquoi me réveillais-je tous les matins avec la nausée ? Est-ce ma propre vie qui me donnait envie de vomir ? Qu'aurait dit de moi la journaliste jeune et utopiste que j'avais été autrefois ? Où était passé ce couple amoureux qui avait débarqué en Angleterre avec le changement de millénaire ? Qu'avais-je envie de faire du temps qui me restait ? Devais-je changer de voie ?

Oui, j'étais paumée. Depuis des années, je dessinais des cartes pour dégotter des trésors, mais ce n'était jamais le mien, et ma carte à moi était pleine de points d'interrogation. J'étais perdue dans un océan insondable de questions, et j'avais besoin de me confronter à elles. Depuis trop longtemps, je faisais semblant de ne pas les voir, obnubilée par mon manque de temps, mes rendez-vous et mes dates butoirs. Mais maintenant qu'elles me fonçaient dessus toutes ensemble et que leurs trépidations me donnaient la nausée, je ne pouvais plus les ignorer.

J'ai écarté la couette : j'étais en nage, les cheveux collés au visage. J'ai détaché mon soutien-gorge pour être plus à l'aise et suis retombée sur le dos, les yeux fixés sur la tache d'humidité au plafond et sur l'abat-jour en papier que nous avions mis « provisoirement » huit ans plus tôt. Soudain j'ai réalisé que je ne supportais pas cet abat-jour. Demain, je le changerais.

Puis je me suis souvenue du chat. Il veut entrer ? Eh bien, qu'il entre… De quoi avais-je peur ? On allait parler, tous les deux, les yeux dans les yeux. Je me suis levée et me suis approchée de la fenêtre. Mais il n'était plus là. Je suis descendue au salon. J'ai ouvert la porte de la cuisine. Plus de chat. Peut-être que je l'avais rêvé, après tout. J'ai tourné le petit loquet du vasistas au-dessus de l'évier, puis j'ai tiré les poignées à deux mains pour l'entrebâiller. Un air frais teinté des arômes exotiques des cuisines voisines est entré : curcuma, cumin, clou de girofle, gingembre. Au-delà des jardins, en face, seules étaient éclairées quelques fenêtres dans la rangée de maisons.

J'ai pensé à siffler. Le seul son qui est sorti de ma bouche était une sorte de chuintement que je faisais dans mon enfance, un signe de ralliement secret du Club des Lynx, le genre de choses qu'on n'oublie jamais. J'ai opté alors pour un bol de lait sur le rebord de la fenêtre, comme dans les films. J'ai ouvert le réfrigérateur et j'ai attrapé le carton. En me retournant, j'ai trouvé le chat sur la table de la cuisine, assis près des gants de Joaquín.

— Tu as lu dans mes pensées, a-t-il dit. J'avais une de ces faims !

3

L'adoption

Ma main tremblait tandis que je posais le bol de lait sur la table. Je ne pouvais m'empêcher de me demander si la scène était bien réelle… Tout l'indiquait, pourtant : le bol en porcelaine, son poids, le bruit qu'il a fait en heurtant la table, le souffle du chat sur ma peau.

— Merci, Sara, a dit le chat poliment.

Adossée au mur, je l'ai regardé laper le lait de sa langue rose, à petites gorgées, sans hâte.

— Tu connais mon nom ? me suis-je entendue lui demander, comme si c'était le plus surprenant.

Il a levé le museau et s'est léché les babines.

— Nous sommes voisins. Dans le quartier, je connais tout le monde. Même si je ne suis pas du genre à fourrer mon nez dans les affaires des autres.

— Et tu parles à tout le monde, comme ça ?

Je voyais mal cet élégant félin faire la conversation au propriétaire du 24, ex-guitariste tatoué d'un groupe punk des années quatre-vingt, qui continuait à descendre des bières comme un ado de quinze ans.

— Non, a fait le chat. Pas à tout le monde.

Son dîner fini, il s'est précautionneusement approché du bord de la table, a sauté en souplesse sur le parquet et s'est dirigé d'un pas royal vers le salon. Avant de disparaître par la porte, il a tourné la tête vers moi, pour préciser :

— Au fait, je m'appelle Sybille.

Je me disais bien que c'était une chatte !

Je l'ai suivie dans le salon : Sybille avait pris possession du canapé et trônait en sphinx sur le coussin central. Le tissu bordeaux faisait ressortir les reflets cuivrés de sa fourrure, accentuant son air majestueux. Je suis restée debout, à la regarder m'observer de ses yeux verts. Nous avons ainsi passé un moment en silence jusqu'à ce que je commence à me sentir un peu mal à l'aise. Alors j'ai pris les devants :

— Tu avais quelque chose à me dire ?

— Moi ? a-t-elle répondu, surprise. Non, non. Je suis là pour t'écouter.

C'est là que j'ai remarqué ses oreilles, immenses, qui lui donnaient presque un air de chauve-souris. J'apprendrais plus tard que Sybille était un chat abyssin, cette race que les Égyptiens ont immortalisée dans leurs sculptures dont certaines se trouvaient au British Museum.

Donc, Sybille attendait que ce soit moi qui m'exprime. Elle me prenait au dépourvu. Je n'avais préparé aucun discours. Je ne savais même pas quoi dire.

— Ça me fait un peu bizarre de te parler, ai-je murmuré.

Sybille a penché la tête.

— Pourquoi, bizarre ? Vous les humains, vous parlez aux chats et aux chiens depuis qu'ils vous ont apprivoisés, il y a des milliers d'années. Beaucoup de tes congénères préfèrent d'ailleurs se confier à leurs animaux domestiques plutôt qu'à leurs semblables. Franchement, ça ne m'étonne pas.

— D'accord, mais ils ne s'attendent pas à ce qu'on leur… réponde.

Sybille s'est dressée sur ses pattes avant, en s'étirant.

— Ça se voit qu'aucun animal ne t'a jamais adoptée ! a-t-elle déclaré avant de reprendre sa posture de sphinx et de pousser un soupir. Mais bon, c'est pour ça que je suis là.

— Pour quoi ?

— Pour t'adopter, tiens !

Mon esprit rationnel s'est rebellé. Qu'aurait dit Joaquín, lui qui avait une vision si cartésienne du monde ? Tout ceci était absurde. Je devais être en plein délire. Je me suis levée et j'ai jeté un coup d'œil par la fenêtre, en quête de normalité : voitures stationnées, lampadaires, arbres nus dans le froid hivernal. Puis j'ai tourné la tête du côté du canapé et j'ai dû me rendre à l'évidence : cette chatte était aussi réelle, aussi tangible que le tronc d'un arbre. Sauf que les chats ne parlent pas. Donc, il n'y avait qu'une explication possible : j'entendais des voix. Ça arrive à beaucoup de gens, non ? C'était probablement un égarement passager. Ou un problème neurochimique, la pandémie du XXIe siècle, comme disait mon médecin.

— Eh oui, a repris Sybille. Je t'adopte, que tu le veuilles ou non. Le temps que tu comprennes que personne ne peut savoir mieux que toi ce dont tu as besoin. Tu crois peut-être que je suis là juste pour m'amuser ? Je préférerais aller chasser la souris, je t'assure !

Fantasmatique ou pas, cette chatte m'avait bien eue. C'était moi qui l'avais laissée entrer en lui ouvrant la fenêtre.

— Mais… qu'est-ce que tu sais de moi ? Tu ne peux pas avoir vu ce qu'il m'est arrivé aujourd'hui… si ?

— Je sais le principal. Je sais que tu as la tête aussi embrouillée qu'une pelote de laine qui me serait passée entre les pattes, et le cœur serré, triste, délaissé. Ça, n'importe qui peut le voir.

J'ai porté la main à ma poitrine. C'était vrai que je le sentais fragile, vulnérable et malade, comme si l'air glacé de l'hiver s'y était engouffré par un interstice. L'idée que « n'importe qui » puisse s'en apercevoir m'a effrayée. Et le manque de tact de Sybille, toute chatte fantasmatique qu'elle fût, m'a contrariée.

— Tu ne peux pas continuer ainsi, Sara, a-t-elle repris. Tu ne mérites pas ça. La vie est merveilleuse, magique, délicieuse…

Là, j'ai commencé à m'énerver. On aurait dit une de ces chattes cucul la praline sortie tout droit d'un Walt Disney.

— Non, Sybille, la vie n'est pas merveilleuse ! J'ai presque quarante ans et tout va mal. Je ne sais pas où je vais, ce que je fiche dans ce pays, pourquoi je travaille de plus en plus sur des projets qui me passionnent de moins en moins… Je ne sais pas où j'en suis avec mon compagnon, pourquoi tout me paraît si gris, pourquoi nous n'avons pas encore d'enfants… De toute façon, si nous en avions, je ne sais même pas comment je ferais pour m'en occuper… Peut-être que la vie des chats est merveilleuse, mais je peux t'assurer que celle des humains est compliquée !

Face à mes gesticulations et à mon index pointé, Sybille m'écoutait avec une intensité non moins féroce. Ses immenses oreilles semblaient littéralement happer mes mots. Comme si elle était là pour ça. Jamais je n'avais vu un être aussi à l'écoute. D'ailleurs, son attention vorace a fini par me troubler autant que les chats en pierre du British Museum. J'ai détourné les yeux vers la fenêtre.

— Oui, a-t-elle concédé. La vie des humains est compliquée. Ou plutôt, je dirais qu'ils se la compliquent.

Nous nous sommes tues, elle et moi. Dans la rue, deux jeunes visiblement très éméchés se lançaient des insultes. L'un a bousculé l'autre, qui a protesté bruyamment et a shooté dans une poubelle, laquelle a valdingué contre une voiture et s'est renversée en répandant son contenu sur le trottoir.

Les humains. Que pouvaient bien penser les chats de nous ? Le fait est que, moi aussi, j'aurais eu envie de shooter dans une poubelle. Je sentais les muscles de mes jambes se contracter rien qu'à cette l'idée.

Soudain, quelque chose de chaud a frôlé mes chevilles. C'était doux, mou, sinueux. J'ai failli faire un bond.

— Doucement, ce n'est que moi.

Sybille s'enroulait autour de ma jambe droite, tandis que sa queue serpentait à l'inverse autour de la gauche. Ce mouvement onduleux, la chaleur de son corps et son ronronnement sourd ont fait fondre mes tensions en quelques secondes. Une câlinothérapie ! Pile ce dont j'avais besoin ! J'ai fermé les yeux et me suis laissé faire.

Je n'ai pu résister à l'envie de la caresser. Son poil était doux et soyeux ; c'était un plaisir de passer et repasser la main sur ses flancs, un plaisir essentiel, sensuel, animal. Sybille avait raison : je n'avais jamais eu de chat. Ni de chien, d'ailleurs ; pas même un pauvre hamster. « Les bêtes, c'est bon pour la campagne », répétait ma mère. Je crois surtout qu'elle avait largement de quoi s'occuper avec ses deux petits humains. Quoi qu'il en soit, j'ai compris alors comment, par de doux contacts de ce genre, s'étaient nouées entre humains et chats, en Asie, en Afrique, en Europe et en Amérique, depuis des temps immémoriaux, des amitiés aussi fortes qu'entre semblables.

Car ce n'était pas seulement moi qui caressais. Quand je passais ma main sur elle, Sybille la repoussait presque, tendue comme un arc, dans une onde d'énergie qui courait de sa tête jusqu'à sa queue. Manifestement, Sybille était en train de me conquérir, ou plutôt, selon ses propres mots, de m'« adopter ».

À moitié hypnotisée par ce rituel, je l'ai vue s'éloigner de quelques pas, la queue droite comme un I. Je sentais un fourmillement dans mes doigts et la paume de ma main… Comme s'ils continuaient à chercher la douceur de sa robe dorée. Sybille s'est alors assise sur son arrière-train et a déclaré :

— Écoute, Sara, on ne se connaît pas très bien et je comprends que tu n'aies pas encore confiance en moi. Tu dois penser que je ne sais rien des humains ; pourtant, je peux t'assurer que j'en ai connu quelques-uns. Et ma famille étendue les a presque tous fréquentés. En tout cas, je vais te donner un conseil. Tu en feras ce que tu veux.

Elle a fait une courte pause.

— Quand tu te sens perdue et que tu ne sais plus où tu en es, suis ton flair.

— Mon… flair ? ai-je répété.

J'aurais espéré quelque chose d'un peu plus profond de la part de cette chatte sibylline.

— Oui. Les gens, les mots, tes propres pensées peuvent te trahir. Ton flair, non. Essaie de le suivre et tu verras.

À ce moment-là, le bruit d'une clé dans la serrure s'est fait entendre, puis la voix de Joaquín :

— C'est moi…

Sybille trottinait déjà vers la cuisine. Je l'ai suivie et l'ai vue sauter sur l'évier et se glisser dehors par le vasistas. Les pas de Joaquín résonnaient dans l'entrée.

Pointant son menton blanc, Sybille a reniflé bruyamment l'air, comme pour me rappeler son conseil. Puis elle a disparu dans la nuit.

— Sara ? Comment ça va ?

— Mieux.

Je me suis approchée de lui et nous nous sommes enlacés maladroitement. La distance entre nous était réelle. Le conseil de Sybille a résonné dans ma tête : « Suis ton flair. » Les yeux fermés, le nez au creux de son cou, j'ai inspiré. Mes narines se sont emplies de l'arôme fibreux du coton, des fumées et des graisses de la ville et de l'odeur qui était pour moi, sans confusion possible, Joaquín ; une odeur qui, pourtant, n'était plus tout à fait la même. Une question d'alimentation, peut-être. Moins de poulpe *a la gallega* et plus de curry thaïlandais. Moins d'huile d'olive et plus de beurre. Moins de vin et plus de bière. D'ailleurs, il en avait manifestement bu plusieurs pintes ce soir.

Joaquín m'avait expliqué un jour, lors d'un de ses habituels exposés scientifiques, que les cellules du corps se régénèrent entièrement tous les... dix ans. Or nous étions en Angleterre depuis plus de dix ans. Physiquement, ce n'était donc plus le même Joaquín. Il lui ressemblait beaucoup, certes. Sur les photos, la différence n'était pas manifeste. Des cheveux blancs, oui, quelques rides, tout au plus. Aussi beau qu'avant, sans aucun doute. Pourtant, son odeur témoignait de changements. Ce Joaquín était plus stressé, transpirait plus, était un peu nerveux en ma présence, taisait des pensées que je ne cherchais pas à lui soutirer et qui fermentaient quelque part, tout au fond de lui. Joaquín était devenu, avec le temps, moins doux et plus amer, plus aigre. Et il y avait des nuances qui m'échappaient, mais qui étaient là, mêlées à son odeur.

Non, il ne sentait plus comme avant. Il sentait différent. *Moins bon.* J'ai eu honte tout d'un coup : c'était la première fois qu'une pensée pareille me passait par la tête. Mais c'était ce à quoi m'avait conduite le conseil de Sybille. Et il y avait autre chose : une odeur particulière, qui m'était désagréable parce qu'elle me rappelait confusément quelque chose, sans que je sache quoi. La trace subtile d'un arôme épicé, complexe, qui me semblait étrangement familier, comme s'il venait d'un rêve ou d'un voyage que j'aurais fait dans mon enfance. J'étais un peu gênée de le retrouver là, sur le cou de Joaquín. J'aurai voulu en savoir plus, plonger mon nez sous sa chemise pour suivre la piste de ce parfum incongru, insolent. Mais nos corps se sont alors séparés, presque avec soulagement.

— Tu es allé au pub ?

— Oui, enfin, j'ai pris un demi vite fait avec les autres, a-t-il répondu en accrochant son manteau noir par-dessus quatre ou cinq autres. Tu sais ce que c'est.

Joaquín faisait allusion à ce rite anglais incontournable qui consiste à aller au pub avec ses collègues après le travail. En fait, c'est la seule façon de faire connaissance avec eux, car, avant d'avoir ingéré une quantité minimale de bière, bon nombre d'Anglais paraissent incapables d'exprimer la moindre émotion.

— Oui, je sais ce que c'est. Mais aujourd'hui tu aurais pu rentrer directement, non ?

En fait, j'étais contente qu'il ne soit pas rentré plus tôt et ne m'ait pas surprise en pleine discussion avec Sybille. Et même maintenant qu'il était là, je n'avais pas franchement envie de le voir. Mais mon flair me disait de poursuivre dans cette direction.

— Je suis rentré le plus vite possible, a-t-il répondu sèchement.

— Tu étais avec qui ?

— Hein ? (Comme s'il n'avait pas entendu la

question.) Eh bien, tu sais, ceux du bureau : Mike, Paul, Vanessa… comme d'habitude.

Il parlait sans me regarder et s'est mis à monter l'escalier en direction de la chambre. Ce Joaquín fait de cellules reconstituées, bien qu'apparemment identique à celui d'avant, me regardait de moins en moins dans les yeux. Il avait toujours été un peu timide et les face-à-face le mettaient mal à l'aise, mais dernièrement ça s'était accentué. Son regard fuyant m'avait confusément dérangée. Là, il m'agaçait carrément.

Je suis allée dans la cuisine. J'avais une faim de loup, en plus de l'irritation qu'avaient éveillée en moi les odeurs dérangeantes et les regards fuyants. Je n'avais rien avalé depuis le matin. J'ai ouvert un paquet de pain de mie et je me suis mise à dévorer une tranche telle quelle, tout en attrapant la bouilloire électrique.

Ce soir, ce serait des pâtes avec de la sauce tomate en boîte. C'était tout ce qui restait, avec du riz et des conserves. La chatte avait fini le lait. Quant au pain de mie, il était rassis. J'ai ouvert le réfrigérateur, en ai sorti un bout de fromage basque, petit et dur, et je l'ai rongé comme une souris. Au-dessus de ma tête, les pas de Joaquín faisaient grincer le vieux plancher. Puis j'ai entendu le bruit de la douche. Dernièrement, il avait pris l'habitude de se doucher le soir, « pour gagner du temps le matin », disait-il. Une douche qui avait surtout le pouvoir d'éliminer les odeurs. Bref, ça commençait à sentir mauvais. À sentir le roussi.

« Les gens peuvent te trahir, avait déclaré Sybille. Le flair, non. »

Que savait cette chatte, en fait ? Elle disait connaître

tout le voisinage. Est-ce qu'elle savait des choses sur Joaquín que j'ignorais ? Est-ce qu'elle l'avait épié quand j'étais absente, quand il croyait être à l'abri des regards ? Avec quelqu'un, peut-être ?

Mon amie Vero, qui avait une certaine expérience en matière d'infidélité, m'avait posé la question plusieurs fois.

« Mais non ! Pas du tout ! lui avais-je assuré, catégorique. Ils ne sont pas tous comme ton Alberto. »

Vero était mariée à un professeur de sociologie connu pour ses recherches sur la stratification sociale, mais aussi pour ses aventures avec des étudiantes. Elle l'avait déjà fichu dehors trois fois, mais il revenait toujours en se confondant en excuses, prières et promesses, et elle finissait pas céder, en partie pour le bien de leurs deux enfants, en partie parce qu'elle avait besoin de son aide logistique, en partie parce qu'elle l'aimait toujours, malgré tout. Mais Vero avait appris la méfiance ; elle avait intégré à sa routine des vérifications dignes d'un agent du KGB.

« Écoute, Sara, je suis ton amie. Je te connais depuis l'époque où on courait après les lézards et où on partait en colo ensemble. Voilà pourquoi je me dois de te rappeler de temps en temps à quel point tu es naïve. Et ce n'est pas un défaut ! Ça fait partie de ce que tu es ! Tu vois le meilleur des gens, tu as confiance en tout le monde et c'est grâce à ça que tu vis les choses avec autant d'enthousiasme. Mais ça a aussi ses inconvénients. Quand je t'ai raconté que le père Noël, c'était les parents, tu m'en as drôlement voulu, tu te rappelles ? Et pourtant c'était vrai...

— Arrête, tu me ressors toujours cette vieille histoire. J'avais huit ans !

— Exactement ! Et tu étais la dernière à y croire encore ! Ça a toujours été comme ça. Depuis ton enfance, tu gobes tout : le caté, la petite souris, et le joli conte de fées qui inclut le mariage avec le prince charmant, le mariage romantique, les trois enfants et le Nobel de biologie.

— Moi, je viserais plutôt le Nobel de littérature.

— Oui, bon, tu m'as comprise. Au bout du compte, la vie, ce n'est pas que des roses et du chocolat... Les roses se fanent, le chocolat fait grossir, et finalement tu te retrouves à bouffer des galettes de riz soufflé et à faire du Pilates pendant que ton mari se tire avec la première gamine qui passe et que ton boss refile le poste de tes rêves à ton idiote de collègue parce que toi, tu étais en congé maternité... Attends une seconde... Carlos, arrête d'embêter ta sœur ! »

J'ai entendu le bruit du combiné posé précipitamment sur une table puis quelques réprimandes sévères avant que Vero revienne au bout du fil.

« Excuse-moi... les gosses... Enfin, bref... et d'ailleurs commence par arrêter de te plaindre de ne pas avoir d'enfants : ça aussi, c'est une belle arnaque. Oui, c'est merveilleux d'en avoir... les quinze premières minutes. Ensuite, c'est juste une histoire d'héroïsme au quotidien qui n'a rien d'enviable, je t'assure. Et si en plus, le père est de ceux qui jouent les George Clooney avec les filles, encore plus immature que ses propres gosses, je ne te dis pas. Mieux vaut s'en passer. »

J'avais laissé mon amie poursuivre son habituelle

diatribe cathartique sans l'interrompre, mais là, c'était le moment d'intervenir.

« Écoute, Vero, ton mari est ce qu'il est, et tu as déjà réussi à le faire pas mal changer…

— Changer ? Mais bien sûr ! Laisse-moi jeter un œil à ses SMS et on en reparle.

— Joaquín est différent. Si je l'ai choisi pour quelque chose, c'est bien pour ses principes. Tu peux lui reprocher ce que tu voudras, dire qu'il manque d'empathie, qu'il est arrogant et même brusque, parfois. OK. Mais c'est un type honnête. Ça, personne ne peut le nier. S'il exige des autres un comportement cohérent, c'est parce qu'il ne supporte pas le mensonge ou la duplicité. Tu sais bien que si on ne s'est jamais mariés, c'est parce qu'il estime que se jurer un amour éternel relève de la science-fiction, que personne ne peut parier sur ses sentiments dans vingt ou trente ans. Voilà pourquoi je sais que jamais il ne me tromperait. S'il rencontrait quelqu'un, il m'en parlerait, point. D'accord, ces derniers temps il est moins affectueux…

— Moins affectueux ? Mais vous ne faites plus l'amour depuis des mois !

— Oui, bon, mais j'y suis aussi pour quelque chose. Il est débordé en ce moment, avec beaucoup de stress. Je sais ce que c'est. Il m'a apporté son soutien inconditionnel pendant toutes ces années où j'en bavais au boulot et maintenant c'est mon tour de l'aider. Mais comme il est si renfermé, qu'il ne me raconte rien, je ne sais pas comment faire…

— S'il ne te raconte rien, je ne vois pas comment tu peux lui faire confiance aveuglément.

— Je lui ai posé la question plus d'une fois. Il m'a dit qu'il n'y avait personne d'autre.
— Et toi, tu le crois.
— Oui, je le crois.
— Comme pour le père Noël…
— Vero !
— J'essaie juste de te faire voir les choses sous un autre angle, Sara. Pour ton bien. Après, tu fais ce que tu veux, mais je te préviens, c'est tout.
— Il est honnête. Toutes ces années, jamais je n'ai eu de raison de douter de lui. Et ça va faire quinze ans, plus que beaucoup de couples mariés…
— C'est un beau mec, Sara, a insisté Vero. Un beau brun bien bâti, intelligent et mystérieux. Un spécimen particulièrement dangereux, laisse-moi te le dire. Surtout dans ce pays de cachets d'aspirine. Surtout à son âge : ses premiers cheveux blancs lui donnent une touche de maturité délicieuse. D'ailleurs, si tu n'étais pas ma meilleure amie, je me laisserais tenter ! »

La conversation s'était arrêtée là, avec nos gloussements. Je me sentais encore sûre de moi, alors. Et de Joaquín. Mais ce soir, mon flair me faisait douter de tout. Certes, le Joaquín que je connaissais n'était pas un menteur… mais peut-être le Joaquín d'aujourd'hui n'était-il plus le même que celui d'autrefois ?

Quand il est redescendu, en pyjama et robe de chambre, je finissais mes macaronis. Je n'avais même pas pris la peine de mettre la table, j'avais juste dégagé un peu de place pour poser mon assiette dans un coin. Je ne me sentais pas capable de plus. Joaquín s'est servi pendant que je réfléchissais à la façon d'aborder le sujet. « Suis ton flair. »

— Il faut qu'on parle, ai-je lancé.

Dans le silence de la cuisine, on n'entendait que le tintement de sa fourchette.

— De quoi ?

— De nous, tiens. De quoi d'autre ?

Joaquín a soupiré.

— Quoi, justement ce soir ? Tu es sûre ? Je ne crois pas que ce soit une bonne idée, Sara. Tu es fatiguée. Ce matin, tu…

— Je ne suis pas fatiguée, ai-je menti. Ça fait trop longtemps que nous faisons comme si de rien n'était. Mais il se passe quelque chose. Si je suis déprimée, ce n'est pas pour rien.

Là, Joaquín m'a regardée pour la première fois depuis qu'il était rentré. Peut-être pour la première fois depuis des semaines. Ses yeux noirs, ses yeux hésitants semblaient contempler un abîme. J'ai eu peur avant même qu'il ouvre la bouche, une peur que ses mots n'ont fait qu'accroître.

— OK. Tu as raison. On ne peut pas continuer comme ça.

Le vertige est revenu. Je me suis cramponnée à la table. Je ne m'attendais pas à cette réaction de la part de l'homme en robe de chambre qui sentait presque comme Joaquín. Jusqu'ici, dans nos discussions de couple, il minimisait toujours, il justifiait, blaguait, éludait. C'est vrai qu'il ne mentait pas, pas vraiment, mais pour lui tirer les vers du nez, il fallait se lever de bonne heure. Je devais insister, le mettre en face des évidences, batailler pour que nous puissions parler à cœur ouvert de nos problèmes. Et maintenant qu'il me donnait raison, qu'il allait dans mon sens, je me sentais aspirée dans un gouffre, le même que celui que ses yeux semblaient visualiser, horrifiés.

— Tu connais mon attachement à la vérité, Sara. Je suis incapable de mentir. Et la vérité, c'est que ce n'est plus ça, entre nous. J'y pense depuis un moment. Je ne t'en ai pas parlé jusque-là parce que je me disais que les choses pouvaient encore changer. Mais vu ce qu'il s'est passé aujourd'hui, je crains que ce ne soit peine perdue : je ne suis pas bien, et apparemment toi non plus. Nous avons évolué chacun de notre côté…

J'étais sidérée. Joaquín était passé de son mutisme habituel à un discours hypocrite bourré de lieux communs, qu'il ânonnait d'une voix d'automate. Je me suis levée :

— Joaquín… tu es en train de me quitter ? C'est ça, ton but… ?

— Ne t'excite pas. On va en parler, comme tu l'as proposé. Il faut en parler, non ? On est d'accord : ça ne va pas bien entre nous. Peut-être qu'on devrait faire un break, pour voir où on en est ?

— Un break ? Tu te rends compte de ce que tu dis, là ? Mais attends, attends une seconde. D'abord, je veux que tu me regardes dans les yeux et que tu répondes à une question. Tu as quelqu'un ?

— Comment ça, quelqu'un ?

— Ne fais pas l'abruti. Tu as quelqu'un d'autre, oui ou non ?

— Non, Sara, ce n'est pas ça. Je te le jure.

Il avait répondu sans la moindre hésitation, en me regardant droit dans les yeux. Le Joaquín d'avant, je l'aurais cru sur parole. Mais là, j'avais dans le nez cette odeur étrange qui continuait à lui coller à la peau malgré la douche. Un parfum exotique, doux et épicé, plus irritant que jamais. Je l'ai regardé avec horreur : pour la première fois, je le soupçonnais de mentir.

Il a poursuivi sur la lancée de son discours bien ficelé. Comme quoi c'était normal, que les gens changent, qu'une séparation – une séparation ! – nous ferait du bien ; rien de définitif, bien sûr, juste quelques mois, pour voir. Et il s'enthousiasmait, prenait confiance, avec des airs de politicien en pleine campagne.

— Une minute, Joaquín, nous sommes deux, dans cette histoire ! Tu ne peux pas décider unilatéralement que tu me quittes, comme ça, tout bonnement, parce que ça te chante.

— Mais je ne te quitte pas ! Je dis juste qu'on devrait faire une pause.

— Si, tu me quittes. Ou plutôt, tu me vires, parce que cette maison est la tienne. Donc, ton baratin, là, c'est pour me demander de faire ma valise. Séparation, break, pause : appelle ça comme tu voudras. Mais je ne suis pas d'accord. Nous avons des problèmes, c'est vrai, mais on peut en discuter…

Dans ma tête se précipitaient divers sujets de discorde, petits et grands, des enfants que nous n'avions pas jusqu'à ses foutus jeux vidéo que je ne pouvais plus voir en peinture, de nos récents problèmes sexuels au désordre qui s'amoncelait sur cette table de cuisine et dans tant d'autres recoins de la maison. Ce qu'il fallait, selon moi, c'était mettre au jour tout cela, faire un grand nettoyage de printemps, puis commencer une nouvelle étape. Et pour ça, il fallait passer plus de temps ensemble, et non moins. Lever le pied, chercher un équilibre, partir en vacances, ne serait-ce qu'un week-end, sans autre projet que de nous laisser guider par les désirs du moment. Parler de ce qui comptait, de nos sentiments et de nos rêves, de ce que nous aimions et n'aimions pas, de ce qui nous manquait et de ce qui nous pesait, du passé et du futur, de ce que nous voulions pour le reste de nos vies.

Joaquín me regardait dans les yeux sans sourire. Il semblait décidé à rompre purement et simplement, ici et maintenant, une bonne fois pour toutes, sans même avoir le courage de le reconnaître.

— J'ai besoin de réfléchir, a-t-il lâché. De peser le pour et le contre. J'ai besoin d'espace, de tranquillité. On va se donner un peu de temps et puis on prendra rendez-vous pour en parler.

— Prendre rendez-vous ? ai-je répété, incrédule. Je t'en prie, Joaquín, écoute-toi ! Ça fait quinze ans qu'on est ensemble, j'ai fait ma vie avec toi, je t'ai aidé à arriver là où tu es, comme toi tu l'as fait pour moi. Tu ne peux pas me mettre comme ça devant le fait accompli. Donne-moi une chance au moins. Tu me dois bien ça.

— Oui, bon, a-t-il dit d'un ton aigre en se levant brusquement. Si on va par là, on se doit tous beaucoup de choses, non ? Je suis bien venu dans ce pays pour toi, moi, sans parler du reste.

— Mais qu'est-ce que tu racontes ? On est venus ensemble, ici…

— Oui, mais pour toi.

Joaquín a déposé bruyamment son assiette et ses

couverts dans l'évier et s'est dirigé vers le salon. Je l'ai suivi, blessée par son ton accusateur. Il s'est assis par terre, devant sa Xbox, et sur l'écran sont apparus des monstres guerriers brandissant leurs armes mortifères. Il a repris, sans me regarder :

— Toi, tu avais ton job dans cette boîte de mode, tu parlais déjà la langue… Moi, j'ai dû me battre, et jouer pour toi les cuisiniers, les thérapeutes, les masseurs, tous les rôles, quoi. Je t'attendais à la maison et encaissais tes petites virées au pub, avec tes collègues. Et maintenant, qu'est-ce qu'il se passe ? Maintenant que moi, j'ai un poste à responsabilités, maintenant que je ne te fais plus le ménage et la cuisine et que je vais au pub après le boulot, maintenant que je n'ai plus autant de temps pour toi, maintenant tu te plains, c'est ça ? Mademoiselle fait un malaise et moi, je dois être au garde-à-vous ! OK, j'accours. Mais j'en ai marre, là. Tu veux des gosses ? Eh bien, cherches-en un autre avec qui les faire, parce que moi, ça m'a passé.

Sur ce, il s'est mis à massacrer les bestioles sur son écran. Le salon s'est empli de coups de feu, de cris et d'explosions. C'était le nouveau Joaquín, constitué de nouvelles cellules.

J'ai fondu en larmes comme une idiote.

— Tu dors ici, cette nuit ! lui ai-je lancé. Je ne veux pas te voir là-haut.

4

La chasse à la souris

Assise sur le toit, je contemple la cité humaine, une vieille et gigantesque fourmilière faite de briques, de béton, de cacophonie et de fumée, qui a grandi inlassablement au cours des deux derniers millénaires jusqu'à prendre possession de tout l'horizon. Les humains dorment, et seules subsistent dans les rues vides leurs lumières, inutiles pour nous les chats, qui voyons comme en plein jour dans la nuit la plus noire.

Soudain je flaire quelque chose dans l'air. Mon poil se hérisse et mes sens s'aiguisent. Je reste immobile, guettant le plus infime changement dans la composition de l'air humide. Comme les courants marins, les arômes innombrables de la ville se rejoignent et s'éloignent, croissent et régressent, se mélangent et se perdent en minuscules tourbillons aériens. Mais, oui, je la sens de nouveau. Une odeur de souris. Non, de rat. Deux rats, même.

Pas de temps à perdre : je longe la bordure du toit, à dix mètres du sol, et je tourne à gauche. L'odeur se fait plus intense à mesure que j'avance, que je parcours cette longue rangée de tanières humaines serrées les unes contre les autres. Je me risque à accélérer, amortissant de mes coussinets l'impact de mes pattes sur la tôle. Je cours maintenant, en silence, dans une parfaite coordination de mouvements, aidée par le balancement de ma queue qui m'équilibre. À ma gauche défilent des cheminées et des antennes ; à ma droite, les lampadaires et les branches des arbres pelés.

Mon odorat me signale que les rats sont dans la dernière maison, celle de Sara et Joaquín. L'émotion de la chasse m'enivre. Même si je ne peux pas encore voir mes proies, je crois déjà entendre leur course affolée et leurs piaillements, sentir leur chaleur, humer l'odeur de leur sang. Je ne suis plus que pur instinct. Je me laisse porter par l'archaïque et sauvage rituel, qui me pousse à un envol presque suicidaire : prenant mon élan de l'extrême bord du toit, je bondis de tous mes muscles bandés, tel un écureuil, le corps étiré, en suspens dans le vide.

Ce saut de la mort, que nul ne voit, me permet d'atteindre le mince rebord d'une fenêtre. Pendant une seconde vertigineuse, je sens les briques du mur frôler à toute vitesse mon flanc gauche. Sans peur, pleinement concentrée, pattes en avant, je me prépare à l'impact de la chute. Et, oui, j'atterris pile sur ma cible, plongeant avec adresse mes griffes dans le bois vermoulu. Ma queue retombe et rebondit en arc de cercle. Je suis saine et sauve.

Derrière la fenêtre, ils sont là, à s'agiter frénétiquement sous la couette, deux rats géants, de taille humaine, et leur odeur entêtante me rend folle. Ils sont occupés, tout entiers livrés à ce moment de passion, le dernier. J'écarte mes griffes au maximum et ne peux me retenir de feuler de plaisir, gueule grande ouverte. Je vois leur queue qui dépasse de la couette et une commode blanche recouverte de vêtements épars. Dans l'agitation, une veste en cuir violet, avec d'étranges inscriptions dessus, glisse par terre. C'est alors que je me demande : est-ce qu'un rat peut porter une veste comme ça ?

Puis tout commence à mal tourner. Je m'aperçois que la fenêtre est fermée et… comment vais-je pouvoir l'ouvrir, puisque je suis un chat ? J'ai beau pousser, griffer le carreau dur et froid, jamais je ne parviendrai à franchir cet obstacle. Les rats le savent : devant mes miaulements enragés de prédatrice frustrée, ils couinent de triomphe. Dans mon désespoir, je hurle à la nuit mon désir de devenir humaine dans cette ville d'homo sapiens qui savent fabriquer et ouvrir les fenêtres. Les rats s'arrêtent net en m'entendant, pointent de nouveau leurs museaux sales hors du lit, et un instant semblent effrayés.

C'est que je suis en train de devenir humaine. La robe mordorée de mon corps se retire et laisse à découvert une peau rose et fine, tandis que de longs cheveux me poussent sur la tête. Mes griffes raccourcissent en délicats croissants de lune. Je grandis, je perds mon odorat, je deviens à moitié aveugle, à moitié sourde, comme les humains. Et je continue à augmenter de volume, trop, beaucoup trop ; ma taille me pousse irrémédiablement vers le vide. Bientôt, le vertige me saisit : je suis nue sur le rebord d'une fenêtre, à dix mètres au-dessus du sol, un rebord qui devient dangereusement étroit à mesure que je grandis. Dans un ultime instant d'angoisse, avant la chute, j'ai le temps de voir les deux rats se désintéresser de moi et retourner à leur lubricité avec frénésie. Eux survivront à cette nuit, pas moi. J'essaie vainement de me retenir, avec mes ongles humains, fragiles et dérisoires. Je glisse et je tombe, je tombe en arrière, je tombe irrémédiablement, battant de mes bras et de mes jambes l'air humide londonien. Je tombe par bêtise, pour avoir voulu en savoir trop, pour avoir voulu être heureuse, hurlant comme une humaine ; je tombe vers la mort qui nous attend tous, chats, rats et humains.

Je me suis réveillée haletante, désorientée, cherchant désespérément à freiner cette chute dans un tourbillon de chats enragés et de rats frétillants. J'ai sauté hors du lit, allumé la lumière et vérifié que rien ne gigotait sous ma couette. Non, il n'y avait ni rats ni souris, juste des formes blanches éparpillées partout – les Kleenex que j'avais utilisés pendant la crise de larmes rageuse à laquelle je m'étais laissée aller un peu plus tôt. Malgré cela, j'ai eu un frisson de dégoût en secouant la couette, comme si je redoutais de trouver dessous quelque animal vivant et répugnant. Je n'ai pas pu résister non plus à l'impulsion stupide de m'approcher de la fenêtre pour m'assurer qu'il n'y avait aucun cadavre dans la rue, qu'il soit humain ou félin.

J'ai enfilé ma robe de chambre et mes chaussons pour aller dans la salle de bains. J'avais une mine épouvantable. C'était moi, cette femme qui me regardait dans le miroir ? Des yeux marron enfoncés dans leurs orbites, entre des paupières gonflées. Une tignasse brune emmêlée. Un teint cadavérique. J'avais même l'air voûtée. Je n'ai pas résisté à cette image très longtemps. J'avais besoin d'une infusion bien chaude.

Pour les Anglais, et plus encore pour les Anglaises, les boissons chaudes sont le remède idéal pour à peu près tout, en été comme en hiver : se réveiller, se réchauffer, se rencontrer, planifier une fête, une stratégie commerciale ou une révolution. N'importe quel prétexte est bon pour un thé, un chai, un rooibos, ou tout autre mélange d'herbes qu'on fait infuser en vrac dans une théière en céramique. Même les pires ennemis prenaient le thé ensemble avant de s'affronter en duel. C'est la panacée de l'âme britannique.

Après dix ans à Londres, j'étais devenue une fervente dévote de ce breuvage et de ses mille variantes, au point que je gardais une bouilloire électrique et un assortiment de sachets dans ma chambre à coucher pour ne pas avoir à descendre à la cuisine. Heureusement, parce que, cette nuit justement, je n'avais pas la moindre envie de devoir entendre Joaquín ronfler dans le salon, ou, pire encore, de le trouver réveillé.

En sirotant mon Organic Bedtime Tea, pelotonnée dans un coin du lit, je me suis demandé si Sybille était réellement en train de chasser cette nuit. J'avais besoin de parler à un être vivant, même si ce n'était qu'elle. Je commençais à croire à ce produit si particulier de mon imagination comme au père Noël. Pourtant, on pouvait considérer que son conseil n'avait pas eu des effets très positifs. Maintenant que j'y pensais avec la lucidité que m'apportait cette infusion de valériane, tilleul et fleur d'oranger, ils avaient été plutôt néfastes, ses conseils. Suis ton flair ? Tu parles ! Qu'est-ce qui m'avait pris de fourrer mon nez là où je n'avais rien à y faire, pour imaginer des horreurs et en accuser Joaquín de la pire manière possible ?

C'était peut-être ça le message de mon cauchemar : arrêter de traiter Joaquín comme un rat, de l'acculer, de traquer un mensonge qui n'était pas plus réel que cette hallucination nocturne, où je finissais par tomber de très haut. Inutile d'aller chercher un psy pour qu'il me confirme que j'avais une imagination débridée. D'abord je m'inventais un chat qui parlait, puis un compagnon qui me trompait. Et avec ma paranoïa absurde, j'avais mis Joaquín au pied du mur. Il était passé boire quelques verres au pub ? La belle affaire ! Il en avait peut-être besoin, après la frayeur que je lui avais causée le matin même. Chacun sa façon d'accuser le coup.

Joaquín avait toujours eu du mal à dialoguer sur nos problèmes de couple. Je savais qu'il avait besoin de temps, qu'il fallait y aller en douceur et le laisser s'ouvrir petit à petit. Au lieu de ça, je l'avais abordé avec la délicatesse d'un éléphant dans un magasin de porcelaine, tard le soir, après une journée stressante. Qu'est-ce que je croyais ? Que nous allions résoudre les choses de cette façon, quand nous étions tous les deux vidés, à la limite de nos forces ? Ce n'était que maintenant, entre deux gorgées, dans le silence de la nuit, les mains autour de la tasse bien chaude, que je me rendais compte à quel point je m'étais trompée.

Je ne pouvais pas agir ainsi. Plus question de chasser des souris et de parler avec des chats. Plus question de me monter la tête, de renifler l'air à la recherche de pistes illusoires et de décider purement et simplement que Joaquín me mentait, alors qu'il ne m'avait jamais donné la moindre raison de douter de son intégrité. Non, ce que je devais faire, c'était reconquérir mon homme. Lui demander pardon d'avoir été si stupide et recommencer à zéro.

J'en avais demandé beaucoup à Joaquín dernièrement, beaucoup trop. En revenant sur ces mois passés, je réalisais que je n'avais pas été cool avec lui. Je ne m'étais pas franchement réjouie de ses succès professionnels ; je lui en avais même plutôt voulu de ne plus m'apporter tout ce confort que je n'avais aucun droit d'exiger. Je ne l'avais pas soutenu comme lui l'avait fait pour moi quand, à notre arrivée en Angleterre, j'avais été submergée par les changements et les défis de cette nouvelle vie. Peut-être que c'était ce qu'il attendait de moi depuis des semaines, voire des mois… Et, ne voyant rien venir, perdant espoir, il était devenu amer, avait pris ses distances. Et moi, je n'avais rien senti. Ça oui, c'était un manque de flair.

Il faut reconnaître qu'il n'était pas facile à comprendre, non plus. Cela m'épuisait de devoir constamment me triturer les méninges pour essayer de saisir ce qui se passait dans sa tête ! Pourquoi les hommes taisent-ils ce qui est réellement important ? Pourquoi doivent-ils toujours souffrir seuls et en silence ? Ça me dépasse. Comme si nous, les femmes, étions là pour jouer les devineresses, nous évertuer à interpréter signes et attitudes, silences et murmures, sorties au pub et massacres obsessionnels d'envahisseurs virtuels.

J'étais toujours surprise, quand Joaquín venait de

quitter ses amis et que je lui demandais de leurs nouvelles, de voir qu'il était incapable de me dire quoi que ce soit à propos de leur vie. Il en savait moins encore sur leurs compagnes, leurs enfants ou leurs familles. Ils se retrouvaient pour voir des matchs de foot ou de rugby, boire et rigoler, se repasser des blockbusters pour ados, ou au mieux discuter de politique, de sciences, de sports, bref, de tout sauf de sujets personnels. Parfois, ils consacraient un week-end entier à jouer à des jeux vidéo, dégommant des bestioles pendant des heures au lieu de parler de ce qui les préoccupait véritablement. Si ça se trouve, les bestioles horribles qu'ils cherchaient à exterminer dans ces labyrinthes tridimensionnels avec cinquante types de pistolets, mitrailleuses et canons laser étaient précisément les monstres qui peuplaient leurs esprits torturés, ceux-là mêmes que leurs femmes et compagnes tentaient d'extirper d'eux par un moyen plus simple et plus pacifique : la parole.

Je lui demanderais pardon le lendemain matin, ai-je décidé. Je lui proposerais de partir deux jours quelque part, histoire de se changer les idées et de prendre un peu de bon temps ensemble, tous les deux. Comme ça, nous aurions l'occasion de parler tranquillement et sans nous énerver. Joaquín n'avait besoin que d'un peu de compréhension. Il ne savait plus où il en était et il avait eu une réaction disproportionnée après une journée difficile. Mais cette histoire de séparation, ce n'était pas sérieux. Tout pouvait s'arranger. Forte de cette conviction, j'ai avalé ma dernière gorgée d'infusion, prête à retrouver mon lit et un sommeil moins agité. J'ai posé la tasse sur la commode et attrapé le cadre en verre à côté : un portrait de nous deux, enlacés et souriants. Nous étions à Vérone, sur le balcon de Juliette, et le touriste espagnol qui nous prenait en photo répétait : « Plus amoureux ! Soyez plus amoureux ! »

Mais, quand j'ai replacé le cadre sur la commode, les vêtements qui la jonchaient dans mon cauchemar me sont revenus en tête comme des fantômes. En particulier cette veste en cuir violet, avec un symbole noir, hindou ou tibétain, dans le dos. J'ai eu un frisson. Cette veste me disait quelque chose. Je l'avais tenue dans mes mains, un jour. Je l'avais même reniflée, gravant dans ma mémoire une trace subtile, presque oubliée, mais impossible à confondre, une odeur épicée. Mon cœur s'est serré : c'était l'odeur que Joaquín avait sur lui en rentrant ce soir.

J'ai fait un geste vers ce vêtement fantôme et les souvenirs ont afflué. C'était il y a un an, ou un an et demi, en été ou au début de l'automne. J'avais trouvé cette veste suspendue dans l'entrée, sur le portemanteau. Comme nous venions d'organiser une fête, j'en avais déduit que quelqu'un l'avait oubliée. Avec Joaquín, nous étions convenus d'envoyer un mail aux invités. Je ne me souvenais pas si nous l'avions fait, mais, que je sache, personne n'était venu la récupérer. Ce qui, maintenant que j'y pensais, était plutôt bizarre. Est-ce qu'elle était toujours là, cette veste, sous la montagne de manteaux, blousons et imperméables de l'entrée ?

Ma parano me reprenait. OK, j'étais peut-être en train de devenir complètement cinglée, mais j'avais besoin d'aller au bout de ce mystère. Sybille m'avait conseillé de suivre mon flair, et mon flair était en mesure de vérifier si cette veste en cuir – une veste qui n'était pas le fruit de mon imagination mais la preuve physique et tangible que quelque chose clochait – avait la même odeur que celle de Joaquín hier soir, alors que nous ne faisions plus l'amour et que sa façon d'éviter mon regard était suspecte.

De nouveau, j'étais une féline chasseresse : les sens en alerte, concentrée, excitée… et terrorisée. J'ai attrapé mon portable pour m'éclairer et suis sortie dans le couloir. Je pouvais entendre les ronflements de Joaquín. Ils m'avaient torturée de nombreuses nuits, mais à présent ils étaient bienvenus pour une prédatrice cherchant à rester discrète. J'ai descendu l'escalier et me suis glissée jusqu'à la porte du salon, que j'ai doucement fermée. Les ronflements continuaient, un peu plus sourds, mais avec la même régularité.

J'ai allumé la lumière, me suis approchée du portemanteau, ou plutôt de l'énorme excroissance textile qui le recouvrait, une collection entière que nous avions accumulée pour nous protéger de la pluie et du froid de cette terre que ma mère, avec son humour habituel, surnommait la *Grey Britain*, la Grise Bretagne. J'ai décroché les vêtements : mon anorak bleu, le long manteau en laine que je mettais pour aller au travail, une sorte de doudoune noire pour les jours de grand froid, les polaires et autres coupe-vent que Joaquín, guidé par sa mentalité pratique et scientifique, s'achetait dans les magasins spécialisés, et, enfin, des blousons et vestes mi-saison, dont certains étaient si vieux et délavés que nous ne les portions plus. Au fur et à mesure, je les posais sur la rambarde de l'escalier, puis directement sur le sol. Finalement, il n'est resté au mur que le squelette dénudé du portemanteau en métal noir, auquel ne pendait plus qu'un vieil imperméable bleu.

Impossible. J'ai recommencé à fouiller dans le gros tas d'habits au cas où j'aurais raté quelque chose. Mais non, il n'y avait rien d'autre. La veste en cuir violet avait disparu.

5

Ce qu'il se passe

Je me suis réveillée le lendemain avec un mal de tête lancinant et des souvenirs confus : la perte de mon Mac dans le métro, mon malaise au bureau, les urgences, Sybille à la fenêtre, le discours bien huilé de Joaquín, son odeur étrange, mon cauchemar sur les toits londoniens, la veste fantôme. Pelotonnée au fond de mon lit, j'oscillais entre la colère blessée de l'amoureuse trahie, la culpabilité d'avoir accusé un Joaquín innocent et délaissé, et la terreur de tout perdre dans un cas de figure comme dans l'autre.

Qu'est-ce que j'étais censée faire ? Essayer d'arranger les choses ? Me résigner à la rupture ? Accuser Joaquín de trahison ? Faire mes valises ? Ou prendre rendez-vous chez un psy ?

Je n'arrivais même pas à me lever. Affronter une nouvelle journée comme celle d'hier était au-dessus de mes forces. En plus, j'avais l'excuse parfaite : Grey m'avait dit de prendre des jours de repos. C'est ce que je faisais. Je me reposais. Le problème, c'est que je n'étais pas habituée à rester au lit. En plus de la peur, de la colère, de la confusion, j'étais envahie par la culpabilité de ne rien faire de productif. Je regardais le réveil et je sentais au creux de mon ventre un fourmillement désagréable, de plus en plus intense. 10 h 25. 10 h 43. 11 h 06. Voilà des années que je n'avais pas paressé au lit aussi tard. J'ai imaginé mes collègues en train de s'inquiéter pour moi.

Alors je me suis rappelé ma promesse à Grey de me rendre au bureau des objets trouvés. Je n'y croyais pas trop, mais il fallait essayer. C'est finalement ce qui m'a tirée du lit. Ça, et le besoin impérieux d'un café. Je suis descendue à la cuisine, une main tenant ma tête et l'autre agrippée à la rampe. Dans la poche de ma robe de chambre, j'avais glissé la boîte de cachets prescrits par le médecin.

Sybille m'attendait derrière la fenêtre de la cuisine. Je n'étais pas d'humeur à supporter les chattes bavardes, pas avant un café, en tout cas. J'ai essayé de l'ignorer. J'ai rempli d'eau la cafetière, je l'ai mise à chauffer, j'ai cherché vainement une tasse propre. Mais, même si Sybille ne disait rien, ne frappait pas au carreau, je sentais intensément sa présence. Et alors que je lavais une tasse sous son nez, il m'a semblé ridicule de continuer à faire semblant.

— Allez, entre, lui ai-je dit d'un ton lugubre en lui ouvrant.

— Je pensais plutôt te proposer de me rejoindre dehors, m'a-t-elle répondu, tournant le museau vers le jardin.

— Non, ça non. D'ailleurs, je suis en robe de chambre.

— Et alors ?

— Alors il fait froid, et en plus, les voisins…

J'ai pensé à M. Shaw, un architecte à la retraite qui vivait dans la maison mitoyenne et passait tout son temps à s'occuper de son jardin. Je ne tenais vraiment pas à ce qu'il me voie dans cette tenue, et en pleine conversation avec un animal domestique.

— Vous les humains, vous faites de ces chichis, a soupiré la chatte.

Elle a sauté dans le jardin, disparaissant de ma vue. Mais j'entendais encore sa voix, pressante, qui cherchait à m'attirer dehors.

— Allez, viens, Sara. L'air frais te fera du bien. Je t'attends.

Même si je n'aimais pas trop qu'elle insiste autant, je devais reconnaître qu'elle avait raison. Malgré le froid, je n'avais aucune envie de fermer la fenêtre, au contraire. J'ai approché mon visage par-dessus l'évier pour prendre une grande bouffée d'air. Je me suis versé une tasse de café et j'ai avalé un cachet. On verrait bien si ça servait à quelque chose. Puis j'ai attrapé un paquet de biscuits et j'ai enfilé ma longue doudoune et des bottes avant de sortir par la porte de derrière. Mes pas sur l'escalier métallique du jardin ont résonné dans tout le pâté de maisons.

— Et pour moi ? a réclamé Sybille en me voyant arriver.

— Désolée, tu as fini tout le lait hier. Je n'ai que ces biscuits.

— Hmm, a-t-elle fait, l'air sceptique.

— Je rachèterai du lait tout à l'heure, je dois aller faire des courses.

Je me suis assise sur l'avant-dernière marche. Il y avait longtemps que je n'étais pas venue là, mon coin préféré de la maison. Grâce à l'air frais, mes idées s'éclaircissaient et mon mal de tête semblait même diminuer.

Notre jardin, autrefois aussi bien entretenu que celui de M. Shaw, était devenu une vraie forêt vierge. Il n'y avait plus trace des violettes et des hortensias, les mauvaises herbes et le chiendent avaient tout envahi. Des rosiers, seul restait un fouillis de branches épineuses. Rien à voir avec le jardin propret et joyeux des premières années, où nous avions organisé tant de pique-niques et de barbecues, et passé de longs après-midi d'été avec notre bande d'amis. Sybille s'est approchée et a posé sa petite tête sur mes genoux.

— Alors ? La chasse a été bonne ?

Sa question m'a surprise. Les images de mes pérégrinations oniriques sur les toits de la ville m'ont assaillie, et un moment j'ai failli croire qu'elles étaient vraies. Ou que j'étais entrée dans le rêve de Sybille. Ou elle dans le mien.

— Qu'est-ce que tu veux dire ? ai-je fait, un peu mal à l'aise.

Sybille m'observait, le regard innocent.

— Tu as suivi mon conseil ? Tu t'es laissé guider par ton flair ?

— Ah ! Oui, je crois, ai-je répondu en humant l'arôme de mon café. Enfin, je ne sais pas. J'ai essayé, mais à vrai dire, ça ne m'a rien apporté de bon.

— Je vois, a dit Sybille.

Elle a descendu les deux dernières marches, fait quelques pas sur les dalles de pierre, puis s'est arrêtée juste à la lisière des herbes folles. Elle a contemplé le panorama, avant de reprendre, de sa voix de velours :

— Parfois, le flair nous mène à quelque chose qu'on aurait préféré ne pas découvrir.

J'ai essayé d'imaginer le genre de surprises désagréables sur lesquelles pouvait tomber un chat dans une poubelle, dans les recoins sombres de la ville, ou dans l'enchevêtrement d'un jardin abandonné. La première image qui m'est venue à l'esprit, c'est un oiseau mort, puis des vers grouillant au milieu d'un tas de plumes. J'ai jeté un œil par-dessus mon épaule sur notre petite maison en briques rouges. Est-ce que ma relation était morte ? Est-ce qu'elle puait la charogne ? Depuis quand ? Je me suis efforcée de me rappeler la dernière fois où j'aurais pu affirmer, avec certitude, qu'elle était vivante, bien vivante.

J'ai repensé à ce voyage en Italie, un an et demi plus tôt, au cours duquel avait été prise la photo qui maintenant trônait sur la commode. Les vacances avaient toujours été un problème… Tandis que j'adorais la nature, lui ne la supportait pas. Pour moi, partir en voyage, c'était aller faire un trekking avec mes copines, ou découvrir les coins de mer ou de montagne les plus sauvages avec le camping-car de mes parents. Mais Joaquín se sentait mal hors de la ville. À la plage, la chaleur et le sable le gênaient, et il détestait la crème solaire. Il n'était pas plus à l'aise dans l'eau, et passer de longues heures sous un parasol était un calvaire pour lui. Même chose à la montagne : il était allergique au pollen, ne supportait pas les insectes, et s'épuisait au bout d'une demi-heure de marche. Il n'avait rien d'un randonneur, à part les vêtements high-tech.

Finalement, j'avais jeté l'éponge et m'étais adaptée à son goût pour les musées, l'architecture et les places pittoresques des cités anciennes. En quinze ans, nous avions eu l'occasion de découvrir les principales capitales européennes et quelques villes américaines : Paris, Lisbonne, Berlin, Vienne, Saint-Pétersbourg, Stockholm, Prague, Buenos Aires, New York, Rio de Janeiro, Istanbul… Mais notre pays préféré à tous les deux, c'était peut-être l'Italie. Et ce dernier voyage avait été l'un des plus réussis, même si les choses avaient déjà commencé à changer entre nous. Joaquín venait d'être nommé chef de projet et vivait une période de grand stress. Cependant, à Rome, *gelati* en main, nous avions tout oublié, occupés à philosopher sur la crise actuelle au milieu des ruines de l'ancien empire, à discuter sur le pouvoir de la religion devant la grandiose basilique Saint-Pierre, et admirant bouche bée la beauté infinie de cette ville-musée. À Venise, nous avions déserté la foule, débusquant des recoins et des trattorias intimes au détour de ponts, canaux et tunnels qui semblaient avoir été créés exprès pour que nous y trouvions refuge. À Florence, nous avions admiré le coucher de soleil depuis le Ponte Vecchio, puis vidé une bouteille de Chianti à une terrasse près de l'ancienne muraille, trinquant successivement à la santé de Galilée, de Léonard de Vinci et de Michel-Ange. Et à Vérone, nous avions assisté à une représentation d'*Aïda* à l'amphithéâtre, avec éléphants et tout le tralala. De nos places, on entendait à peine les chanteurs et les éléphants avaient la taille de fourmis. Le clou du spectacle avait été l'orage qui avait éclaté en plein milieu et nous avait obligés à fuir jusqu'à l'hôtel. Là, nous nous étions débarrassés de nos vêtements trempés en chantant à tue-tête des arias improvisés. Et le lendemain, nous avions fait cette photo à l'eau de rose sur le balcon de Juliette. C'était tout ce qui restait de ces jours heureux. Maintenant, le cliché éveillait en moi une désagréable nostalgie.

— Je ne sais pas quoi penser, Sybille, ai-je fini par dire. En fait, oui, j'ai trouvé quelque chose qui… qui ne sent pas très bon.

Sybille m'a regardée et a penché vers moi ses immenses oreilles. J'ai avalé une autre gorgée.

— En fait, je savais déjà que ça n'allait pas bien entre Joaquín et moi. J'ai essayé d'en parler avec lui plusieurs fois. Mais il est si impénétrable… Je pensais que c'était juste le stress, le manque de temps, ses difficultés pour communiquer… Et puis, je ne sais pas, le temps passe sans qu'on s'en aperçoive, et l'air de rien ça fait presque deux ans que ça ne va plus. Mais là, tout d'un coup, je lui dis qu'il faut qu'on parle, et le voilà qui me répond que…

Ma voix s'est brisée. Courageusement, j'ai repris :

— Il veut me quitter. Il dit que c'est temporaire, mais je crois qu'il y a autre chose. Quelque chose qui sent mauvais. Le coup fourré. À mon avis, il y a anguille sous roche.

Sybille s'est redressée en se léchant les babines.

— Les anguilles, j'en fais mon affaire. En l'occurrence, je dirais plutôt qu'il y a humain sous roche…

— Ou humaine..., ai-je corrigé.

Soudain, j'ai eu envie de balancer ma tasse à l'autre bout du jardin. Sybille a dû le sentir, parce qu'elle s'est écartée de l'éventuelle trajectoire, pour se rasseoir plus loin.

Je me suis levée et j'ai fait quelques pas dans les herbes hautes. Certaines me frôlaient les mollets.

— Je n'y comprends rien, je te jure. Je ne sais pas ce que je dois faire. Je ne sais pas si je suis en train de tout inventer. J'en suis bien capable, puisque je m'invente un chat qui parle. Ça me semble absurde que Joaquín veuille tout arrêter comme ça. Je n'y crois pas. Ou alors il est complètement paumé lui aussi et, s'il persiste, il va faire une erreur qu'il regrettera plus tard, la plus grosse erreur de sa vie. Parce que si nous nous séparons, je ne reviendrai pas en arrière. Je suis comme ça, moi. Quand je prends une décision, je m'y tiens.

J'ai déblatéré comme ça un bon moment, au milieu du jardin à l'abandon, en robe de chambre, doudoune et bottes en caoutchouc, avec pour seul interlocuteur un chat sorti tout droit de mon imagination. Ou plutôt un chat réel mais normal : non doué de parole et incapable de comprendre ce que je racontais. De toute façon, je ne le comprenais pas moi-même.

— Qu'est-ce que ça peut réfléchir, un humain ! a fini par lâcher Sybille.

— C'est ce qu'on fait le mieux, non ?

— Ça, c'est vous qui le dites. Pour les autres animaux, ce n'est pas si évident.

— Et pourquoi donc ?

Le petit ton supérieur de Sybille commençait à

m'agacer sérieusement. Elle me rappelait Joaquín dans ses pires moments.

— Vous avez un cerveau efficace, c'est sûr, capable des calculs et des raisonnements les plus complexes. Mais pour tout dire, la plupart d'entre vous ne savent pas l'utiliser. Et vous vous retrouvez à tourner et retourner dans votre tête ce qui a eu lieu, ce qui va se passer, ce qui aurait pu ou pourrait arriver, tout ça dans le désordre et l'angoisse.

En parlant, Sybille montait et descendait l'escalier, tâtonnante et hésitante, faisant soudain volte-face, bondissant ici ou là, comme si elle voulait illustrer la façon erratique dont les humains réfléchissaient. Au point de se faire une frayeur et de se retrouver le poil tout hérissé.

— Vous vous montez la tête sur des chimères. Vous vivez dans un monde de fables et de mensonges avec lesquels vous vous trompez les uns les autres. Et à force de les ressasser, il arrive un moment où vous ne pouvez plus fuir vos pensées et où elles vous mettent en cage.

Elle avait passé la tête entre les barreaux de l'escalier.

— Vous pensez que les vérités, les solutions et le sens de la vie, vous allez les trouver là, dans cette prison de concepts.

Maintenant, elle redescendait l'escalier jusqu'au sentier dallé.

— Pourtant, ce que vous cherchez vraiment n'est pas là. Au bout du compte, Sara, tu n'as besoin de savoir qu'une seule chose : quand tu manges, tu manges. Et quand tu marches, tu marches.

Elle avait délibérément marqué chaque syllabe de ses pas, une patte après l'autre, à la manière des chevaux de l'école d'art équestre.

— Sinon tu ne fais que buter sur tes pensées, encore et encore, et ta vie passe sans que tu t'en rendes compte, ou, ce qui est pire, tu la passes à vivre une vie qui n'est pas la tienne.

Elle flairait le sol, comme si elle suivait une piste.

— Ne te fie pas tant à tes pensées. Fie-toi plus, comme je te le disais hier, à ton flair. À ton observation, ton écoute, ton intuition. Je sais que pour les humains c'est difficile à comprendre, mais votre tête en ébullition vous fait tout confondre.

Pour ce qui était de la confusion mentale, j'étais bien obligée de lui donner raison.

— Je sais, oui. C'est un sacré imbroglio, là-dedans. Ils veulent m'envoyer chez le psy, d'ailleurs.

— Et tu crois qu'il sera plus sain d'esprit, lui ? lâcha Sybille en levant la tête brusquement. J'en ai connu un ou deux, de psys et, si j'étais toi, je n'en attendrais pas grand-chose.

— Mais qu'est-ce que tu veux que je fasse ? Il faut bien que j'essaie de comprendre ce qu'il se passe dans ma vie !

— C'est aussi là que je voulais en venir, a dit la chatte, un brin malicieuse.

— Comment ça ? Tu vas me le dire, peut-être ?

— Peut-être.

Les sous-entendus de Sybille m'énervaient de plus en plus.

— Quoi ? Tu sais ce qu'il se passe dans ma vie ?

Sybille s'est mise à marcher droit sur moi, une expression prédatrice au fond des yeux.

— Oui. Je le sais mieux que toi, en tout cas.

J'ai senti mon cœur battre plus vite, songeant que Sybille avait très bien pu espionner Joaquín avec…

— Qu'est-ce que tu sais ?

— Ce qu'il se passe dans ta vie. Quelque chose dont tu n'as pas la moindre idée, Sara.

La chatte avançait toujours vers moi, se faufilant entre les herbes hautes avec la démarche sinueuse du puma. Je suis devenue livide et j'ai reculé d'un pas. J'ai pensé que là, tout de suite, Sybille allait tout me révéler. Elle allait me raconter, en long et en large, la vie secrète de Joaquín, une vie qu'elle avait espionnée par la fenêtre de chez moi.

— Il se passe quoi dans ma vie, hein ? me suis-je écriée, au bord de la nausée, pleine d'horribles pressentiments mais poussée par cette curiosité malsaine qui rassemble les badauds sur les lieux des accidents.

Ses yeux se sont plantés dans les miens et elle s'est tapie au sol, à l'affût, la queue serpentant lentement dans l'herbe.

— Tu veux vraiment le savoir ?

— Parle, stupide matou ! ai-je hurlé en me jetant sur elle.

La suite, je m'en souviens comme au ralenti. La gueule de Sybille s'est ouverte, ses pupilles vertes se sont dilatées et embrasées, et j'ai entendu ces mots, dans un rugissement qui a résonné dans mon crâne :

— VOILÀ ce qu'il se passe.

J'ai vu ses muscles se tendre et elle m'a sauté

dessus, rapide comme l'éclair. J'ai senti ses moustaches frôler ma joue droite, ses griffes avant érafler mon cou et mon épaule, puis celles des pattes arrière s'enfoncer dans le tissu épais de ma doudoune juste sous mes côtes. Avant que mon cri n'éclate, Sybille avait déjà plongé tête la première sous le vêtement, plantant ses griffes dans mon dos, mes hanches, tout le long de mon corps. J'ai poussé un hurlement sauvage, tournant comme une toupie sur moi-même pendant que j'essayais de me débarrasser de cette diablesse qui me triturait tout entière. Dans la bagarre, l'une de mes bottes a volé à travers le jardin, j'ai trébuché sur un arbuste et je suis tombée dans l'herbe, où j'ai roulé jusqu'à une paroi en bois qui s'est avérée être la cabane à outils. Là, je me suis retrouvée, essoufflée et hilare, dans la fraîcheur de l'herbe, les yeux sur le ciel gris, le corps vibrant des chatouilles et des éraflures que Sybille avait laissés sur mon corps. Je suis restée immobile un long moment, à reprendre haleine, étourdie mais étrangement rafraîchie et vivante.

— *Excuse me. Do you need some help ?*

Horreur, M. Shaw, mon voisin ! Je me suis relevée tant bien que mal, aussi vite que possible, rabattant sur moi les pans de mon manteau.

— *No, no, I'm OK, thank you*, ai-je assuré en allant récupérer ma botte.

Au-dessus de la clôture, la grosse tête chauve de mon voisin était encore plus rouge que d'habitude. Il s'est confondu en excuses pendant que je lui expliquais qu'un chat m'avait attaquée, mais que ça allait très bien. Il m'a fait remarquer que j'avais une petite écorchure qui saignait.

Sybille était assise au pied de l'escalier métallique, près de ma tasse, en train de se lécher une patte avec une innocence absolument virginale. J'ai attendu que M. Shaw rentre chez lui pour m'adresser à elle, tout bas :

— C'était quoi ce délire ?

— Aucune importance, a dit Sybille du ton docte d'un universitaire en conférence. C'est du passé. Par contre, CECI…

Elle a de nouveau fait mine de me sauter dessus, ce qui m'a fait bondir en arrière aussi sec. Puis elle s'est rassise comme si de rien n'était.

— Ou plutôt CELA, c'est ce qui est en train de t'arriver. Et non toutes ces pensées qui se bousculent dans ta tête. Ou, pour être exacte : *en plus* de toutes ces pensées qui se bousculent. Observe, Sara. Renifle. Sens. Écoute. La vie recommence à chaque instant, aussi neuve qu'à l'origine des temps.

— Hein ?

Ses paroles énigmatiques ne faisaient que m'embrouiller.

— Ah, tu n'as pas compris ?

Une nouvelle fois, elle s'est mise en position d'attaque, prête à bondir.

— Tu en veux plus ?

— Non, non ! C'est bon ! ai-je crié en plaquant contre moi les pans de ma doudoune.

J'ai grimpé l'escalier à reculons. Juste avant de passer la porte, je me suis rendu compte que j'avais oublié la tasse. Tant pis, elle resterait là pour l'instant.

6

Objets trouvés

Le bureau des objets trouvés de London Transport est installé dans un immeuble victorien près de la station de métro Baker Street, l'une des toutes premières stations du réseau de transport souterrain le plus vieux du monde, inauguré en 1863. Depuis un siècle et demi, donc, le Lost Property Office récupère, trie et parfois rend à leurs propriétaires les objets que ceux-ci oublient dans les rames de métro, les bus, les stations ou les fameux taxis noirs.

Je n'y avais jamais mis les pieds. Pourtant, ce n'était pas la première fois que je laissais par mégarde quelque chose dans le métro – avec moi, les écharpes et les lunettes de soleil ne faisaient jamais long feu. Je me suis consolée en pensant que des gens comme Oscar Wilde ou Emmeline Pankhurst étaient sans doute passés par là, eux aussi, pour venir récupérer une paire de gants.

Je suis entrée dans une salle refaite à neuf, qui n'avait plus rien de victorien. Derrière un long comptoir se tenaient des employés vêtus des mêmes chemises bleues. Une douzaine de personnes, des touristes pour la plupart, faisaient la queue ou, assises sur des chaises en plastique, attendaient leur tour. Une employée, certainement afro-caribéenne, m'a tendu un formulaire sur lequel je devais indiquer les lieu, date de la perte et description de l'objet : Jubilee Line, Bond Street Station, le 5 février à 9 heures du matin, sacoche en Lycra noir, marque inconnue, d'environ 20 × 15 × 5 pouces, contenant un MacBook Pro couleur argent, un chargeur blanc, un dossier au logo Netscience avec des documents intitulés Royal Petroleum, et aussi des stylos, un paquet de Kleenex, une boîte de paracétamol, un rouge à lèvres, des écouteurs, quelques pièces de monnaie…

Environ un quart d'heure plus tard, un autre employé est entré dans la salle et, déchiffrant mon formulaire, a tenté de prononcer mon nom :

— *Sara… Lei-oun ?*

— *Léon. Yes, that's me.*

— *Hello Sara, let's go see if we can find your laptop*, a-t-il dit en m'invitant à le suivre.

Cet homme grand et mince – Simon, d'après son badge – avait une soixantaine d'années et semblait travailler là depuis toujours. Regardant tantôt derrière ses petites lunettes rondes, tantôt par-dessus, il m'a fait faire une véritable visite touristique du gigantesque entrepôt, me guidant entre les enfilades de rayons remplis d'objets orphelins.

— Impressionnant, non ? s'est-il exclamé, voyant ma curiosité. Combien d'objets perdus croyez-vous que nous recevons, chaque jour ?

— Aucune idée, cinquante, cent ?

Simon a secoué la tête en riant, amusé :

— À peu près un millier par jour, soit trois cent cinquante mille par an. Vous êtes ici dans une sorte de musée alimenté par les étourdis de la ville. Tenez, prenez cette section. Vous trouverez ici plus de parapluies que dans n'importe quel magasin spécialisé. Ça paraît incroyable, mais la plupart des gens ne viennent pas les chercher, et pourtant certains spécimens sont de marque. Nous en offrons des centaines tous les mois aux associations caritatives. Mais les plus beaux sont généralement vendus aux enchères. Tout ce qui a de la valeur part aux enchères, au profit de diverses ONG.

— Comme les ordinateurs, ai-je ajouté, un peu honteuse.

— Ne vous faites pas de souci, vous n'êtes pas la seule à avoir laissé votre ordinateur dans le métro. Nous en recevons toutes les semaines. C'est l'inconvénient des technologies si compactes. On peut les transporter facilement et les oublier tout aussi facilement.

— Et vous croyez que... ?

— Que nous avons des chances de le retrouver ? Mais oui, bien sûr ! Croyez-en mon expérience, il y a beaucoup de gens honnêtes dans le monde, même dans une ville telle que Londres.

— Vraiment ?

Pour le coup, c'était l'honnêteté de Joaquín qui me venait à l'esprit, ainsi que cette veste perdue, deux fois perdue, même, réalisais-je. Nous étions justement en train de passer près d'un long portant de vestes, et je n'ai pas pu m'empêcher de jeter un coup d'œil furtif.

— Oui, oui, a poursuivi Simon. Certains nous rapportent des portefeuilles remplis de billets. Toutes les semaines, nous recevons plusieurs pièces d'une livre… Mais le plus incroyable, c'est une vieille dame qui, il y a quelques années, est arrivée avec un sac de sport contenant dix mille livres sterling ! Si, je vous assure ! Et regardez ce rayon. Vous voyez ? Des béquilles, et même des fauteuils roulants. Il faut croire qu'il y a des gens qui entrent dans le métro estropiés et en sortent guéris. Le réseau des transports londoniens fait des miracles !

Simon a éclaté de rire à sa propre blague, avant de reprendre sa déambulation dans les différentes sections : sacs à dos et sacs à main, poussettes d'enfants, jouets, ballons de foot, bouteilles d'alcool, cartouches de cigarettes *duty free*. Chaque objet était dûment étiqueté. C'était un peu comme chez Harrods, en plus hétéroclite, mais tout aussi fascinant, dans la mesure où chacun de ces objets avait son histoire, son ex-propriétaire, l'instant de sa perte, plus ou moins douloureux. Simon m'a montré certaines des pièces les plus saugrenues que les gardiens de cet insolite magasin conservaient comme des trésors : un renard empaillé, des masques vaudou, un Mickey de plus d'un mètre, des dentiers, des sex toys – « le genre de choses que les gens ne viennent pas réclamer », a plaisanté Simon – et même une urne funéraire avec ses cendres.

Un endroit surprenant, vraiment. Je me demandais ce qu'en aurait dit Sybille. Sûrement que nous les humains étions si pris par nos pensées que nous passions à côté de notre propre vie. Toujours plongés dans le passé, l'avenir, les hypothèses, les chimères, les rêves et les cauchemars, les angoisses a priori et les évaluations a posteriori. Et la vie passait ainsi, sans que nous nous en apercevions, parce que nous étions en permanence concentrés ailleurs, incapables de voir le moment présent, l'ici et maintenant. Preuve en était ce gigantesque magasin dont les stocks se renouvelaient entièrement tous les trois mois. J'ai passé la main sur l'une des griffures de mon cou : c'était ce qu'avait voulu me faire comprendre Sybille. Elle avait voulu me sortir de cette distraction permanente. Oui, mais elle ne se rendait pas compte, aussi, que j'avais beaucoup de raisons de…

— *Excuse me. Sara… ?*

Simon me contemplait par-dessus ses lunettes.

Et voilà. Exactement ce que je disais : perdue dans mes pensées, je ne m'étais pas rendu compte que nous étions arrivés dans le secteur du matériel électronique. Il y avait là des téléphones de toutes les générations, un nombre infini de consoles de jeux, du matériel que j'aurais été bien incapable d'identifier, et deux rayonnages d'ordinateurs portables, avec ou sans sacoches.

Dont le mien ! J'avais du mal à le croire, mais il était là ! Bien que rien ne distinguât sa sacoche noire des autres sacoches noires, je l'ai reconnue tout de suite.

Simon a souri en voyant ma mine réjouie. Il a vérifié sur l'étiquette que les informations correspondaient bien à celles que j'avais fournies sur ma fiche. Puis il a ouvert la sacoche et m'a montré le Mac et mes papiers.

— Oui, oui. C'est le mien. C'est génial.

— *Congratulations, Sara.*

Il a refermé la sacoche et me l'a donnée. Puis il a ajouté :

— Vous voyez, les gens ne sont pas si méchants, après tout.

Je suis ressortie du bureau des objets trouvés extrêmement soulagée. Voilà au moins un problème qui trouvait une fin heureuse : ça m'a paru bon signe, l'indice que tout n'était pas irrécupérable dans ce que j'étais apparemment en train de perdre ces dernières vingt-quatre heures : ma réputation professionnelle, ma santé mentale et surtout mon mec. Tandis que je mangeais un sandwich dans le quartier après avoir envoyé à Grey par mail ma présentation pour Royal Petroleum, j'ai pensé qu'il fallait que je me détende. Que je prenne les choses comme elles venaient, que je ne me laisse pas emporter par le flot des émotions et des pensées.

Assise à ma table, je contemplais le rythme effréné de la ville. Tout était en mouvement. Et à quelle vitesse ! Taxis noirs, autobus à deux niveaux, voitures, motos, bicyclettes, et dans le ciel couvert jamais moins de deux avions. La baie vitrée du restaurant ressemblait à un aquarium humain, où divers spécimens urbains marchaient d'un pas pressé dans un sens ou un autre : une femme d'affaires qui pianotait furieusement sur son smartphone, un groupe d'étudiants débraillés, sacs sur le dos, deux hommes d'origine indienne qui déchargeaient des caisses de légumes, des touristes qui se dirigeaient vers le musée de cire, et une foule continue qui entrait et sortait de la bouche de métro.

J'ai eu l'impression d'être la seule personne attentive à ce qui se passait dans cette rue, à cet instant, la seule dans l'ici et maintenant. Sybille avait raison. Même si elle aurait pu m'épargner sa démonstration « pratique ».

Puis j'ai remarqué une autre silhouette humaine immobile, debout au milieu de la foule pressée. Un homme grand et mince, habillé d'une façon vieillotte avec une cape courte et une casquette à double visière, une pipe à la main. Comme moi, il observait autour de lui avec la plus grande attention.

C'était Sherlock Holmes. Enfin, sa statue, bien sûr, en bronze. Je n'avais jamais réalisé que les bureaux du célèbre personnage de Conan Doyle se trouvaient non loin de la station Baker Street.

Soudain, j'ai eu l'impression que Sherlock avait quelque chose à me dire, peut-être une piste à m'indiquer, qui mettrait fin à mes égarements. Je me souvenais vaguement qu'un musée lui avait été consacré, et, en payant mon sandwich, j'ai demandé au serveur s'il se trouvait par ici.

— *Of course !* m'a-t-il répondu avec enthousiasme, se retournant pour faire un geste du côté de la rue. C'est l'adresse la plus connue au monde : 221b, Baker Street ! C'est juste là, au coin. La véritable maison de Sherlock Holmes. Vous n'y êtes jamais allée ? Je vous le recommande, c'est très bien.

En fait, le 221b était situé exactement en face du bureau des objets trouvés de London Transport, ce qui prouvait une fois de plus que mes dons d'observation étaient décidément bien pauvres et que j'avais beaucoup à apprendre de Sherlock. J'ai trouvé curieux qu'on ait installé un bureau des objets trouvés précisément en face de la maison du détective le plus célèbre du monde... Le sens de l'humour britannique, je suppose.

Sur le mur en brique de l'édifice, au-dessus d'une porte verte flanquée de deux lanternes, était fixée l'une de ces plaques rondes, bleu clair, que l'on trouve partout dans Londres et qui indique que tel ou tel personnage a vécu là. Cette fois, la plaque disait : 221b, SHERLOCK HOLMES, CONSULTING DETECTIVE, 1881-1901. Cela m'a fait une impression étrange... Sherlock était célèbre, certes, mais il n'en restait pas moins un personnage de fiction. « La véritable maison de Sherlock Holmes », n'était-ce pas ce que m'avait dit le type du bar ?

Je suis entrée dans le petit musée. Lequel se présentait bien comme l'exacte reconstitution de la « véritable » maison de Sherlock. Un volumineux monsieur avec un chapeau melon, se présentant comme « Mr Watson », m'a fait remarquer avec quelle précision les plus petits détails avaient été reproduits, dont les dix-sept marches qui reliaient le rez-de-chaussée au premier étage. Dans le bureau du détective, sur une chaise près de la cheminée, on pouvait voir son violon. On aurait dit qu'il venait de le poser là pour filer le train à son pire ennemi, le professeur Moriarty – comme venait de me le rappeler « Watson ». Au mur était exposée une collection de pipes, et dans une vitrine des flacons d'opium et de cocaïne, entre autres composants chimiques. Toute la pièce était pleine de souvenirs de ses affaires les plus connues : on pouvait voir par exemple un revolver caché dans un faux livre ou un fragment de mur marqué d'une empreinte digitale sanglante.

Tout était faux, évidemment. Le violon, les pipes, et même les poignards étiquetés, les armes supposées de tel ou tel crime. De fausses pistes, censées être les souvenirs d'un faux détective. Une fiction faite réalité, ou une réalité faite de matériel fictif. La seule chose réelle dans ce simulacre était cette adresse du 221b Baker Street, où n'avait jamais vécu aucun détective, mais où se rendaient chaque année des milliers de curieux du monde entier pour pouvoir dire qu'ils avaient visité la « vraie » maison de Sherlock Holmes et vu son violon et sa collection de pipes.

J'ai pensé à Sybille et à son discours sur la propension des êtres humains à vivre dans un monde fictif, à affabuler, à se raconter des histoires et à oublier le plus élémentaire, mon cher Watson, qui est ce qui arrive à l'instant même. Oui, peut-être que c'était absurde. Pourtant, moi aussi j'étais entrée dans ce musée, et justement en suivant mon flair, après m'être arrêtée et m'être extirpée momentanément des allées et venues permanentes des personnes, des taxis et des pensées. Je venais chercher quelque chose, un quelque chose qui pouvait se trouver aussi bien dans la fiction que dans la vie réelle. Là était peut-être l'argument à opposer à Sybille.

Car, que serais-je devenue, moi, sans la fiction littéraire ? Toute mon enfance, j'avais été environnée de romans, littéralement. Mes parents s'étaient lancés en Angleterre dans le commerce des livres d'occasion. L'été, ils le passaient sur la côte espagnole : avec leur vieille fourgonnette Volkswagen, baptisée Rossinante, ils vendaient et rachetaient des exemplaires dans toutes les langues auprès des touristes qui commençaient à pulluler sur les plages dans les années soixante. Leur succès dans ce curieux négoce ambulant était dû à la personnalité sympathique de mon père et au sens pratique de ma mère, mais surtout à la passion de la littérature qui les animait et qu'ils m'avaient transmise dès ma plus tendre enfance. Pendant de longues heures, mon père nous lisait, à voix haute, des romans dont j'étais loin de tout comprendre mais qu'il interprétait avec tant de talent qu'il les rendait fascinants.

Il y avait eu *Alice au pays des Merveilles*, *L'Île au Trésor*, *L'Histoire sans fin* et *20 000 lieues sous les mers*, puis, un peu plus tard, *Don Quichotte*, *Anna Karénine* ou *Jane Eyre*. Quand mes parents avaient fondé Babel, la première librairie internationale de Madrid, en 1981, j'y avais passé presque tous mes après-midi, faisant mes devoirs parmi la meilleure littérature espagnole, anglaise, française, italienne, portugaise ou allemande. J'étais devenue une lectrice avide, capable de lire jusqu'à cent romans en une année. Alors je savais bien que dans les livres se cachaient de petites et grandes leçons à même de nous aider à donner un sens à la vie. Des vérités se glissaient au milieu des mensonges de la fiction.

En parcourant la supposée maison de Sherlock, je me suis remémoré les détails de quelques-unes de ses enquêtes les plus célèbres – *Une étude en rouge*, *Le Signe des quatre* ou *Le Chien des Baskerville*. Le sagace détective insistait toujours sur une chose, la même que Sybille : l'observation. Une citation de la nouvelle *Un scandale en bohème* était encadrée au mur : « Vous voyez et vous n'observez pas. La distinction est claire. »

Je me suis assise sur la chaise de bureau qui n'avait jamais appartenu à Sherlock Holmes mais qui lui ressemblait certainement en tous points. Sur la table, on avait placé une vitrine pour protéger des reliques, telle cette loupe dotée d'un splendide manche en ivoire. D'où pouvaient bien provenir tous ces objets ? De brocantes ? Du bureau d'en face ?

C'est ainsi que j'en suis venue à ce qui, consciemment ou non, m'avait poussée en ce jour fatidique à m'intéresser aux énigmes non résolues. Qu'aurait dit Sherlock à propos du mystère de la veste en cuir ? Voyez-vous, monsieur Holmes, pour commencer elle fait son apparition chez moi, sans la moindre explication, puis elle disparaît sans crier gare. Que peut-on en déduire ? Que Joaquín me trompe ? Ou que je suis parano ?

J'ai tapoté la vitrine du bout des doigts. Bien sûr, cette histoire de veste n'était pas une preuve absolue. Plus qu'une preuve, c'était une piste, une piste qui s'était malheureusement évaporée. Voilà qui ne faisait pas un début très prometteur pour une enquête. Ou peut-être que si, parce que Sherlock, comme me l'a rappelé mon guide – M. Watson –, ne s'intéressait qu'aux affaires les plus épineuses. Il avait besoin de mystères de premier choix pour mettre à l'épreuve ses capacités déductives, sans quoi il mourait d'ennui et était obligé de recourir aux drogues pour pimenter sa vie.

Sous la vitrine, on pouvait admirer le vrai faux journal de Sherlock, un cahier manuscrit, possiblement rédigé par Conan Doyle lui-même. Alors que je déchiffrais quelques lignes, la phrase suivante a attiré mon attention : « C'est une grossière erreur de théoriser avant d'avoir rassemblé toutes les preuves. » Toutes les preuves ? Soudain, j'y voyais clair. Sybille avait dit la même chose. Et moi qui tournais et retournais le truc dans ma tête. Qui envisageais mille explications. Mais je n'avais aucune preuve de rien, juste des suspicions et une veste qui apparaissait et disparaissait. À quoi bon se concentrer sur une piste qui n'avait plus rien de tangible ? Je suis sortie de la fausse maison du faux Sherlock et je me suis précipitée vers le métro. Voilà ce qu'aurait fait un bon détective, comme n'importe quel matou qui se respecte : investiguer, chercher de nouvelles traces, une piste fraîche, les indices que tout malfaiteur sème toujours, surtout quand il n'est qu'un amateur, ce qui était le cas ici. Pendant toutes ces années, je n'avais pas eu de raison de douter de Joaquín, et jamais il ne me serait venu à l'esprit d'aller mettre le nez dans ses affaires sous notre propre toit. Mais les choses avaient changé. Si ça se trouve, Joaquín était une imposture du même ordre que le musée de Sherlock Holmes. Il fallait que je m'en assure, une bonne fois pour toutes, pour le meilleur ou pour le pire, avant qu'il rentre à la maison et me mette à la porte sans me donner la moindre explication. Car, comme le disait une autre citation encadrée dans le musée, « n'importe quelle vérité est préférable au doute absolu ».

7

L'autre Joaquín

Je suis arrivée à la maison au pas de course, aussi nerveuse qu'une détective aux méthodes peu orthodoxes qui dispose d'un temps réduit pour fouiller dans les tiroirs du suspect. Quand la clé a eu du mal à tourner dans la serrure, j'ai craint un instant, absurdement, que Joaquín ne l'ait changée : peut-être qu'il m'avait devancée et qu'il comptait m'envoyer mes affaires par la Poste. Mais non. J'ai finalement réussi à ouvrir la porte. Jetant mon manteau et mon ordinateur dans l'entrée, je suis montée précipitamment à l'étage, dans le bureau qui nous servait aussi de chambre d'amis. Je ne savais pas ce que je cherchais exactement, mais, si je devais trouver quelque chose, ce ne pouvait être que là, au milieu des papiers, des factures et des lettres, dans les tiroirs, ou sur l'ordinateur de bureau.

Évidemment, mon premier réflexe a été de regarder dans sa messagerie. Je ne connaissais pas son mot de passe, mais je pouvais probablement le deviner.

J'ai commencé à tournicoter sur la chaise, d'un côté et de l'autre, en attendant que l'ordinateur démarre. Pendant ce court laps de temps, j'ai été prise de scrupules. Entrer dans la messagerie d'autrui, c'était violer son espace le plus intime ! D'ailleurs, est-ce que ce n'était pas illégal ? Peut-être que je risquais même la prison, dans ce pays où on avait un sens presque obsessionnel du respect de la sphère privée. Certes, je ne pensais pas Joaquín capable de me dénoncer. Mais lui non plus ne m'aurait pas crue capable de lire ses mails. Le fond d'écran est apparu : une autre photo de notre voyage en Italie, prise depuis notre hôtel à Venise. C'était peut-être le dernier endroit où nous avions vraiment fait l'amour. Je me suis relevée d'un coup. Non, je ne pouvais pas lui faire ce coup-là.

Je me suis approchée de la bibliothèque où nous gardions nos papiers. J'ai sorti la boîte qui contenait ses relevés de compte les plus récents. Comme elle était déjà ouverte, y jeter un œil me semblait moins indiscret. Avec cette même logique, j'ai pris la feuille qui dépassait, un extrait de compte bancaire du mois de septembre. À première vue, rien de suspect : le virement de son salaire, les débits mensualisés des factures de son portable, du gaz et de l'électricité, des achats chez Sainsbury's, Waterstones et à la boutique Camper d'Oxford Street, une note de restaurant et les frais d'un voyage d'affaires à Paris. J'allais remettre le papier dans le dossier en carton, quand cela m'a frappée : pourquoi Joaquín avait-il payé son billet de train et l'hôtel à Paris puisqu'il s'agissait d'un déplacement professionnel ? J'ai mieux regardé.

Eurostar Tickets	£ 156.00
Hôtel Les Falaises	£ 360.00
Crêperie Lann Bihoue	£ 43.20
…	

C'était un peu étrange, non ? J'ai pensé qu'on lui remboursait peut-être ses frais ensuite. Mais je me suis mise à inspecter les relevés bancaires des mois suivants et n'ai trouvé nulle trace de ces remboursements. Et puis, il y avait autre chose qui me mettait la puce à l'oreille : cette fascination de Joaquín pour la France. Une fascination que je ne partageais pas. Il ne cessait d'insister pour que nous allions visiter les *châteaux de la Loire* et traîner dans les cafés branchés. Moi, je trouvais les prétentions intellectuelles qu'il admirait chez les Français pédantes et ampoulées, peut-être parce qu'elles me faisaient penser à lui dans ses pires moments.

Je ne sais pas ce qu'aurait fait Sherlock Holmes au XIXe siècle, mais moi j'ai tapé le nom de l'hôtel dans le moteur de recherche, lequel m'a menée vers le site de l'établissement. Le problème, c'est que l'hôtel Les Falaises ne se trouvait pas à Paris, mais en Normandie, à Étretat. Les photos de cette localité côtière montraient de vertigineuses falaises calcaires et des rochers effilés qui émergeaient de la mer comme les os d'un géant et rejoignaient parfois les parois en de gigantesques arches. J'ai fouillé un peu plus dans le moteur de recherche, et je suis tombée sur la « Crêperie Lann Bihoue », à Étretat toujours. Là, je n'ai plus eu aucun doute.

Joaquín n'était pas allé à Paris. Il était allé en Normandie, à Étretat. Frénétiquement, j'ai dévoré les descriptions du lieu sur Wikipédia, sur les sites des agences de voyages, sur la page web de Normandie Tourisme. À l'évidence, ce n'était pas le genre d'endroit où on organise des salons aéronautiques. C'était un coin reculé du monde, où se retirait de temps en temps Claude Monet, entre autres artistes fascinés par ses spectaculaires paysages. Un panorama magique aux couchers de soleil qui attiraient chaque année de nouvelles générations d'amoureux désireux de s'unir dans le plus ancien, intime et extatique des rituels humains.

« Il m'a menti, il m'a menti ! » La phrase revenait, incessante, dans ma tête, ressac d'une mer rugissante s'abattant sans répit contre les falaises immenses mais creuses des mensonges derrière lesquels se cachent les amoureux en quête de l'escapade romantique de leurs vies. J'étais là, au centre de cette petite pièce, à l'étage d'une maison qui d'après le Web se trouvait à 345 km d'Étretat, submergée de haine et de douleur, de rage et de honte, du feu qui décime les champs et des flots tempétueux qui prennent d'assaut les côtes escarpées, les villages pittoresques, les hôtels pleins de charme, les boutiques de *souvenirs*, les *crêperies* et les *pâtisseries*, et les amants clandestins qui batifolent, l'âme coquine.

J'ai dû jeter le classeur contre le mur, car la pièce s'est emplie de papiers neigeux qui flottaient et tourbillonnaient autour de moi ; relevés bancaires, factures françaises, talons de chéquiers, montants à déchiffrer, reçus inquiétants mais bien classés : des mensonges, des mensonges, rien que des mensonges. J'ai dû crier, tandis que je tombais dans l'abîme vertigineux de ma vie qui se fissurait et éclatait en mille morceaux, mise en pièces par les fragments rocheux. J'étais anéantie par la force de la gravité qui m'entraînait vers la vérité. Il m'avait menti.

Je ne sais pas combien de temps je suis restée par terre, fixant mon passé de mes yeux révulsés, me remémorant les appels téléphoniques de Joaquín depuis « Paris », revivant chacun de ses mots comme une écharde de pierre calcaire qui s'enfonçait dans mon cœur.

« Le salon ? Oui, très bien, mais tu sais ce que c'est, debout toute la journée… L'hôtel ? Pas mal. Genre fonctionnel, confortable mais froid, avec ces lavabos carrés que je déteste… Tu veux que je te rapporte quelque chose ? Des *pains au chocolat* ? OK, pas de problème… Bon, je suis crevé, je t'appelle demain… Oui, oui, moi aussi je t'aime. »

Quand finalement je me suis relevée, endolorie et choquée, j'étais décidée à découvrir toute la vérité, coûte que coûte. Je me suis assise devant l'ordinateur, j'ai ouvert la messagerie de Joaquín et j'ai tapé le mot de passe qu'il utilisait pour presque tout, à savoir les huit premiers chiffres du nombre Pi : 31415926. Voilà, c'était bon.

Et c'est ainsi que j'ai appris pour son autre vie. Que mon monde a achevé de s'écrouler. Devant moi s'est affichée une longue liste de messages reçus, envoyés, classés, avec ou sans pièces jointes. Beaucoup concernaient le travail ou des démarches administratives, certains venaient de ses amis et collègues, quelques-uns de moi, sans parler de l'inévitable série de spams. Mais mon œil a été attiré par un expéditeur qui revenait régulièrement et dont le nom m'a été immédiatement antipathique : galacticgirl21.

Un seul message a suffi. Les bras serrés autour de moi, les ongles plantés dans ma chair, j'ai lu :

Re : Told her !

Great news !!!! I can't believe it !!!!!!
Love you to bits & miss you more than ever.
1001 galactic kisses
GG

La « fille galactique » était donc folle de joie, l'aimait à fond et il lui manquait plus que jamais. Tout ça avec 1001 « baisers galactiques » et beaucoup trop de points d'exclamation.

Jamais je n'aurais cru que ma première réaction devant la preuve irréfutable de son infidélité puisse être la honte. Et pourtant, j'ai eu honte. Pour eux. *Galactic girl* ? *Galactic kisses* ? Mais elle avait quel âge, cette pauvre fille ? Et Joaquín, il avait si mauvais goût que ça ? Que fallait-il en conclure me concernant ? Les questions fusaient dans ma tête et mon cœur s'emballait tandis que je lisais la suite. Ce mail était la réponse à un autre envoyé par Joaquín à 00 h 12, la veille, certainement après sa séance de jeu vidéo, dont l'objet était donc : *Told her !* (*Je lui ai dit !*)

Ma GG,

Je t'avais promis que je romprais avec Sara et je l'ai fait ce soir. Il faut encore que nous réglions les détails mais j'ai sauté le pas. Prépare le champagne !

Je t'aime plus fort que jamais et j'ai une envie folle de commencer notre nouvelle vie ensemble.

GALACTIC-BOY

J'ai relu plusieurs fois le message pour être sûre de bien comprendre : le sens des mots, l'enthousiasme d'un amour tout frais, la signature – *Galactic-boy*... Ridicule ! –, la destinataire... J'ai même vérifié que j'étais bien sur le compte mail de Joaquín. J'ai relu encore et encore les mots, les caractères noirs sur fond blanc, jusqu'à ce que mes yeux me brûlent.

Je me suis jetée sur un autre message de galacticgirl21, puis sur un autre, et encore un autre, tous ceux que j'ai trouvés. Mais les mails antérieurs ne donnaient pas beaucoup plus d'informations. C'étaient des échanges anodins, du genre « RV plus tard au pub », « Quelle heure ? », « 19 heures ? », « OK ». Dans l'un d'eux, elle joignait le trailer d'un film de science-fiction qui devait sortir en été. Dans un autre, ils faisaient allusion à leur boss : « J'ai vu Rowan passer à ton bureau. Qu'est-ce qu'il voulait ? » « Rien, jouer au petit chef, comme d'hab. » Aucun message d'elle dans la boîte de réception ne datait de plus de deux semaines.

La frustration me rongeait. J'avais besoin de tout savoir. Qui était-ce ? Est-ce que je la connaissais ? Depuis combien de temps étaient-ils ensemble ? Oui, ça, surtout : depuis combien de temps me trompait-il ?

Alors j'ai eu l'idée de taper « galacticgirl21 » dans le moteur de recherche de la boîte mail. Bingo :

1.883 messages found

1 800 messages ! Et les premiers dataient de presque deux ans ! Ça faisait beaucoup, même pour vingt-trois mois de relation. Ce ne pouvait être que la communication secrète d'un couple clandestin, qui devait se cacher, ne se rencontrait que pour de furtifs cinq à sept, et à qui ces moments fugaces ne suffisaient pas pour se dire tout ce qu'ils avaient à se dire. Joaquín avait gardé tous les messages et les cachait stratégiquement dans un dossier nommé « admin ».

À ce moment-là, la silhouette sombre de Sybille s'est découpée à la fenêtre, auréolée de la lumière ténue de cette grise fin de journée. Je n'y ai pas fait attention, trop occupée à ouvrir tous les messages.

Les plus anciens étaient les plus explicites : sous-entendus sexuels brûlants, provocations émoustillées :

Un baiser, salle de la photocopieuse, à 17 h 42 ?
Un seul ? J'ai besoin de vingt copies...
OK, laisse-moi faire chauffer la machine.
La mienne est déjà bouillante.
Mmm... arrête, tu me rends dingue !

Moi aussi je bouillais en lisant la chronique des premières trahisons. Tout cela était si banal, si cliché, si prévisible. Le quarantenaire avec la jeunette du bureau. Les petits jeux verbaux. Les contacts fugaces, entre deux portes.

Eh, latin lover, hier, c'était top, on recommence quand ?

Laisse-moi récupérer un peu...

Moi qui pensais que les latin lovers étaient toujours prêts.

Tu es un vrai danger, toi.

Tu n'as pas répondu à ma question...

On en parle demain.

Demain ? Non, aujourd'hui plutôt. Pas question que tu rentres direct retrouver l'emmerdeuse.

Ah, j'étais l'emmerdeuse... Soudain, j'ai eu envie de mettre un visage sur cette galacticgirl21. Ainsi je pourrais au moins m'imaginer en train de lui arracher les yeux.

J'avais du mal à croire que lorsque nous avions fait ce voyage en Italie, ils étaient déjà ensemble depuis plusieurs mois. D'ailleurs, l'un des détails qui m'a fait le plus mal, c'est quand je suis tombée sur une photo presque identique à celle que nous avions sur la commode de la chambre : c'était à Vérone, sur le balcon de Juliette, mais dessus Joaquín posait seul. Un Joaquín souriant et amoureux. Amoureux d'elle. Non seulement il m'avait déjà gommée de sa vie, mais encore il se servait de moi pour que je prenne une photo de lui qu'il enverrait à sa maîtresse.

J'ai continué à lire les messages, ou plutôt à les parcourir en vitesse, parce qu'il y en avait trop et que je savais que je n'aurais pas le temps de tous les lire avant le retour de Joaquín. Sybille, elle, avait commencé à frapper au carreau pour attirer mon attention, en miaulant doucement. J'ai fait mon possible pour l'ignorer.

Au bout de plusieurs mois, le ton des mails avait changé. Ils étaient devenus plus posés et songeurs, et on sentait que ce n'était pas une simple aventure :

Mais tu n'as pas envie d'avoir une famille ? Comment ça se fait que tu n'aies pas eu d'enfants avec elle ?

Si, j'aimerais bien. C'est la seule immortalité à laquelle j'aspire. On en a parlé avec Sara et nous étions décidés à en avoir, mais elle n'a pas arrêté de repousser, à cause du travail, et maintenant... c'est moi qui n'en ai plus envie ! Ça ne va plus très bien entre nous, comme tu as dû t'en rendre compte, hi hi hi.

Il oubliait de mentionner que c'était moi qui l'avais convaincu que ça valait le coup d'avoir des enfants dans ce monde que lui considérait comme « vide, impitoyable et décadent ».

Tu me manques, Spanish man. Trop. Ça commence à m'inquiéter. Est-ce que je serais en train de tomber amoureuse ? Peut-être que tu le sais, toi, avec tes quarante ans et ton expérience du monde.

Oui, je devrais être capable de te le dire, mais je suis encore plus paumé que toi. Je me sens comme un gamin de quinze ans, avec toi. Qu'est-ce que tu m'as fait au juste ? Tu m'as jeté un sortilège intergalactique ?
GALACTIC-BOY

J'ai senti une déception profonde vis-à-vis de Joaquín : il s'était laissé aller à un enthousiasme adolescent avec une fille qui devait être une gamine, et, surtout, il ne m'avait rien dit, alors qu'il était clairement en train de tomber amoureux. Ni à ce moment-là, ni un mois plus tard, ni deux, ni six, ni dix-huit. Même maintenant, il voulait rompre avec moi sans jouer franc jeu, lui qui se gargarisait de son « attachement à la vérité ».

La chatte cogna à la vitre avec plus d'insistance. Ses miaulements m'énervaient.

La fille galactique elle aussi était énervée. Les mails des derniers mois montraient clairement qu'elle supportait de moins en moins la double vie de Joaquín :

Quand est-ce que tu vas lui parler ? Tu m'avais dit après l'été, et on est en novembre. Je commence à en avoir marre, Joaquín. À quoi tu joues ?

Je vais le faire, ma puce, je te le promets, dès que je pourrai. Mais là, ce n'est pas le bon moment, je t'assure. Au boulot, je suis débordé et elle aussi, sans compter les travaux à la maison. Tu ne sais pas quels miracles je dois accomplir pour qu'on puisse se voir, toi et moi. En plus, là, ça va être le cinquième anniversaire de la mort de sa mère et elle est un peu fragile. Ce n'est pas si facile, il faut que tu comprennes.

Le salaud ! Quel culot il avait de prendre ma mère comme excuse ! Jusqu'où était-il capable d'aller dans la saleté, en bon rat qui se respecte ? Car maintenant, je savais que c'en était bel et bien un.

La réponse, je l'ai trouvée dans une série de longs mails échangés par les deux amants lors d'une crise que mon père et moi avions déclenchée sans le savoir, durant les dernières fêtes de Noël. Le premier message était daté du 26 décembre à 11 h 35. Avec mon père, nous tentions de rentrer de l'aéroport de Heathrow : notre vol pour l'Espagne avait été annulé comme tous les autres, à cause d'une tempête de neige. Comme Joaquín n'avait pas pu prendre sa journée du 24, mon père était venu à Londres pour fêter Noël avec nous. Álvaro, resté à Madrid, avait pris le relais à la librairie qui devait rester ouverte pour les derniers achats de Noël. Ensuite, mon père et moi devions rentrer en Espagne, où je resterais jusqu'au réveillon de fin d'année. Joaquín ne venait pas : il devait travailler. Ce que nous ignorions, bien sûr, c'est que sa maîtresse galactique devait elle aussi débarquer avec ses valises pour profiter tranquillement de ces quelques jours avec lui, sous notre propre toit.

Sauf que la fille s'était retrouvée coincée à la gare de Paddington quand Joaquín l'avait prévenue que notre vol était annulé. Il avait bien essayé de nous convaincre de passer la nuit dans un hôtel proche de l'aéroport, mais sans succès : la maison n'était qu'à une heure de Heathrow, et la solution m'avait semblé absurde. Il avait allégué que c'était ce que conseillait la compagnie aérienne, qu'il était prêt à nous l'offrir, que ce serait bien plus pratique... Je m'étais fâchée, croyant qu'il refusait que mon père reste plus longtemps chez nous.

L'échange de mails avait commencé à notre retour, puisqu'ils ne pouvaient plus communiquer par téléphone. Elle était hystérique, ce qui peut se comprendre quand on a passé une matinée entière dans le froid de Paddington, avec l'incertitude, la frustration puis la résignation quand on doit rentrer chez soi, dans son appartement vide, le soir de Noël.

J'en peux plus, Joaquín. Je te jure que si tu ne lui parles pas maintenant, c'est fini entre nous. Je ne sais plus quoi penser de toi. Je ne sais pas si tu couches avec elle ou pas, si c'est elle que tu aimes, ou moi. La seule chose que je sais, c'est que ça fait deux ans qu'on est ensemble et que tu continues à me traiter comme ta poule. J'en ai ras le bol, RAS LE BOL. Je suis à deux doigts de débarquer chez toi. Comme ça, on mettrait les choses à plat, tous les trois, une bonne fois pour toutes.

Elle me faisait presque de la peine, cette fille. Il la traitait aussi mal que moi, finalement. Et c'est là que le rat a touché le fond, dans son message suivant :

Mon amour,

Crois-moi, je regrette tout ça. Tu vis un véritable enfer, je le sais. Mais je te demande de ne pas douter de moi, c'est ce qui me ferait le plus mal. Tu connais mon attachement à la vérité. Jamais je ne te trahirai. J'ai promis de t'être fidèle et j'ai tenu ma promesse. Je vis avec elle, mais mon corps et mon âme sont avec toi.

Mon amour, ma petite Galactic Girl, tu as conquis mon âme et bouleversé ma vie. C'est le chaos ici à cause de toi, et je sais que je n'ai pas encore su le résoudre, mais je le ferai bientôt, je te le promets. Maintenant je sais que je ne peux vivre qu'avec toi, et je compte les jours jusqu'à celui qui me permettra de faire de ce rêve une réalité.

JOAQUÍN

Ça, je confirme : il ne me touchait plus. Il lui avait juré fidélité, et c'est à la lettre qu'il tenait parole ! Au nom de son « attachement à la vérité ». Cette rengaine si familière, cette ironie cruelle, cette hypocrisie éhontée ont fini de mettre en pièces mon cœur, emplissant mon corps d'une colère sanguinaire. Mes mains ont cherché quelque chose à attaquer, à griffer, à détruire, dans une urgence physique aussi impérieuse qu'un vomissement.

Si, à cet instant, Sybille ne m'avait pas distraite en toquant de nouveau à la vitre, je crois que je m'en serais prise à l'ordinateur. Je me suis contentée de tirer des deux mains sur le câble d'alimentation, réduisant d'un coup l'engin au silence. Puis j'ai ouvert la fenêtre et j'ai rugi :

— Fous-moi la paix !!

Sybille, dans un miaulement apeuré, a sauté du rebord et filé comme une flèche au fond du jardin.

— Tu ne vois pas que je veux être seule ??

Et seule je suis restée. Seule j'ai pleuré. De désespoir. De consternation. De douleur, d'incrédulité, d'humiliation. De rage de ne pas avoir devant moi, à cet instant précis, Joaquín et cette gamine, quelle qu'elle soit, pour les étrangler sur-le-champ.

Je me sentais tellement idiote d'avoir cru en Joaquín, d'avoir cru au monde et à ses promesses, à ses princes charmants et son père Noël. Vero avait raison sur toute la ligne. Comment est-ce que j'allais pouvoir lui raconter ? Et à mon père ? « Nourris un corbeau, il te crèvera l'œil », m'avait dit ma mère la première fois que je lui avais parlé de Joaquín, dont le nom de famille, Cuervo, renvoyait à ce volatile. Il ne lui avait jamais inspiré confiance. Tous mes proches l'avaient percé à jour, mais pas moi.

J'ai versé des larmes amères, des larmes annonciatrices d'une terrible solitude, d'un long et définitif hiver de la vie. Déjà, les vents glacés soufflaient, lacérant ma peau et me coupant le souffle, porteurs d'une implacable tempête de neige qui réduisait à néant l'avenir et plongeait tout dans le silence.

8

La meute

Je me suis réveillée sur le lit des invités, glacée par un courant d'air qui venait de la fenêtre ouverte et recroquevillée autour d'une boule de poils chaude. La chatte ronronnait doucement, régulièrement :

— Ne t'inquiète pas, ma Sara, tout ça va passer. Ça passera. Ça passera. Ne t'inquiète pas…

Je l'ai serrée très fort contre moi et elle a enfoui sa tête entre mes seins.

— Sybille ? ai-je balbutié.

— Quoi, ma belle ?

— Qu'est-ce que je vais faire, maintenant ?

— Moi, à ta place, je fermerais la fenêtre : tu grelottes.

Je me suis levée dans un effort surhumain. La nuit était tombée, mais les chiffres du réveil indiquaient qu'il n'était pas encore 7 heures. Je me suis assise en tailleur sur le lit, m'emmitouflant dans la couette. Sybille a sauté sur mes genoux.

— J'ai envie de le tuer.

— Je ne pense pas, a dit la chatte en penchant la tête, dubitative.

— Je te jure. Si je l'avais devant moi, là tout de suite, je le tuerais.

— Tout à l'heure, j'ai bien cru que c'était moi qui allais y passer.

Je me suis rappelé le cri que j'avais poussé sous son nez à la fenêtre.

— Pardon. Ce n'était pas contre toi.

— Non, bien sûr, je sais que tu ne veux pas me tuer. Pas plus que Joaquín. C'est le passé, que tu voudrais assassiner : ce que Joaquín a fait, ce que toi-même, tu as fait ou n'as pas fait. Mais le passé est le passé ; on n'y peut rien changer. C'est ce que je voulais te dire, tout à l'heure, quand tu étais dans tous tes états.

J'ai tourné les yeux vers l'ordinateur, devenu une machine morte et silencieuse. J'ai pensé à Étretat, à Vérone, à Joaquín s'escrimant à nous trouver un hôtel, à mon père et moi… Je me suis adossée au mur en prenant la couette comme coussin.

— Il me ment depuis deux ans, Sybille. Deux ans ! Et il me trompe avec une gamine en plus. Pourquoi il ne m'a rien dit ? Pourquoi ?

— Je n'en ai aucune idée, ma chérie. Les humains ont une incroyable propension au mensonge. Mais au moins, maintenant, tu sais.

— Oui, ai-je fait, lugubre. Ça, pour savoir, je sais. Et ne me dis pas qu'il n'y a pas de quoi fouetter un chat.

— Pardon ? a sursauté Sybille en ouvrant de grands yeux et en plaquant ses oreilles en arrière. Tu as de ces expressions ! Écoute : tu ne m'as pas l'air prête à te confronter à Joaquín. Tu as toutes les chances de te conduire d'une façon que tu risques de regretter par la suite. Non, ce dont tu as besoin, c'est qu'on s'occupe de toi. Viens, partons. Trouve-toi un refuge. Entoure-toi de gens qui t'aiment et qui te soutiendront. Les chats sont plus indépendants lorsqu'ils ont des problèmes, mais vous, les humains, vous êtes plus comme les chiens. Vous avez besoin de votre meute.

C'était vrai. Soudain, j'ai ressenti comme un poids l'absence de mon père, de mes amies, de ma maison, de mon pays. Séparée si brusquement de Joaquín par ce coup de hache de la vérité découverte qui venait de s'abattre entre nous, j'avais besoin de bras amis, de sécurité, d'amour. J'en avais besoin de toute urgence. Et au même instant, je me suis rendu compte que ces murs, ce lit, cette maison qui avait été la mienne, m'étaient devenus étrangers. Comme si on m'avait placée dans une réplique parfaite de ma chambre d'amis, avec tous les meubles à leur place, une réplique aussi crédible que le musée de Sherlock Holmes au 221b Baker Street, mais tout aussi fausse. Dans un frisson, j'ai compris que je ne pourrais pas rester là une minute de plus.

Mais où aller ? Il était trop tard pour attraper le dernier vol pour Madrid. En qui avais-je suffisamment confiance pour pouvoir débarquer avec ma valise, comme ça, sans prévenir ? En aucun collègue en tout cas. Et la plupart de mes amis à Londres étaient aussi ceux de Joaquín… Pip et Brian, peut-être ? Pip était styliste et tenait une boutique de vêtements pour femmes rondes – comme elle – à Notting Hill, pas loin de chez nous. Joaquín avait connu Brian à son cours de cuisine japonaise, mais finalement c'était surtout moi qui avais bien accroché avec Pip, une femme débordante dans tous les sens du terme. Nous partagions les mêmes goûts pour la littérature, l'écologie et les longues discussions existentielles autour d'une théière et d'un gâteau aux carottes. Entre Pip et Joaquín, il y avait toujours eu quelques étincelles parce qu'elle ne perdait pas une occasion de parler chakras et homéopathie, et Joaquín, allergique à tout ce qui est mystique, ne la supportait pas. Oui, Pip serait de mon côté.

J'ai saisi mon portable et l'ai appelée.

— *Hey Sara ! Good to hear from you. How have you been, darling ?*

— Salut, Pip. Est-ce que tu peux parler ?

— Je suis avec Bernie, mais il joue tranquillement avec ses peluches. Vas-y.

— Je... je ne sais pas comment dire ça.

— Qu'est-ce qu'il t'arrive, *dear* ?

— C'est Joaquín. Je viens de découvrir que... – ma voix se brisait – qu'il a... quelqu'un d'autre.

— *Oh my God ! Oh my God !* Ma pauvre. Quand as-tu appris ça ? Comment... ?

— Là, tout de suite. Tu es la première personne à qui j'en parle. Je ne sais pas quoi faire, Pip. Je ne veux pas rester ici. Joaquín va rentrer d'une minute à l'autre et je ne veux pas le voir. Je ne peux pas. Excuse-moi de...

— Mais non, *dear,* non. Bien sûr, tu viens chez nous, pas de problème. Je prends la voiture et j'arrive.

Ne t'inquiète de rien. Rassemble quelques affaires, je suis là dans vingt... dans dix minutes. D'accord ?

J'ai fondu en larmes.

— *Thank you, Pip. Thank you.* Tu ne sais pas ce que ça représente pour moi.

— Oublie ça. Allez, fais ta valise, j'arrive.

J'ai raccroché, séché mes yeux d'un revers de manche et me suis mise en train. J'ai ouvert la valise au milieu de la chambre et j'ai commencé à y jeter tout ce qui me tombait sous la main, pêle-mêle : deux pantalons, une pile de tee-shirts, deux chemisiers, une poignée de slips et une autre de chaussettes, un pull bleu marine à col roulé, ma trousse de toilette, le chargeur de mon téléphone. Je m'apprêtais à descendre quand, passant dans le couloir, j'ai eu l'œil attiré par le désordre qui régnait dans la chambre d'amis. Je ne pouvais pas tout laisser comme ça. Je ne savais pas si je voulais ou non que Joaquín sache que je savais... J'ai donc ramassé du mieux que j'ai pu toutes les factures et les papiers et je les ai remis dans la boîte de rangement. J'ai rebranché l'ordinateur, l'ai allumé pour m'assurer que son compte mail n'était pas resté ouvert et l'ai éteint de nouveau. En bas, j'ai attrapé mon Mac, mon manteau, mon écharpe et un bonnet de laine, et je suis sortie au moment où Pip, dans un immense manteau blanc, émergeait de sa voiture et courait vers moi à petits pas.

— *Oh darling ! I'm so sorry !*

Elle m'a entourée de ses bras d'ourse polaire et je me suis remise à pleurer à chaudes larmes, devant tous mes voisins.

— Viens, viens avec moi ; on en reparle à la maison. Attends, je vais t'aider.

Dans la voiture, Bernie, depuis son siège auto, m'a tendu son camion de pompier en bois.

— *Thanks, Bernie*, ai-je dit en l'embrassant.

— *Is the cat coming too ?* a-t-il fait, montrant le trottoir.

Sybille était assise près de la portière ouverte.

— Ça ne te dérange pas ? ai-je demandé à Pip.

— Me déranger ? Tu plaisantes ? J'adore les chats !

Pendant que Brian mettait Bernie au lit et que Sybille explorait prudemment ce nouvel environnement, Pip m'a préparé un breuvage avec quelques gouttes de Fleurs de Bach, censées me calmer les nerfs. Puis elle m'a réchauffé au four à micro-ondes la soupe de potiron et les restes de poulet grillé de leur dîner, qu'ils avaient pris à l'heure anglaise. Sans lâcher mon paquet de Kleenex, je lui ai tout raconté par le menu, n'en revenant toujours pas moi-même. Pip tapait du poing sur la table toutes les cinq secondes, proférant insultes et imprécations à l'adresse de Joaquín et de toute sa lignée. Le pauvre Brian, qui avait fini par nous rejoindre, se faisait tout petit dans un coin, décontenancé par le comportement de son ami, qu'il n'osait pas défendre mais pas critiquer non plus.

— Et maintenant, qu'est-ce que tu vas faire ? Vous allez vendre la maison ? Tu vas rentrer en Espagne ? m'a demandé Pip en me servant une grosse part de tarte aux pommes.

Je me suis rendu compte que je n'avais pas encore

envisagé ces questions, qui se sont amoncelées telles de nouvelles ombres fantomatiques autour de mon cœur meurtri.

— Je n'en sais rien. Vu la situation économique actuelle en Espagne, je me vois mal rentrer. Et la maison, elle est à lui. Sa famille l'a achetée comme un investissement quand nous sommes arrivés. Moi, je paye encore un appart à Madrid, dont la valeur actuelle est inférieure à l'emprunt que j'ai fait. Je ne peux pas le vendre, le marché est paralysé. Je suis dans la merde, Pip ! Je ne sais même pas ce que je pourrais louer par ici avec le peu qui me reste ! Je ne vais sans doute pas rester à West Hampstead…

Pip a pressé ma main.

— Bon, on verra ça plus tard. Mange un peu de tarte.

— Non, merci, j'ai l'appétit coupé.

— Tu veux du thé ?

— Plutôt une infusion. Est-ce que je peux passer un coup de fil en Espagne ?

— Mais bien sûr ! Viens, tu seras plus tranquille au salon. Je vais ajouter quelques coussins sur le canapé pour que tu sois plus à ton aise. Je te laisse, mais si tu as besoin de quoi que ce soit, tu sais où me trouver, hein ?

Je suis restée seule dans le salon avec mon infusion. J'ai commencé à composer le numéro de mon père, mais j'ai raccroché sans aller jusqu'au bout. Je n'avais pas envie d'entendre sa voix désolée. Et encore moins d'affronter mon frère si c'était lui qui décrochait.

J'ai appelé mes amies. J'ai réussi à avoir Patri, Susana, et enfin Vero, à la troisième tentative.

Avec chacune, j'ai pleuré. J'entendais les morceaux de mon cœur en miettes tinter comme des débris de verre à mesure que je parlais. Mais à force de répéter mon histoire, il m'est devenu moins douloureux de prononcer des phrases comme : « il en a une autre depuis deux ans », « j'ai quitté la maison » et « je ne veux plus jamais le revoir ».

Vero m'a promis que, enfants ou pas, elle viendrait avec Patri et Susana dès que possible pour voler à mon secours :

— Ton Joaquín, il a intérêt à faire gaffe, parce que le débarquement des Lynx, ça va faire mal. Je serais lui, je ne pointerais pas mon museau à moins de dix kilomètres à la ronde, ou dix miles, plutôt.

Elle a réussi à me faire rire entre mes larmes, quand elle a énuméré les mesures de vengeance que nous prendrions contre lui :

— Pour commencer, on refilera son Audi, son télescope et son kit à sushis à une de ces boutiques d'occasions de Londres qui bossent avec des ONG. Ensuite, on prendra tous ses bouquins d'histoire rasoir et ses revues scientifiques et on en fera un feu de joie. Avec les outils du jardin, on s'occupera de sa Xbox, de sa télé géante et de ses maquettes d'avion. Et c'est pas fini : laisse-moi juste un peu de temps, et je te fais la liste complète.

C'était idiot, mais je lui étais si reconnaissante ! J'avais besoin de savoir que je pouvais compter sur quelqu'un et surtout que j'étais encore capable de rire.

Quand j'ai appelé chez mon père, il était 22 h 30, heure anglaise, donc 23 h 30 là-bas. Je craignais de tomber sur mon frère et je tombais de fatigue, mais je voulais me débarrasser de ce coup de fil avant d'aller me coucher.

Nous n'avions jamais eu de bons rapports, Álvaro et moi. Déjà enfant, je supportais mal qu'on lui passe des choses que l'on n'aurait jamais tolérées venant de moi, sous prétexte qu'il était le plus petit, que c'était un garçon et un sacré garnement. C'était un flemmard patenté doublé d'un irresponsable ; qui s'était très vite fait à la vie de gosse de riches de Mirasierra, le quartier où mes parents avaient élu domicile quand leur commerce de livres s'était mis à prospérer. Souvent, je devais m'occuper de lui, et au fil du temps nos relations sont devenues de plus en plus conflictuelles. Vers treize ans, il a commencé à ramener à la maison ses copains de fumette, des garçons qui semblaient n'avoir jamais ouvert un livre de leur vie et ne s'intéressaient qu'au foot, aux « meufs », aux motos et à Bob Marley. Nous ne réussissions à nous entendre que quand nous partions en voyage avec nos parents, d'abord dans la fourgonnette-librairie hippie, puis dans Rossinante II, le camping-car qui l'a remplacée dans les années quatre-vingt.

Le pire, c'est qu'Álvaro n'avait jamais mûri. Il avait laissé tomber ses études de gestion en troisième année, parce que, disait-il, il voulait devenir cinéaste. Mes parents lui avaient payé une école de cinéma hors de prix à New York, tout ça pour qu'il nous annonce, à la fin du cursus, qu'il partait faire le disc-jockey à Ibiza. Bien entendu, cette nouvelle vocation n'avait rien donné non plus. Pendant plusieurs années, Álvaro ne s'était plus consacré à autre chose qu'à sortir, faire la fête et enchaîner les petites amies cocaïnomanes qui finissaient toutes par le plaquer. Mes parents, eux, n'étaient pas au courant de la moitié de ses frasques et continuaient de le porter aux nues.

De mon côté, j'étais arrivée à une sorte de statu quo tacite avec mon frère, qui me permettait d'avoir des rapports à peu près courtois avec lui quand il fallait que je le voie, ce qui en fin de compte n'était pas si fréquent. Les véritables hostilités étaient nées quand on avait diagnostiqué à ma mère son cancer du poumon, conséquence de longues années de tabagisme. Mon père avait immédiatement cessé de fumer pour tenter, par son exemple, de l'inciter à arrêter. Mais elle avait plus de mal, et à son vice s'était allié son fils, lui-même vicié par elle.

Un jour que j'étais allée lui rendre visite à l'hôpital, je l'avais trouvée en pleine quinte de toux, une toux terrible, interminable, ses poumons luttant pour expulser le poison et ne réussissant qu'à s'arracher quelques mucosités sanguinolentes. J'avais du mal à le croire, mais la chambre était pleine de fumée, et par terre se consumait encore une cigarette à peine entamée. Après qu'elle m'eut avoué que c'était Álvaro qui les lui avait achetées, j'étais sortie en rage, avais attrapé mon frère par sa chemise au beau milieu du couloir de l'hôpital et lui avais balancé en pleine figure tout ce que j'avais tu au long de ces années. Des choses aussi horribles que ce qui était sorti des poumons de ma mère. Des infirmiers nous avaient séparés.

À l'enterrement, je l'avais ignoré, et pendant deux ans nous nous étions à peine adressé la parole. Maintenant qu'il était revenu vivre avec mon père, c'était plus difficile de l'éviter, mais nos échanges étaient toujours tendus. Et ce soir, chez Pip, je me sentais si fragile que la dernière chose dont j'avais envie, c'était de devoir lui parler.

Après deux sonneries, c'est malheureusement lui qui a décroché.

— Allô ?

— Salut, c'est moi.

— Salut. Tu tombes bien, justement je voulais te parler.

— Écoute, là je n'ai pas le temps d'écouter tes sarcasmes. J'ai quitté Joaquín et je suis en vrac. Passe-moi papa.

— Merde, ma vieille. Ça craint. Qu'est-ce qu'il s'est passé ? Il t'a fait cocue ?

— Tu n'es vraiment qu'un enfoiré. Oui, c'est ça. Maintenant passe-moi papa.

— Je savais bien qu'il était pas net, ce type ! Je l'ai toujours dit, mais tu n'as jamais voulu l'entendre. N'empêche, papa a trop de soucis en ce moment pour que tu viennes pleurnicher avec tes peines de cœur. C'est la galère, ici, et il va falloir que tu nous files un coup de main…

— Comment ça, c'est la galère ? Qu'est-ce qu'il y a ? me suis-je alarmée.

— On est ruinés, frangine.

— Ruinés ?

— La librairie était déjà dans une mauvaise passe, tu le sais… Mais bon, on ne t'a pas tout raconté.

— De quoi tu parles, Álvaro ? Les blagues de mauvais goût, c'est pas le moment…

— Une blague ? J'aimerais bien… Il y a trois ans,

on a dû hypothéquer la maison pour faire face aux dettes et payer la rénovation.

— Hypothéquer la maison ?

— Oui, enfin, en partie. On ne t'a rien dit pour ne pas t'inquiéter.

— Mais enfin, Álvaro, comment… ?

— Ils disaient que la crise allait durer un an, deux maximum. On était dans le rouge et ça nous a paru une bonne solution pour tenir le coup et faire face.

J'étais sans voix.

— T'es toujours là ?

— Donc, le coupé sport que tu t'es acheté, ce n'était pas avec les économies de papa, mais avec sa propre maison. *Notre* maison ! C'est encore pire, Álvaro ! Et tes voyages, Cuba, le Brésil…

— Quoi, tu es la seule à avoir le droit de profiter de la vie, c'est ça ? Comment je pouvais savoir que cette crise allait durer autant ?

— Je te déteste, Álvaro, je te déteste !

Mais il ne m'écoutait plus. Il parlait avec mon père. Et c'est sa voix à lui que j'ai alors entendue, faible, honteuse, anéantie.

— Allô, Sara ? Sarita, ma chérie…

— Papa !

Mon père a éclaté en sanglots. Il en avait tellement sur le cœur : sa librairie en faillite, la solitude qui le rongeait depuis la mort de la femme de sa vie, son pays ruiné, son fils imbécile et égoïste, le fait de m'avoir caché son plan foireux, l'humiliation de devoir me demander de l'argent…

C'est donc moi qui l'ai consolé, lui promettant que nous trouverions une solution, qu'il n'avait pas à s'inquiéter, que Sarita allait s'occuper de tout. Et je n'ai pas pu lui raconter mes malheurs. Pas encore. Pas maintenant.

Je suis allée dire bonsoir à Pip, qui est sortie de sa chambre pour me serrer une nouvelle fois dans ses bras. Je suis redevenue une fontaine. Je ne sais pas d'où je tirais toutes ces larmes.

— *Oh dear*, ça va aller, ça va aller, vas-y, pleure.

Pourquoi lui dire que non, tout allait encore plus mal que ce que je croyais ? Je l'avais déjà assez bassinée comme ça. Et je n'en pouvais plus.

9

L'heure de vérité

Malgré mon épuisement, j'ai à peine fermé l'œil. Je bouillais de rage, de haine et d'humiliation, et l'instant d'après, comme quand on a de la fièvre, je grelottais, saisie par la perspective glacée de la solitude, de la précarité économique et d'une vieillesse amère. Sybille s'était postée telle une sentinelle au pied de mon lit, en infirmière patiente et dévouée qui s'approchait de temps en temps pour me câliner. Elle aussi se glissait dans mon imaginaire perturbé. Je rêvais de chats hargneux, feulant et crachant. Ramassés sur eux-mêmes, ils se lançaient sur leur rival toutes griffes dehors, prêts à s'étriper.

Au fil de la nuit s'est concrétisée mon envie de voir Joaquín au plus vite, mon besoin de lui faire avouer ses mensonges, de le voir ramper comme un vulgaire ver de terre et me demander mille fois pardon. Car ce salaud voulait se défiler sans reconnaître son délit. Il voulait me faire croire que nous nous séparions juste parce que les choses n'allaient plus bien entre nous, et puis, ensuite, me dire que, tiens, il en avait rencontré une autre – si tu veux, un jour on se voit et je te la présente... Hors de question, il ne s'en sortirait pas comme ça : j'allais le déjouer, son petit plan. Parole de Sara.

Le samedi matin, à 7 heures, je me suis assise sur le lit, la tête en ébullition. Quand j'ai vu la boîte d'antidépresseurs sur la table de nuit, je l'ai attrapée et l'ai envoyée valdinguer à travers la chambre. Je ne voulais pas me sentir mieux ! Je voulais être folle de rage !

À 7 h 30, j'ai donné rendez-vous au traître par SMS :

12 h 30, Kensington Gardens
devant le bassin
pour parler de notre séparation

J'avais choisi un lieu public pour pouvoir me sentir en sécurité mais aussi éventuellement hurler, ou lui balancer ma main dans la figure, sans faire trop de scandale.

À 8 h 05, sa réponse est arrivée :

OK. Ça va ?

En plus, il se la jouait prévenant, ce salaud. Ou alors il s'inquiétait à l'idée que j'aie pu découvrir quelque chose ? J'ai décidé de ne pas lui répondre, histoire de le laisser mariner.

Je savais que Bernie avait son cours de violon à 10 heures à Greenwich, de l'autre côté de la ville.

J'ai attendu que Pip et sa famille quittent la maison avant de sortir de ma chambre pour me laver et avaler ce que mon estomac noué voudrait bien tolérer. Le reste de la matinée, je l'ai passé à arpenter le salon comme une hystérique, répétant les mots que j'allais prononcer et les gestes que j'allais faire, envisageant tous les cas de figure possibles. Je voulais le coincer à chacun de ses mensonges, lui extirper la confession la plus douloureuse qui soit. Je voulais que se joue dans ce jardin public la pire version d'une scène que ce lâche avait cherché à s'épargner pendant de longs mois d'infidélité. Ce serait mon petit triomphe.

C'était un rendez-vous avec la vérité et la justice, bien sûr, mais au fond et surtout, pour moi, c'était une vengeance. Qu'il fallait parfaitement planifier. Parce que, à ce stade, il ne me restait plus que ça, la vengeance, et il fallait faire mouche, porter une estocade propre et brutale.

— Sybille, j'ai rendez-vous avec Joaquín. Tu m'accompagnes ?

La chatte m'avait observée en silence toute la matinée, tapie dans un coin de la chambre. Elle s'approcha prudemment de moi, les oreilles tombantes, la queue collée au sol.

— Tu es sûre ? Tu ne crois pas que ce serait mieux d'attendre un peu ? a-t-elle dit avec le ton d'un psy qui cherche à calmer son patient. Tu m'as l'air hors de toi.

— Tu viens, oui ou non ?

Sybille a fait un bond en arrière et s'est aplatie au sol, courbant l'échine.

— Oui, Sara, bien sûr. Je t'accompagne.

Nous sommes parties à pied, elle et moi. Pendant tout le trajet – qui a duré une demi-heure –, je me suis repassé la scène en me délectant d'avance de la mine abasourdie de Joaquín quand il comprendrait que je savais tout. J'imaginais ses larmes, ses remords, sa terreur que tout le monde l'apprenne, ses excuses… J'avançais d'un pas de plus en plus sûr, quand, aux abords de Kensington Gardens, il s'est mis à pleuvoir.

Je n'avais pas pensé à prendre un parapluie et j'ai dû retourner à une station de métro. Un vendeur ambulant m'en a donné un en échange de trois livres, petit et fragile, qui, quand je l'ai ouvert, a manqué se disloquer à chaque rafale de vent. Les chaussures que j'avais mises n'étaient pas imperméables et, quand j'ai traversé l'herbe mouillée, mes pieds ont vite été trempés.

Tant mieux, elle tombe très bien, cette pluie, me suis-je dit pour me donner du cœur au ventre. Ça fera encore plus dramatique, plus pathétique.

Mais entre le froid, les rafales de vent et d'eau, mes pieds mouillés et le parapluie qui s'agitait dangereusement, je sentais ma confiance en moi s'évanouir. Et lorsque j'ai vu Joaquín qui m'attendait déjà près du bassin, tranquille, souriant, cuirassé dans son équipement Gore-Tex de randonneur aguerri, sous un de ces parapluies grands, beaux et chers, j'ai été prise d'une envie presque irrépressible de partir en courant.

— Je vais rester ici, a dit Sybille en sautant sur la branche d'un orme qui offrait un bon point de vue sur l'esplanade où nous avions rendez-vous.

J'ai hoché la tête.

— Juste une chose, si tu permets, a-t-elle ajouté timidement, de là-haut.

— Quoi ?

— Pense à respirer.

J'ai pris une grande inspiration, à fond, m'emplissant d'air et de la senteur de l'herbe mouillée. Puis j'ai vidé mes poumons. Et je me suis forcée à avancer d'un pas ferme, en essayant de contrôler la tremblote qui commençait à s'emparer de moi.

Nous nous sommes retrouvés au milieu de la pelouse. La pluie tombait doucement. Je me suis arrêtée à plus de deux mètres de lui.

— Salut, a-t-il dit, un petit sourire au coin des lèvres.

— Salut, ai-je répondu sèchement, ravalant la demi-douzaine d'insultes qui se pressaient dans ma bouche comme des abeilles furibondes.

— On cherche un autre endroit ? a-t-il suggéré, faisant allusion, je suppose, à la pluie et à ma tenue peu appropriée.

— Non.

— OK, comme tu voudras.

Son sourire, j'allais le faire disparaître, vite fait bien fait. Mais une rafale a retourné mon parapluie. Je l'ai attrapé des deux mains et l'ai agité furieusement face au vent pour remettre à l'endroit ses baleines tordues.

— Viens. On n'a qu'à partager celui-ci, a-t-il proposé en faisant deux pas vers moi.

— Pas question. N'approche pas.

— Dis donc, a-t-il lâché, un peu agacé, on peut peut-être se comporter en personnes civilisées.

— En personnes civilisées ?

Ma confiance m'est revenue d'un coup. C'était le moment de dérouler le scénario que j'avais concocté.

— Bien, parlons-en, d'une attitude civilisée. Est-ce qu'il y a quelque chose que tu aurais omis de me raconter, Joaquín ? Quelque chose que tu m'aurais caché ?

Un instant, il m'a semblé voir, à travers la pluie, une lueur d'hésitation au fond de ses yeux, vite remplacée par une expression innocente.

— De quoi tu parles ?

— Est-ce que tu m'as menti ?

— Non, je ne t'ai pas menti ! En quoi ?

Il semblait sincèrement offensé. Un comédien hors pair.

— Je te laisse une dernière chance de me dire la vérité, Joaquín.

— Je t'ai toujours dit la vérité. C'est quoi, ces conneries ?

Il protestait avec tant de sincérité que moi-même, l'espace d'une seconde, j'ai failli douter de ce que je savais. Puis je me suis rappelé les factures d'Étretat, les messages mièvres à la fille « galactique »...

— Tu le sais parfaitement.

— Non, je n'en ai aucune idée.

— Pourquoi tu veux me quitter, exactement ?

— Mais Sara... Tu l'as dit toi-même. On ne s'entend plus. Ça arrive.

Son ton était moins sûr, et il s'est mis à marcher de long en large. Le moment était venu.

— Je sais qu'il y a une autre femme.

J'ai lâché ça avec la même brutalité qu'une tête coupée qui roule sur une table de banquet. Joaquín a reculé d'un pas et a tenté de se défendre d'une voix blanche.

— Il n'y a...

— JE LE SAIS !!

En criant, j'ai fait un mouvement et mon parapluie l'a éclaboussé ; par réflexe, il a fermé les yeux. Il m'a regardée comme un rat pris au piège qui calcule s'il doit attaquer ou fuir. Alors j'ai ajouté, détachant chacune des syllabes :

— Mais je veux que tu me le dises en face.

— Qu'est-ce que tu crois savoir ? Qu'est-ce que tu veux que je te dise, Sara ?

Au moins, son petit sourire narquois avait disparu.

— La vérité, pour une fois. Juste ça.

J'étais fatiguée de tourner autour du pot.

— Ça te dit quelque chose, « Galactic Girl » ?

— Galac... Mais c'est une collègue ! C'est le pseudo qu'elle utilise. C'est quoi le problème, avec elle ?

— Je ne sais pas. J'espérais que tu me le dises.

— C'est une amie. C'est tout.

Il s'accrochait un peu trop fort à son parapluie.

— Une amie intime, apparemment, puisque tu couches avec elle ! Je te dis que je sais tout. Tu me prends vraiment pour une conne, hein ! La naïve de service ? Depuis quand, Joaquín ? Depuis quand ça dure ? Dis-moi au moins ça !

Joaquín est devenu écarlate. Pendant un moment, j'ai eu la satisfaction de le voir vraiment au pied du mur. J'ai cru qu'il allait s'effondrer, que j'avais gagné la partie. Mais non.

— Écoute, a-t-il repris sur un ton différent, plus

humble mais avec une nouvelle assurance. Je ne t'en ai pas parlé pour ne pas te faire de mal. C'est arrivé récemment, il y a quelques semaines. C'est sans importance.

— Tu me dégoûtes, lui ai-je lancé, brûlant mes dernières cartouches. Tu as encore le culot de continuer à mentir, toi, l'homme-vérité. Tu ne voulais pas me faire de peine ? Eh bien, c'est raté, tu m'as brisé le cœur et chaque nouveau mensonge qui sort de ta bouche ne fait qu'empirer les choses ! Je sais tout, Joaquín, je sais tout. J'ai lu vos mails, depuis les premiers il y a deux ans. Deux ans ! La photo à Vérone, Joaquín, la photo que tu m'as demandé de prendre de toi pour la lui envoyer…

J'ai eu besoin de faire appel à toutes mes forces pour ne pas craquer. C'était à lui de s'effondrer, pas à moi. Pourquoi ne le faisait-il pas ? Pourquoi restait-il impassible, à regarder l'herbe détrempée comme s'il ne daignait même pas m'écouter ?

— Et moi qui voulais des enfants de toi. Moi, avec mon horloge biologique en train de tourner… Tu te rends compte de ce que tu m'as fait ?

Il était toujours silencieux, sous son parapluie, sa capuche noire sur la tête. Maintenant il allait réaliser. Et souffrir. Et me demander pardon. Joaquín avait une conscience. Je le connaissais et je savais qu'il en avait une.

Mais alors il m'a regardée droit dans les yeux, et, en toute froideur, presque agacé de devoir expliquer une évidence, il m'a sorti :

— Écoute, Sara, tout passe. Les gens tombent amoureux puis arrêtent de l'être. J'ai rencontré quelqu'un d'autre et l'amour est né entre nous. Pourquoi je ne t'en ai pas parlé ? Pour ton bien, pour ne pas te faire du mal. Est-ce que tu ne m'as pas toujours reproché d'être trop direct ? Eh bien, j'ai essayé d'adoucir le coup. Et à ce que je vois, j'ai bien fait. Tu as fouillé dans mon courrier et maintenant tu souffres ? Eh bien, il ne fallait pas le faire, ma grande ! Qu'est-ce que tu veux que je te dise ? Si tu sors sous la pluie sans parapluie, tu te mouilles. Point barre.

Je suis restée bouche bée. Ce salaud n'avait pas l'intention de reconnaître ses torts, ni devant moi ni devant personne. Il ne s'abaisserait même pas à un pauvre petit pardon. Et c'est ce qui m'a fait perdre les pédales. Parce que sans ce pardon demandé, sans ces remords avoués, il ne me restait rien. Ni compagnon, ni argent, ni avenir, ni même une once de dignité à laquelle me raccrocher dans mes nuits d'insomnie. Il fallait à tout prix que je le mette à genoux devant moi. C'est alors que j'ai essayé, comme une reine outragée, de le faire plier avec ce que j'avais sous la main : mon parapluie.

La scène a dû être pathétique. Mon cri a retenti dans tout Kensington :

— Mais comment tu peux être aussi cruel ?

En même temps, le prenant par surprise, je me suis mise à le frapper de toutes mes forces, à l'aveuglette. Son parapluie a volé dès le premier coup, tournant sur lui-même, chaotique, dans le vent. Les coups suivants lui ont arraché sa capuche et j'ai même fini d'esquinter mon parapluie sur lui avant qu'il réussisse à m'échapper. Quelques pas plus loin, se tenant la tête d'une main – il est vrai qu'il saignait un peu –, il a ramassé son parapluie sans me quitter des yeux, des fois que la furie l'attaquerait de nouveau. En fin de compte, il avait l'air d'une petite souris effrayée. Mais j'avais bien conscience d'être tout aussi ridicule.

— Tu aurais pu me crever un œil !

— Dommage, c'est raté.

— Merde, Sara, tu exagères. Écoute, je comprends que tu sois dans cet état. C'est normal. Je sais que les femmes gèrent mal la jalousie. Tu devrais aller faire des longueurs à la piscine. La natation, c'est ce qu'il y a de mieux contre le stress. Attends, je crois qu'il me reste des entrées sur ma carte…

Ce dernier petit conseil a été le coup de grâce. Je n'ai aucun souvenir de la suite. Je ne sais pas s'il a sorti sa carte de piscine, ni quelles horreurs j'ai pu lui crier. Je l'ai peut-être encore frappé, ou alors je lui ai balancé mon parapluie, parce que je l'ai revu ensuite quelques pas plus loin, complètement démantibulé et prenant l'eau. Ce dont je me souviens en revanche, c'est que je suis restée là une éternité après le départ de Joaquín, devant le bassin, sonnée, cherchant à intégrer ces vérités qui me pénétraient jusqu'aux os comme l'eau sale et glacée de cette vieille ville. L'homme qui partageait ma vie ne m'aimait pas et ne m'avait peut-être jamais vraiment aimée. Il se contrefichait absolument de mes sentiments. Il était pour moi une sorte d'inconnu psychopathe. J'étais la reine des pommes de ne pas m'en être aperçue plus tôt. J'avais gâché les dix dernières années de ma vie avec lui. Même mon frère l'avait compris. Je me retrouvais seule à quarante ans, sans maison, sans argent, sans mère, sans enfants et sans but. La seule chose qui me restait, c'était un égoïste de frère, un raté de père, et une chatte que j'entendais parler, ce qui prouvait bien que j'étais folle à lier.

J'ai compris alors que ce ciel noir, sans dieu ni magie, me pleuvait dessus sans raison particulière. J'étais comme tout le monde, finalement. Il fallait bien que je me mouille, comme il fallait bien vieillir, souffrir, pleurer, perdre et mourir. Telle était la vie, cruelle et courte. Ce n'était pas vraiment une trahison. C'était juste moi qui n'avais rien compris. Qui m'étais leurrée. J'avais cru au conte de fées de l'amour, à la famille, au succès, au bonheur. J'avais cru que le destin me souriait, pendant que d'autres mouraient de faim ou dans des guerres lointaines. Je n'avais pas voulu voir que Joaquín n'était qu'un homme ordinaire.

Et maintenant, je ne pouvais même pas me consoler en me disant que Joaquín était un être horrible. Ici, dans cette ville même, il y avait plein de types bien pires ; j'étais environnée d'assassins, de violeurs, de terroristes attendant leur heure pour faire sauter un autobus, de parlementaires prêts à déclencher des guerres sanglantes pour plus de pétrole, de financiers qui continuaient à s'enrichir en condamnant le reste du monde à la ruine… Pire encore : moi-même, je faisais partie de ces canailles, puisque je me vendais aux banquiers, aux groupes pétroliers et aux marchands d'armes, trahissant tous les idéaux qui un jour avaient guidé ma vie.

La belle histoire du bonheur, ah, tu parles ! Maintenant je voyais l'ironie de ce bobard cruel, de ce gigantesque attrape-nigaud. De ma gorge est sorti un rire rauque, rageur, obscène, qui s'emparait de moi comme un démon libérateur mais sadique, et qui a fini par se muer en cris d'aliénée. Tout m'était égal. J'étais devenue, littéralement, une démente.

La pluie avait cessé. La nuit tombait. Glacée en dehors, vide en dedans, je me suis mise à marcher. Au début, j'ai marché droit devant moi, suivant les trottoirs, traversant aux passages piétons... Des tronçons identiques, parfaitement interchangeables, d'un labyrinthe infini de ciment, d'asphalte et de peinture écaillée. J'ai erré comme ça pendant des heures, les yeux au sol, telle une souris de laboratoire éreintée et déboussolée qui cherche aveuglément la sortie. Puis je suis tombée sur le fleuve. Juste devant Tower Bridge. J'ai été attirée par l'éclat de ses tours, blanches comme des pierres tombales. Alors que je marchais dans leur direction, pas une voiture n'est passée. Le seul bruit au monde était le vent d'hiver, lequel, en soufflant sur le pont, faisait vibrer ses câbles métalliques. On aurait dit le chant funèbre d'une harpe géante. Bientôt, j'ai atteint l'endroit où se rejoignent les deux énormes plaques qui, deux fois par jour, s'élèvent sur des centaines de mètres. Je me suis arrêtée là et me suis penchée sur le fleuve, par-dessus le parapet de pierre.

Ce n'était plus la Tamise, et ce n'était plus Londres. C'était juste de l'eau, un énorme torrent d'eau noire traversé de courants et de remous où noyer ma honte et ma colère. Une eau qui m'invitait à en finir. J'ai voulu la voir de plus près. Je ne sais pas vraiment si l'idée de m'y jeter m'est passée par la tête. Jamais je n'avais pensé à rien de ce genre, ni de près, ni de loin, de toute ma vie. Cependant, j'ai voulu voir l'eau de plus près.

J'ai posé les mains sur la pierre humide du parapet et, me soulevant à la force des avant-bras, j'ai passé une jambe, puis l'autre. J'étais maintenant assise sur le muret, les deux pieds dans le vide. J'aurais dû avoir le vertige. J'avais toujours eu le mal des hauteurs. Mais là, bizarrement, non. Ce serait si facile de sauter… Je me suis rappelé les paroles de ce salopard : « La natation, c'est ce qu'il y a de mieux contre le stress. » Joaquín ne s'attendrait certainement pas à ce que je lui rende la monnaie de sa pièce avec un tel geste. Là, au moins, peut-être qu'il ressentirait quelque chose, qu'il souffrirait un peu.

— À quoi tu penses ? a murmuré une ombre noire près de moi, telle une messagère de la mort.

J'ai sursauté et me suis retenue de justesse au muret, m'y agrippant des deux mains. Mon cœur battait si fort dans ma poitrine qu'il me faisait mal. Cette fois, oui, j'avais le vertige.

— Sybille ! Tu m'as flanqué une de ces frousses !

Je n'osais même pas tourner la tête vers elle.

— C'est toi qui m'as fait peur, plutôt, a rétorqué Sybille d'une voix grave. Un moment, j'ai cru que tu voulais sauter.

Un moment, moi aussi je l'ai cru, ai-je songé, horrifiée, les yeux fixés sur l'eau sombre. Mais je n'ai rien dit. Est-ce que j'avais vraiment envisagé de me suicider ? J'en étais arrivée là ? J'ai pensé à mon père, apprenant la nouvelle. À Vero. À Pip et Brian, au petit Bernie. Mes yeux se sont brouillés de larmes et les lumières de la ville ont terni. J'ai senti alors

Sybille qui se collait à mon flanc, m'enlaçant de tout son corps, sa queue contre mon dos, ses pattes sur mes genoux et sa tête sur mon ventre. J'ai senti son souffle et son petit corps palpitant qui me calmaient peu à peu. J'ai lâché le mur d'une main pour caresser son doux poil, sa tête, son dos bien chaud.

Ce n'était pas grand-chose, mais c'était tout de même quelque chose à quoi se raccrocher en ce monde. Cette chatte m'avait accompagnée jusqu'ici, jusqu'au bout de mon monde. Elle était là pour me donner sa tendresse, sans rien demander en retour. Elle était avec moi, tout simplement. Ici et maintenant. Dans le seul endroit et le seul temps que connaissent les chats.

Le fleuve coulait à mes pieds et je caressais Sybille. Elle ne disait rien, et pourtant je me sentais réconfortée. Le fleuve coulait à mes pieds comme passe le temps. J'ai perçu, près de cette chatte qui se laissait caresser, qui s'offrait généreusement à ma main, que malgré tout le monde tournait, l'eau coulait, et le vent séchait mes larmes. Tout naissait, tout changeait, et tout mourait. Ma relation avec Joaquín, ma vie, la ville entière avec son vacarme et ses lumières. Mais ici et maintenant, Sybille me donnait sa chaleur. Sa tendresse.

— Merci, Sybille.

— Merci pour quoi ? Je n'ai rien fait. Rien dit.

— C'est ce dont j'avais besoin.

Sybille a levé la tête. Elle m'a regardée de ses insondables yeux verts et pour la première fois j'ai soutenu son regard.

— Tu sais quoi ? Un moment, j'ai cru que ma vie était finie, je l'ai vraiment cru.

— Et tu n'avais pas forcément tort ! Mais il doit bien t'en rester quatre ou cinq.

— Quatre ou cinq ?

— Oui, quatre ou cinq vies.

Elle s'est levée et s'est éloignée sur le muret.

— Les humains disent que les chats ont sept vies. Mais eux aussi connaissent le truc.

— Quel truc ?

— Tu sais bien : renaître de ses cendres... Se réinventer. Traverser ce pont et passer d'une vie à une autre.

Elle a escaladé mes genoux et s'est assise de l'autre côté, près de moi.

— Ici, tu peux jeter dans le fleuve ta vie passée, ce cadavre qui flottait déjà, inerte, cette vie noyée sous le stress, bousculée par le manque de temps, plombée par la routine.

Nous avons contemplé toutes deux les tonnes d'eau qui se déversaient sous le pont.

— En réalité, il y a des avantages à venir voir les portes de la mort, a poursuivi Sybille.

Elle a regardé en l'air, vers les passerelles métalliques unissant les deux tours de Tower Bridge.

— Ici, tu te moques de ce qui peut t'arriver dorénavant. Tu acceptes chaque moment parce que maintenant tu vois tout de haut, avec de la distance. Et si tu peux accepter ce qui t'arrive, quel que soit ce qui t'arrive, alors tu es libre.

Les paroles de Sybille se mêlaient au doux flux de la Tamise. Elles ont éveillé en moi une étrange sensation : celle d'avoir sauté, non pas du pont dans le fleuve, mais au contraire du fleuve vers le pont. Je me suis vue là, en bas, dans l'eau glacée, le corps en miettes, entraînée par le courant, luttant pour reprendre mon souffle, puis m'enfonçant, disparaissant sous l'eau, ne laissant que quelques bulles et d'éphémères ondes concentriques derrière moi. Mais alors, comme dans un film qu'on rembobine, je suis sortie en trombe du fleuve, dans une explosion d'eau à l'envers, les chaussures d'abord, puis les jambes et le tronc, les bras en croix et enfin la tête, mon corps s'envolant comme hissé par une corde nouée à mes chevilles, jusqu'à me retrouver tranquillement assise sur ce pont. Juste là où j'étais.

J'ai soupiré.

— D'accord, Sybille. Je vais essayer. Même si je ne crois pas que ce soit aussi facile que tu le dis.

— Oh, je n'ai pas dit que ça l'était. Non, il serait beaucoup plus facile de sauter de ce pont. Ce que je te propose, c'est le parcours d'une héroïne. Un parcours ardu et plein de dangers. Facile ? Non, pas le moins du monde. Mais très gratifiant, ça oui. Et l'avantage, c'est que tu as à ton service la meilleure des guides.

— Toi ? ai-je fait en lui grattant le sommet du crâne. Et pourquoi devrais-je te faire confiance ?

— Nous les chats, nous essayons depuis des millénaires de guider les humains sur le chemin de la vie. Vous ne nous écoutez pas beaucoup, en général, mais nous n'avons pas dit notre dernier mot.

Sybille s'est étirée, a fait quelques pas sur le muret, puis a sauté au sol. J'ai levé les genoux et j'ai fait un demi-tour sur moi-même pour poser les pieds par terre, moi aussi. J'étais surprise de la luminosité du pont sous les puissants projecteurs de lumière blanche. On aurait dit les portes du paradis.

— Bon. On commence par où, alors ?

— Pour l'instant, on rentre, si tu veux éviter la pneumonie.

DEUXIÈME PARTIE

L'ENTRAÎNEMENT

10

La pièce emmurée

Cette nuit-là, après une douche chaude et un bon dîner préparé par Pip et Brian, j'ai dormi comme ça ne m'était pas arrivé depuis très longtemps. Je suis tombée dans un sommeil aussi profond que la Tamise et, quand j'ai émergé, je ne savais plus qui j'étais ni où je me trouvais. Désorientée, barbotant dans des souvenirs obscurs, je me suis assise sur le lit et j'ai cherché l'interrupteur dans cette chambre étrangère. Alors je me suis rappelé pourquoi j'étais là : parce que Joaquín m'avait trahie, parce qu'il ne m'aimait plus, qu'il était tombé amoureux d'une jeunette et n'avait même pas essayé de s'excuser. J'ai été assaillie par des sangsues rapportées du fleuve : la peur, la colère, la honte, le chagrin. Je me suis enfouie sous la couette.

Je ne sais pas combien de temps je suis restée comme ça. Quelqu'un a timidement frappé à la porte, mais j'ai fait semblant de dormir. Pourquoi me lever ? C'était dimanche. Je n'avais envie de voir personne, ni de parler, encore moins de manger. Et pour ce qui était de faire face à ma vie – trouver un logement, déménager, retourner au travail, m'habituer à ce nouveau statut de célibataire, affronter mes problèmes familiaux –, je n'étais pas pressée d'engager ces batailles.

Je suis restée là, à me tourner et me retourner dans le lit, aux prises avec mes sangsues, quand soudain quelque chose de plus concret et consistant m'a sauté dessus : cette fichue chatte.

— Aïe !

— Debout !

— Fiche-moi la paix ! ai-je râlé.

— Tu peux toujours courir, a-t-elle rétorqué en se balançant rythmiquement d'une patte sur l'autre et en plantant ses griffes partout sur moi.

— Eh, arrête ! Tu vas bousiller la couette de Pip !

Finalement, elle a réussi à me faire émerger. Je me suis assise et l'ai jetée du lit en la poussant pas très gentiment. Je me sentais aussi lourde qu'un cachalot.

— Pourquoi tu ne me laisses pas dormir encore un peu ?

— Tu n'as pas besoin de dormir. Tu as besoin de commencer ta nouvelle vie, et tout de suite.

— Mais quelle nouvelle vie ? Ce sera juste la même que l'ancienne, mais en plus triste et plus solitaire, avec moins de joies. Je te remercie de ton aide, Sybille, l'histoire des sept vies et tout, mais la voilà, la réalité.

Sybille s'est assise sur son arrière-train au beau milieu du tapis bleu, entre le lit et le bureau.

— Réalité, réalité, réalité… Écoute : imagine que quelqu'un construise des murs tout autour de cette pièce de façon à boucher la porte et les fenêtres. Il ne resterait qu'une petite ouverture par laquelle on te passerait à boire et à manger.

— C'est quoi, ça ? Un test psychotechnique ?

— Disons plutôt que c'est un jeu. Comment ferais-tu pour sortir ?

Cette chatte me filait mal au crâne. J'ai attrapé la bouteille d'eau sur la table de nuit et j'en ai bu une gorgée. J'ai rallumé mon portable. Où étaient mes antidépresseurs ? Ah, oui, je les avais jetés hier à travers la chambre.

— Je ne sais pas, Sybille. Je trouve ça un peu glauque, comme jeu. J'appellerais la police avec mon portable.

— C'était à prévoir. Toujours vos fichus appareils. Mais ça ne te servirait à rien : à cause des murs, il n'y a plus de réseau.

Je me suis mise à chercher la boîte de médocs. Où avait-elle pu atterrir ? Je me suis accroupie pour fouiller entre les câbles de l'ordinateur, derrière le bureau.

— Et l'ordinateur n'est pas connecté à Internet non plus, je présume ?

— Tu présumes bien. On ne peut même pas l'allumer parce qu'il n'y a pas d'électricité. La seule source de lumière provient de l'ouverture par laquelle on te passe la nourriture.

— Ah oui ? Alors j'essayerais de démolir le mur avec le bureau.

La boîte de psychotropes semblait avoir disparu comme par enchantement.

— Impossible, a riposté Sybille. Ils sont robustes, et très épais.

— Et tu dis qu'il n'y a qu'une ouverture pour la nourriture ? J'imagine que je ne peux pas m'y glisser. Je ne suis pas une souris, si ?

— Non, tu es toi-même. Tu peux tout juste passer la main à travers.

Je me suis relevée et mon regard a balayé la pièce. Des papiers sur la table m'ont donné une idée.

— Et si j'écris un message et que j'essaie de graisser la patte du type qui m'apporte les repas ?

— Graisser la patte ?

— Oui, je lui promets un million de livres sterling…

Sybille secoue la tête.

— Je te signale que tu n'as plus un sou, Sara.

— Ne me le rappelle pas, ai-je gémi en me prenant la tête dans les mains. Bon, mes ravisseurs doivent bien vouloir quelque chose, non ? Je peux le leur demander dans mon message ?

— Ils ne te répondent pas. Et tu n'as rien qui pourrait les intéresser, même vaguement. Tes messages, ils s'en servent pour faire du feu dans la cheminée.

J'ai réfléchi encore un peu pendant que la chatte faisait minutieusement sa toilette. Ce jeu commençait à me rendre claustrophobe. J'ai ouvert les rideaux et la fenêtre pour laisser entrer un peu d'air et de lumière.

— Je ne sais pas, Sybille, je me mettrais à crier, à casser des choses, à faire du bruit pour que quelqu'un vienne à mon secours.

— Je suis désolée, mais aucun sauveur potentiel

ne peut t'entendre. Ils sont tous trop loin et ta prison est parfaitement insonorisée.

— Et si j'essaie de me pendre, à la lampe par exemple ? Ou je fais une grève de la faim. Ou bien une overdose d'antidépresseurs… Si j'arrive à remettre la main dessus ! Ils m'emmèneraient à l'hôpital, non ?

— Ça y est, les idées suicidaires, c'est reparti ? Je croyais qu'on avait tourné la page hier ? De toute façon, ça ne te servirait pas à grand-chose : tu serais morte mais toujours enfermée.

— Ça suffit, Sybille. Tu te fiches de moi. Il n'y a pas de solution.

— Si, il y en a une. Toute simple.

La chatte a bondi sur le lit puis sur le rebord de la fenêtre.

— Tu donnes ta langue au chat ? a-t-elle demandé, espiègle.

— Eh bien oui, je te la donne, ma langue. Comment je devrais sortir de cette pièce, d'après toi ?

— Tu n'as qu'à faire un pas, et tu seras dehors, a déclaré Sybille en sautant sur la pelouse dans le jardin et en s'éloignant vers la rue.

— Mais comment ? Eh, tu vas où, là ?

Je me suis rapprochée de la fenêtre.

— Je n'y comprends rien, Sybille, explique-moi !

— Il n'y a pas grand-chose à expliquer. C'est juste que la prison, les murs, les geôliers, tout ça, c'était dans ta tête. C'est toi qui les avais créés. En fait, ils n'existent pas. Il suffisait de s'en rendre compte pour pouvoir sortir.

— J'en étais sûre ! Tu m'as baratinée !

— Moi ? Pas du tout. À la limite, c'est toi qui

te baratines. Tu te dis que ta vie est horrible, que tu es fichue, que tu ne pourras plus jamais être heureuse. Les voilà tes murs, et tu les as construits toi-même. Allez, sors de ta chambre et prépare-toi pour une balade, ton entraînement va commencer.

— Quel entraînement ?

— Détruire un mur, même mental, exige pas mal de force, a-t-elle déclaré en reprenant sa marche. Il faut s'entraîner. Je t'attends dehors. Et n'oublie pas de prendre un bon petit déjeuner !

Je me suis douchée et habillée rapidement. Je comprenais ce que Sybille voulait dire, mais je n'étais pas d'accord. Mes problèmes étaient réels, ce n'était pas des constructions imaginaires. Je ne pouvais pas m'en débarrasser en faisant simplement un pas en avant. Mais bon, Sybille s'était mis en tête de m'aider à surmonter cette étape difficile, et rien ne m'empêchait de suivre ses conseils pour l'instant. Et puis son casse-tête avait réussi un exploit qui me semblait impossible : me faire sortir du lit et de cette chambre.

Sybille m'attendait dehors, assise sur l'une des deux petites colonnes qui encadraient le portail.

— Je suis là, ai-je dit en nouant mon écharpe.

— Tu es sûre ?

— De quoi ?

— Que tu es là.

Apparemment, elle n'avait pas fini de jouer avec moi. Je lui ai tourné le dos le temps de fermer la porte à clef :

— Où veux-tu que je sois ?

Quand j'ai de nouveau levé les yeux, elle avait disparu :

— Eh, tu es passée où ?

Je me suis dépêchée de traverser le jardin et de passer le portail : elle trottinait sur le trottoir, au moins dix mètres plus loin. Je l'ai suivie, intriguée : où avait-elle décidé de m'emmener ? Au carrefour, je l'ai vue tourner à droite et disparaître ; j'ai pressé le pas pour la rejoindre et j'ai presque trébuché sur elle, au coin de la rue : elle était là, à m'attendre.

— Zut, excuse-moi. Mais quelle mouche t'a piquée ? Où est-ce qu'on va ?

— De quelle couleur est la dernière voiture devant laquelle tu es passée ?

— Hein ? Mais qu'est-ce que j'en sais ? Je n'ai pas fait attention.

— Eh bien, à partir de maintenant, fais attention.

De nouveau elle s'est élancée, comme si elle venait de repérer un oiseau à portée de griffes. Je me suis donc remise à lui filer le train, mais cette fois en regardant la couleur de chaque voiture stationnée : une familiale bleu marine, une petite Vauxhall rouge, une coccinelle jaune toute neuve, une Mercedes noire, une petite sportive bleue, une fourgonnette blanche, une autre Vauxhall gris argent, un 4 × 4 BMW blanc, et ainsi de suite. En même temps, je m'interrogeais sur l'intérêt de cet exercice de mémorisation.

Au coin de rue suivant, Sybille m'attendait, comme un professeur pendant une sortie scolaire. J'étais concentrée sur ma série de voitures.

— De quelle couleur était le portail de la troisième maison ?

— Mais qu'est-ce que tu veux, au juste ? Que je fasse attention aux couleurs de tout ce devant quoi je passe ?

Sybille, sans répondre, a traversé la rue et continué sur le trottoir d'en face. Je me suis remise en marche plus lentement, essayant d'être attentive à la couleur de chaque maison, de chaque toit, de chaque fleur de chaque jardin. Sous le ciel bleu, sur le trottoir gris flanqué de murs blancs, j'ai ainsi vu une boîte aux lettres rouge écarlate, des lampadaires vert olive, des arbres au tronc marron clair ou plus foncé, sans compter les voitures, blanches, rouges, vertes et bleues, chacune avec ses pneus noirs, ses enjoliveurs métalliques et sa plaque d'immatriculation blanc, jaune et noir. Tous les jardins avaient un portillon – rouge, bleu, marron –, un gazon vert et des fleurs multicolores, et derrière, une maison aux briques grenat, des fenêtres bordées de rideaux, des canapés, des tapis, une infinité de petites compositions chromatiques. Mes yeux écarquillés s'efforçaient d'accueillir ces milliers de jeux de lumière, et ma tête tentait de les conserver. Mais il était impossible de tout voir… À chaque pas, à chaque mouvement de ma tête, la composition et la perspective changeaient, révélant de nouvelles tonalités, en occultant d'autres.

Quand j'ai aperçu Sybille, elle m'est apparue comme une silhouette mordorée avec deux yeux vert émeraude, une barbichette blanche et un bout de nez triangulaire rose, sur le fond gris du ciment. On aurait dit qu'elle souriait, de sa petite gueule rouge entrouverte.

— Alors, lui ai-je lancé, dépassée. Tu vas me demander quoi, ce coup-ci ? Parce que je te préviens, je n'arriverai jamais à me souvenir de tout ce que je viens de voir.

— Ce n'est pas grave. Mes questions avaient pour seul but de te faire entrer dans le monde des couleurs.

— Eh bien j'y suis entrée, je t'assure !

— Pas complètement. Nous allons encore approfondir.

Nous avions atteint une grande rue commerciale. La chatte s'est plantée contre les boiseries bleues d'une boutique de mode.

— Maintenant, je veux que tu te concentres uniquement sur le bleu. Prête ? C'est parti.

Incroyable : devant moi, la rue s'était soudain partagée en deux : il y avait ce qui était bleu et ce qui ne l'était pas. À travers cet étrange filtre chromatique, se détachaient sous mes yeux, outre le ciel et plusieurs voitures, les fonds marins idylliques d'une affiche publicitaire, le pantalon et la cravate d'un passant, les caractères imprimés sur la vitrine d'un restaurant turc, la laisse d'un chien, la salopette de travail des ouvriers d'un chantier, des sacs et foulards dans une devanture, des centaines de détails sur les conserves et emballages d'une boutique d'alimentation, les yeux et les vêtements d'un bébé dans sa poussette. Ces formes, rayures, pois, et reliefs divers exposaient le bleu dans toutes ses variétés, du pervenche au marine foncé, du turquoise tirant sur le vert au lavande : les boîtes qui contenaient des livres d'occasion devant une librairie, le gilet du libraire, certains de ses livres, une porte d'entrée, la housse d'un téléphone, les pierres des boucles d'oreilles d'une vieille dame, les fleurs dessinées sur les tasses d'une cafétéria.

— C'est bon, je vois en bleu, ai-je confirmé à Sybille. Mais tout ça, ça sert à quoi ?

— C'est au tour du vert, m'a-t-elle rétorqué en reprenant sa route.

Arbustes, pins, le gazon devant une église, une poubelle de recyclage, des chaussettes originales en mouvement, un dinosaure sur une affiche, des lampadaires, un sac de chips par terre, un bonnet en laine qui passait au loin.

— Maintenant, le jaune.

Aussitôt, se sont révélés le doré des bijoux, les cheveux blonds, la lumière fugace d'un feu, les bananes sur un étal et la chatte elle-même, qui filait devant moi. Puis l'expérience a continué avec l'orange, le rouge, le violet, le marron, le noir et le blanc. Même si je ne comprenais pas tout à fait le sens de cet « entraînement », je devais reconnaître que cette curieuse promenade réussissait à me distraire de mes angoisses. Pour finir, j'ai reçu les instructions suivantes :

— Bon, ma belle. Maintenant que tu as parcouru la lumière dans toutes ses tonalités, tu vas reprendre l'exercice du début. Tu vas faire attention à toutes les couleurs. En même temps.

Et là, j'ai cru plonger à l'intérieur d'un tableau : un monde transformé m'entourait, étincelant, aux tons vifs et contrastés. Je ne cherchais plus à saisir chaque couleur, ou à ne retenir que le bleu ou le rouge. Je me promenais simplement à l'intérieur d'un kaléidoscope. Immergée dans cet arc-en-ciel, je goûtais les différentes saveurs de la lumière comme si c'était la première fois. J'observais la façon dont une couleur se dégradait pour en devenir une autre, comment un autobus londonien, d'un rouge lumineux au soleil, avec des éclats blancs et jaunes, tirait sur le violet une fois à l'ombre. Sybille elle-même, avec son pelage abyssin, donnait à voir des variations chromatiques innombrables : un doré angélique sur les flancs, un dégradé cuivré sur le dos, de chauds reflets cannelle, des ombres couleur café, des rayures et des marques beiges sur la tête.

— Alors ? s'est enquis Sybille, avec la même satisfaction que le chat du Cheshire dans *Alice au pays des merveilles*.

— Je n'ai pas de mots. C'est hallucinant !

— Rrrrr, a ronronné d'aise la chatte. Au fait… tu as entendu l'oiseau ?

Après l'immersion dans les couleurs, Sybille m'a invitée à me focaliser sur les sons qui m'environnaient, puis sur les odeurs, sur les sensations que m'offraient mes vêtements au contact de l'air, sur l'équilibre de mon corps qui changeait quand je bougeais, sur la température et l'humidité à la surface de ma peau et en dessous, sur la respiration et les sensations que produisait la marche à partir du petit doigt de mon pied gauche jusqu'au sommet de mon crâne. Au fur et à mesure, elle affinait ses instructions :

— Ne juge pas. Ne compare pas. Observe simplement. Si une sensation te plaît ou te déplaît, observe ta réaction comme une simple sensation de plus.

Si ce que tu observes déclenche une pensée, observe cette pensée comme un nuage qui passe au fond de ta conscience.

Quand j'ai eu faim, nous avons fait une pause et j'ai acheté deux *cornish pasties*, ces chaussons de viande, un pour moi et l'autre pour elle. Puis nous avons recommencé à marcher dans la fraîcheur du mois de février. Ce jour-là, le premier de mon entraînement avec Sybille, j'ai dû parcourir de quinze à vingt kilomètres, dans un trajet en zigzag entre Notting Hill, Kensington, Maida Vale, St. John's Wood et Hampstead.

Dans l'après-midi, mon esprit a cédé à la distraction. Sybille avait beau me rappeler de me concentrer sur telle ou telle sensation, mes soucis avaient recommencé à occuper toute ma tête. Je savais que je ne pouvais pas rester éternellement chez Pip et donc que je devais me mettre à chercher un nouveau logement, ce qui m'épuisait d'avance. J'étais encore plus anxieuse à l'idée de retrouver le stress de Netscience et le projet Royal Petroleum. J'étais censée reprendre le travail le jeudi ou le vendredi, mais je ne me sentais pas prête. Quant à l'idée de devoir m'occuper des problèmes dans lesquels s'étaient fourrés mon père et mon frère, elle m'angoissait d'avance. Et en arrière-plan permanent, il y avait la trahison de Joaquín, le mal qu'il m'avait fait, et les questions sans réponse qui continuaient à me tarauder. Comment avait-il pu me faire ça ? Est-ce qu'il m'avait aimée, au moins ? Qui était vraiment cet homme ? Qu'est-ce que j'allais devenir ?

En fin de journée, Sybille s'est mise à grimper

vers Hampstead Heath, l'immense jardin qui s'élève au-dessus de la ville, au nord-ouest. J'étais fatiguée. Fatiguée de marcher, fatiguée de tous ces efforts de concentration et de cet enseignement excentrique, fatiguée de Sybille. Je n'étais pas habituée aux trekkings urbains, j'avais mal aux pieds et dans presque tous les muscles de mon corps. Je ne pensais plus qu'à manger quelque chose et me mettre au lit.

— On rentre ?

— Pas encore. Il nous reste la dernière étape.

— Sybille, si on arrêtait pour aujourd'hui ? S'il te plaît, je n'en peux plus de ton entraînement.

— Oui, je te comprends. D'ailleurs, tu as fait preuve d'une patience extraordinaire, je te félicite. Je te promets qu'on a presque fini et que le jeu en vaut la chandelle. Là, dans l'immédiat, comme l'impatience et la fatigue te tenaillent, je te propose de les observer. Essaie de savourer ta frustration, l'envie de te reposer, les douleurs musculaires. Sans les juger.

— Tu es d'un pénible, lui ai-je dit en me mettant à grimper la côte. Et si l'envie me vient de te flanquer dans un sac et de te foutre à l'eau, je l'observe aussi, non ? Sans la juger ?

Sybille n'a pas daigné me répondre ; elle montait en trottinant allègrement.

Nous avons atteint la grille du jardin à la tombée du jour. Entre deux vieux murs couverts de lichen, Sybille m'attendait. Elle m'a laissée reprendre haleine, puis elle m'a dit ceci :

— Maintenant, c'est le moment de tout rassembler. Tu vas monter jusqu'en haut en observant les couleurs et les formes, les sons et les odeurs, ta faim et ta respiration, ton corps actif et fatigué, ton esprit alerte et frustré. Ouvre-toi à tout ce que tu ressentiras. Laisse-toi aller. Vis l'instant. Explore le monde comme le ferait un chat. Tu es prête ?

Ses paroles ont eu un effet magique. J'avais passé toute la journée à concentrer mon attention sur telle ou telle chose, à circonscrire les stimuli, à isoler une couleur ou les sensations de ma main gauche. Là, c'était comme si les chaînes qui aliénaient ma conscience se dissolvaient pour la laisser se répandre et investir totalement mon corps de géante, mes vingt-cinq sens, jusqu'au tréfonds de mon être.

— Oui, je suis prête, ai-je dit, la gorge serrée, en plongeant mon regard dans le vert de ses yeux.

Je me suis mise en marche et j'ai pris le contrôle de chacun de mes muscles chauds mobilisés par le mouvement, inspirant l'air humide et parfumé pour, du fond de mes poumons, le transformer en un feu intérieur qui me poussait en avant. Autour de moi, les couleurs du coucher de soleil flamboyaient tout autant que la rosace d'une cathédrale gothique. Je grimpais, alerte, portée par le chant des oiseaux, connectée à la terre sous mes pieds, embrasée par les pulsations de mon sang venu d'un cœur blessé et lourd, mais vivant. Et dans ma tête résonnaient les paroles énigmatiques de Sybille, qui soudain devenaient limpides : « Ça, c'est ce qui est en train de t'arriver. La vie recommence à chaque instant, aussi neuve qu'à l'origine des temps. Quand tu marches, tu marches. »

Ces sensations et pensées se mêlaient pour se fondre en un même flot, en une seule expérience, une façon d'être et d'exister dans un présent changeant, un instant éternel traversant le temps sans hâte et sans pause. C'était comme si quelque chose ou quelqu'un, en moi, était pleinement en contrôle, au gouvernail, se sentait invincible, immortel, au-dessus de n'importe quelle tourmente, sans doute parce que ce quelque chose ou quelqu'un était également présent hors de moi, dans la mer, dans la tourmente même.

J'ai couru vers le sommet, les bras en croix. Un besoin de crier, primitif et pur, a enflé dans ma poitrine, un besoin d'exprimer la douleur de mon cœur blessé, de laisser libre cours aux angoisses qui me rongeaient, à ces hyènes qui attendaient leur heure depuis le début de la journée. De hurler à la mort.

— Ahouuuuuuuuuu !!

Je suis arrivée, épuisée, hors d'haleine, près d'un immense chêne centenaire, nu, solitaire. J'ai glissé au sol et me suis retrouvée sur le dos, dans le crépuscule. J'ai respiré à fond plusieurs fois, puis j'ai senti la présence de Sybille près de moi. Alors je me suis redressée sur les coudes.

La ville était là, à mes pieds. Londres. Le foyer de millions de personnes et de chats. Une ville qui faisait le destin de ce pays et exerçait une influence sur la moitié du monde. Le terrain de mes aventures et mésaventures de ces dernières années. D'ici, pourtant, sous les premières étoiles de la nuit, la cité semblait toute petite, insignifiante, un paysage miniature pour trains électriques.

— Je crois que je suis sortie de la pièce emmurée, me suis-je entendue dire, d'une voix nouvelle.

— J'en suis ravie, a répondu Sybille. La vue est bien meilleure une fois dehors.

Nous sommes restées un moment à l'admirer.

— Je retomberai dans le panneau, pas vrai ? ai-je demandé au bout d'un moment. De me laisser enfermer, je veux dire.

— L'entraînement ne fait que commencer. Mais maintenant, au moins, tu sais qu'il existe un monde hors des murs que ta tête crée. C'est déjà ça.

— Il y a quelque chose qui me chiffonne, pourtant. Tu dis que mes murs, c'est moi qui les fabrique. Tu dis qu'ils ne sont pas réels. Mais mes problèmes le sont, eux. Je ne peux pas les faire disparaître. Ni cette douleur, là, au fond de mon cœur…

Mes yeux se sont embués et je me suis sentie de nouveau accablée par la tristesse, l'angoisse, la peur.

— Ma douleur est réelle, Sybille, ai-je insisté. Pour moi, elle l'est. Elle est là, tout autant que la couleur bleue ou la respiration de mon corps. Elle ne me laisse aucun répit. Même là, par exemple, quand je courais sur l'herbe, j'ai eu besoin de crier…

Sybille a posé sa tête sur ma poitrine.

— Je sais. Tu as raison, Sara, la douleur est réelle. Mais la douleur, ce n'est pas toi, et la couleur bleue non plus. Avec le temps, tu apprendras à remettre la douleur à sa place. En ce moment, elle te submerge, mais il y a un instant tu l'avais presque oubliée. Et bientôt, elle repartira. Plus tard, elle reviendra peut-être te refaire une petite visite. Comme la nuit qui arrive, puis qui disparaît à l'apparition du soleil. Ou comme les douleurs qui précèdent la naissance de nos petits. L'entraînement que je te propose a pour but d'empêcher que la douleur te prenne et s'installe en toi.

— Comment ? En la maîtrisant ?

— Plutôt en t'ouvrant à elle, quand elle arrive. En la vivant avec la même intensité que quand tu as couru jusqu'ici et que tu as crié. Puis en la laissant s'en aller, pour te reposer et profiter du jour, pour embrasser ton petit après l'avoir mis au monde. Tu vois ? Tu ne pleures plus. Tu te sens mieux, non ?

— Bof. Enfin, si, un peu. Excuse-moi, Sybille, j'ai peur de ne pas être très douée pour ça.

— Au contraire, pour une humaine, tu t'es drôlement bien débrouillée. Tu as mérité un bon repas, du repos, et l'affection de tes amis. On rentre ?

11

Vue sur le bonheur

Le lendemain, au réveil, en plus de ma tête à l'envers et de mon cœur lourd, j'avais le corps perclus de courbatures. Mais au moins j'ai réussi à me lever à temps pour prendre le petit déjeuner avec Pip et Bernie, lequel multipliait les portraits de Sybille avec ses crayons de couleur.

J'ai appelé Grey et je lui ai expliqué que Joaquín m'avait quittée, que j'étais très mal, et que j'avais besoin d'un peu plus de temps pour me remettre. Il me fallait chercher un nouvel appart et faire le point. Il s'est montré compréhensif et m'a donné une semaine supplémentaire, m'avertissant toutefois qu'il pourrait difficilement faire plus. Je l'ai chaudement remercié et lui ai assuré que ce serait suffisant. Même si je ne voyais pas comment.

Puis j'ai appelé mon père, je lui ai dit pour Joaquín, et j'ai pleuré comme une madeleine, accueillant les larmes, comme aurait dit Sybille. Mon père a su me remonter le moral en m'assurant que Joaquín ne m'arrivait pas à la cheville et qu'il y avait dehors mille hommes mieux que lui qui attendaient en rang d'oignons de me rencontrer.

Nous avons aussi parlé de la librairie et de ses dettes. Tout doucement, j'ai commencé à lui faire comprendre qu'il lui faudrait vendre la maison et aller vivre ailleurs avec Álvaro. Comme moi, ils allaient devoir se trouver un nouveau foyer.

Dans la foulée, je me suis forcée à faire les petites annonces. Compte tenu de mon prêt bancaire, je savais que je ne pourrais pas mettre plus de cinq cents livres sterling par mois dans un loyer. Or ce qu'on proposait à ce prix-là était plutôt déprimant. Londres était plus chère que jamais, malgré la crise. Je pouvais oublier des quartiers comme West Hampstead, avec ses épiceries fines et ses boutiques de mode. J'allais devoir concentrer mes recherches sur Hackney, dans l'East End, ou à Brixton, loin du centre. Des endroits que d'ordinaire je préférais éviter, même en plein jour. Où abondaient les tours, les relents de friture, les graffitis, les dealers à capuche, les établissements scolaires barbelés, les maisons de jeux, les cris et les sirènes.

— Qu'est-ce que je vais faire, Sybille ? me lamentais-je en me déplaçant dans le panorama affligeant des offres immobilières du Web.

— Tu verras bien, a répondu la chatte. (Elle se prélassait sur le lit comme si le monde n'était que quiétude et volupté.) Mais je te conseille d'y aller à pied. Comme ça, tu pourras pratiquer les exercices d'attention que nous avons faits hier.

— Si tu savais comme c'est loin, même toi tu n'irais pas, je crois.

— De toute façon, tu iras seule parce que j'ai autre chose à faire. Je suis certaine que tu nous trouveras une bonne maison.

— Une bonne maison, tu rigoles ? On va se retrouver dans un taudis, oui ! ai-je gémi.

Sybille a levé la tête, mutine :

— Qu'est-ce que tu en sais ? Jusqu'à présent aucun humain n'a pu prédire l'avenir, que je sache !

— L'avenir, je le vois ici ! ai-je répliqué en désignant l'écran.

— Ah, ta boule de cristal…

Elle a haussé les épaules, puis a reposé sa tête sur ses pattes tout en poursuivant :

— Les chats ont fréquenté de nombreux soi-disant voyants depuis la nuit des temps, et je peux t'assurer qu'ils n'ont pas la moindre utilité.

Au bout d'un moment, Sybille s'est levée et est sortie par la fenêtre. C'est alors que je me suis souvenue de la boîte d'antidépresseurs. Est-ce que c'était elle qui me l'avait prise ? Je me suis précipitée à la fenêtre mais elle avait disparu.

Dans le métro vers Brixton, les passagers m'ont semblé louches et les stations plus délabrées et plus sales à mesure qu'on approchait. Sur la rue principale se côtoyaient des fast-foods graisseux, un tatoueur, un coiffeur africain, un taxiphone exigu avec des ordinateurs serrés les uns contre les autres, un supermarché low-cost, et un grand nombre de rideaux baissés à cause de la crise. Comme je ne voulais pas sortir mon smartphone en pleine rue, j'avais emporté un plan à l'ancienne, même si je n'étais pas vraiment à l'aise à l'idée de le consulter sous mon parapluie car il me donnait un air perdu.

Au bout d'un quart d'heure, je suis arrivée devant un jardinet, l'une des raisons qui m'avaient poussée à aller visiter cet appart, censé avoir une vue dessus. Mes illusions se sont vite évanouies. La pelouse était pelée, jalonnée de crevasses pleines d'eau croupie. Des ordures traînaient un peu partout. L'aire de jeux était partiellement brûlée. L'endroit était désert, mis à part deux hommes au crâne rasé, en jogging, des canettes de bière dans la main, qui promenaient un pitbull.

Même si on me payait, je ne déménagerais pas ici ! ai-je pensé.

Malgré tout, j'ai appuyé sur la sonnette, de ces sonnettes anciennes qui font « dring ». Bon, ça avait son charme. Mais pendant que j'attendais, j'ai remarqué que la maison mitoyenne était vide et que les fenêtres étaient condamnées par des planchettes clouées en travers. Le locataire actuel, un grand type jovial avec une tignasse blonde, m'a ouvert la porte, une cuillère à la main. Il ne semblait pas avoir pris sa douche.

— *Good morning !* Je suis Craig. Tu dois être Sara. Entre…

Nous avons traversé une entrée envahie de prospectus et de bottins et nous sommes montés au premier par un étroit escalier. Le petit salon-coin cuisine donnait sur la rue ; la pauvre fenêtre permettait d'admirer le mobilier urbain vandalisé du jardin. Une terrible envie de prendre mes jambes à mon cou me tenaillait. La puanteur était horrible : une odeur de pourri et de bière rance. Mon flair, comme aurait dit Sybille, me sommait de fuir sans demander mon reste.

— Entre, entre, m'a encouragée Craig en saisissant son bol de céréales.

Sur la photo que le propriétaire avait mise en ligne, il y avait une petite table de cuisine avec une chaise, un grand canapé des années quatre-vingt, une moquette râpée et une cheminée désaffectée qui abritait un radiateur électrique. Rien de tout cela n'était visible, car Craig l'avait enfoui sous toutes ses affaires. Des piles de livres jaunis s'élevaient partout, parfois jusqu'au plafond. Dans un coin étaient amoncelés en vrac des amplis, des tables de mixage et des cagettes pleines de câbles, de micros et de bidules divers. Sans parler des innombrables bouteilles et canettes de bières vides, bien entendu. Le canapé était recouvert de sweat-shirts, pantalons et chaussettes, au milieu desquels traînait une guitare électrique. Le minuscule coin cuisine débordait de petits appareils ménagers : un four à micro-ondes dont la porte en verre avait visiblement connu plus d'une explosion liquide, un vieux grille-pain, un mixeur au bol jauni, un appareil à croque-monsieur où s'agglutinaient plusieurs strates de fromage grillé…

— J'adore faire la cuisine, a déclaré Craig en continuant à engloutir ses céréales, debout.

— Je peux voir la chambre ? ai-je dit d'une voix nasillarde parce que j'essayais de ne respirer que par la bouche.

Elle était sombre et humide comme la tanière d'un ours. Y régnait d'ailleurs le fort relent animal qui suit une longue hibernation. Il y avait juste assez de place pour le lit double, défait, sur lequel trônait, au milieu des draps sales, un portable allumé. Des livres et des vêtements couvraient le peu d'espace au sol, entre le lit et le mur décoré de posters fanés des concerts qu'avait donnés Craig.

— Tu connais les Buzzcocks ? Je suis passé avec eux l'année dernière à Brighton.

— Non, désolée, ai-je dit en me dirigeant vers la porte d'entrée. Écoute, j'ai un autre rendez-vous. Merci pour tout.

— Attends, tu n'as pas vu la salle de bains !

J'ai quitté l'appartement le cœur au bord des lèvres, sidérée qu'on puisse vivre dans de telles conditions, et plus encore, qu'on n'ait aucun scrupule à les montrer, sans la moindre pudeur, à une inconnue. Il avait arrêté de pleuvoir. Je me suis assise quelques minutes sur un banc du jardinet. Est-ce que je serais capable de vivre dans un quartier de ce genre ?

— Bon, tous les apparts ne seront pas comme celui-ci, ai-je dit à voix haute pour me donner du courage.

Soudain, j'ai vu s'approcher un écureuil. Puis un autre, tout aussi mignon ! Ils étaient dressés sur leurs pattes arrière, à quelques pas de mes pieds, comme s'ils attendaient quelque chose. Je me suis souvenue que j'avais des biscuits dans mon sac. J'ai sursauté en en découvrant un troisième, qui avait grimpé sur le banc et s'était juché sur le dossier, à quelques centimètres de mon épaule.

— Eh, tu m'as fait peur, petit coquin, lui ai-je dit en essayant de l'éloigner du revers de la main, sans succès.

D'autres encore s'approchaient… Six, huit, dix. Ils finissaient par être un peu inquiétants. Je me sentais acculée par ce gang de rongeurs. Où était Sybille quand j'avais besoin d'elle ?

— Ouste ! ai-je crié en me levant et en agitant mon sac.

Ils reculaient un peu puis revenaient aussitôt. J'ai commencé à m'éloigner d'un pas rapide, sans vraiment courir. Je me sentais carrément ridicule. Au bout du compte, pour me débarrasser de ces rats à queue velue, j'ai été obligée de leur jeter mes biscuits.

Au dîner, ce soir-là, c'est l'anecdote des « méchants écureuils » qui a le plus plu au petit Bernie. Il s'est mis à les dessiner, puis il m'a offert son dessin.

De toute la journée je n'avais pas vu un seul appart envisageable, mais rien non plus d'aussi repoussant que le terrier de Craig. Au moins, je commençais à m'habituer à aller et venir dans les rues de Brixton. Je devais même reconnaître que certains coins avaient un charme multiculturel et bohème.

Pip et Brian ont étalé sur la table de la cuisine un grand plan de la ville et m'ont fait d'utiles suggestions.

— Je serais toi, j'irais voir du côté de Wandsworth, a dit Brian. C'est sur l'autre rive du fleuve, mais la partie près de Putney est très jolie. Tu peux trouver quelque chose de convenable par là-bas. En plus, c'est bien desservi. Depuis East Putney Station, la City, c'est direct. Tu mettrais moins de temps que depuis West Hampstead. Et ce n'est qu'à six arrêts d'ici.

Au moment d'aller me coucher, j'ai entendu Sybille miauler derrière la vitre.

— Ah, excuse-moi, mais il fait trop froid pour laisser ouvert. La chasse a été bonne ?

— Pas mal, merci.

Avec son agilité féline, Sybille a sauté par terre.

— Et la tienne ?

— Couci-couça. Mais bon, je me fais à l'idée. Je me résigne.

— Te résigner ? Ah non, pas question, ma belle. Si je me résignais aussi facilement quand je chasse, je mourrais de faim. Qu'est-ce que tu cherches, au juste ?

— Rien d'extraordinaire. Simplement un endroit suffisamment grand pour caser mes affaires. Tu n'imagines pas les trucs minuscules que j'ai visités aujourd'hui. De véritables trous à rats.

— Véritables, je ne pense pas, a dit Sybille. Moi, j'en ai vu de véritables... Si tu veux, je te les fais visiter, tu m'en diras des nouvelles.

— Bon, c'est une façon de parler. Je voudrais quelque chose de propre et sain, sans ces moquettes et ces vieux canapés pleins d'acariens. Et si possible dans un bon quartier.

— Je vois. Et c'est quoi, pour toi, un « bon » quartier ?

— Eh bien... C'est... c'est un endroit avec des gens un peu plus... comment dire... un peu plus fiables.

— Comme Joaquín, par exemple ? a dit innocemment Sybille en examinant ses griffes.

— Eh ! C'est quoi, ce coup bas ?

— Ou comme ceux qui vont à la City avec leur bolide et leur cravate en soie pour y jouer l'argent des autres.

Je suis restée songeuse.

— Oui, tu n'as peut-être pas tort.

Sybille a pris une pose d'aristochatte.

— Tu savais que beaucoup de chats ont adopté des politiques, ici ?

— Eh bien, non, je ne le savais pas.

— C'est une tradition. Churchill appelait le sien Nelson, d'après le nom de ce guerrier dont la statue est sur la place des quatre chats.

— À Trafalgar Square ? Ce sont quatre lions.

— C'est pareil. De la même façon que Nelson et Churchill sont tous deux des singes… Je te rappelle ce proverbe humain : le singe est toujours singe, fût-il déguisé en prince. Thatcher, Major, Blair, Cameron… tous, ils ont été adoptés par un félin, mâle ou femelle. La première guenon d'Angleterre aussi en a eu un.

— La première guenon ?

— La reine, quoi.

Sybille parlait maintenant avec une majesté toute féline.

— La guenon Élisabeth. Ces derniers temps, elle s'entoure de roquets Welsh Corgi, mais quand elle s'est mariée à Westminster Abbey elle a reçu en cadeau un siamois qui a vécu toute sa vie au palais de Buckingham. Enfin, ce que je veux dire, c'est que les chats sont tout aussi heureux dans l'East End que dans les appartements de la reine. Nous, la noblesse, nous la portons en nous, et ce ne sont pas les grands airs d'un primate qui vont nous impressionner, même s'il porte une couronne ou des cravates en soie.

Sybille a levé la tête vers moi.

— Vous les humains, vous êtes complètement à côté de la plaque. Vous croyez dur comme fer que ceux qui sont hiérarchiquement au-dessus de vous vivent mieux, mais vous vous trompez. En fin de compte, l'affection d'un chat vaut bien plus que des vases chinois, une collection de cravates ou des voitures avec chauffeur. Voilà pourquoi nous avons du mal à comprendre – Sybille se dirigeait maintenant vers la fenêtre – que vous teniez tant à vos objets. Tiens, ces rideaux, par exemple, ils sont si tentants pour y faire ses griffes !

— Non, pas ça, Sybille !

Inquiète, je me suis précipitée sur les rideaux de Pip.

— J'en étais sûre, a-t-elle fait, joueuse, en courant vers le lit. C'est comme je te disais, vous êtes dingues des biens matériels. Et vous n'en avez jamais assez, il vous en faut toujours plus pour grimper les échelons de la hiérarchie simiesque.

C'est du lit que la chatte a conclu son discours :

— Et voilà comment les singes en costume se sont emparés de la planète, en construisant des places avec des guerriers en pierre à chaque coin de rue.

— Enfin, moi, je ne veux pas plus que ce que j'ai déjà, me suis-je défendue.

— C'est ce que tu dis, et puis tu passes devant une boutique, tu vois un sac en cuir – qui est juste un truc pour porter tes autres trucs –, et d'un coup il te le faut. Même si tu en as déjà cinq !

Contrite, je me suis demandé si Sybille m'avait vue quand, effectivement, j'avais craqué pour un sac sublime aux soldes de janvier.

— D'accord, j'ai parfois des pulsions consuméristes. Mais rien d'exagéré, je crois.

— Parles-en à la vache qui portait la peau de ton sac !

— Oh, Sybille, ne sois pas si désagréable. De toute façon, je ne risque plus d'acheter grand-chose, je suis fauchée. Et pour l'appart, je voulais juste trouver un petit coin agréable. Avec du charme. Et une jolie vue. Mais je crois que c'est râpé.

— Hmm, a marmonné Sybille.

Elle a fermé les yeux un instant.

— En fait, ce que tu cherches, c'est un appartement avec vue sur le bonheur.

L'expression m'a fait sourire.

— Pas mal, mais ça se trouve où ? Je n'ai vu aucune annonce de ce genre.

— C'est très facile. Plus que ce que tu crois. Nous les chats, comme tu as pu le constater, nous n'avons pas de maison fixe, même si les humains essaient souvent de nous enfermer entre quatre murs. Nous aimons marauder, traîner sur un vaste territoire, comme d'ailleurs vous le faisiez vous-mêmes avant de dompter les animaux et les plantes et de vous mettre à accumuler toujours plus d'objets. Nous, nous rôdons ici ou là et nous repérons les endroits qui nous plaisent : des coins, des niches, des cachettes confortables. Nous n'avons pas besoin de grand-chose : un peu de silence, une température agréable, un terrain moelleux et qui sent bon. Ça nous suffit pour être comme des rois sur leur trône.

— Peut-être, mais je ne peux pas vivre comme un chat ! J'ai besoin d'une salle de bains, d'une cuisine, de meubles, de placards…

— Oui, je comprends. Malgré tout, tu n'as pas besoin d'autant de place ou de choses que tu le crois. Et tu n'as pas besoin non plus de vivre dans un « bon » quartier, comme tu dis. Tu as juste besoin d'une maison avec vue sur le bonheur, je t'assure. Et les fenêtres, c'est toi qui dois les ouvrir, en toi-même. Une fois que toi, tu auras fleuri, tu verras que tu seras partout chez toi, que tu vis déjà dans un palais et que tu es la reine de l'univers. Comme n'importe quel chat qui se respecte !

Je suis restée silencieuse un instant, à méditer ses paroles.

— Ah, et une chose encore, a-t-elle repris.

— Quoi ?

— Essaie de trouver une maison avec une fenêtre par où je puisse entrer et sortir sans trop d'acrobaties.

Je l'ai dénichée le lendemain. J'avais plusieurs visites dans le quartier que Brian m'avait recommandé, et l'une d'elles m'a menée jusqu'à la fabrique de meubles de M. Masood, propriétaire d'un petit empire immobilier dans le coin. Ce Londonien d'origine pakistanaise, vêtu d'une longue tunique fleurie sur laquelle s'étalait toute une collection de chaînes en or, m'a fait attendre un peu tandis qu'il parlait dans sa langue avec celui qui semblait être son fils, une version plus mince et plus *light* de lui-même. La fabrique était pleine d'hommes robustes, vraisemblablement d'Europe de l'Est, qui sciaient des planches à la vitesse de l'éclair.

— Je suis à vous ! m'a dit Masood quand il a eu fini. Vous venez voir le studio, pas vrai ? Je suis désolé, il s'est loué il y a quelques minutes. Mais ne vous inquiétez pas, j'en ai d'autres. Suivez-moi. Vous venez de quel pays ? Ah, l'Espagne ! Vous, vous savez vivre, pas comme ces *bloody British*.

Masood était un vrai moulin à paroles. En quelques minutes, le temps qu'il nous a fallu pour monter au dernier étage de l'atelier, où se trouvait le studio, il m'a raconté toute l'histoire de sa famille, ainsi que la façon dont ils avaient monté leur affaire de meubles et un service de *mini-cabs* et s'étaient lancés dans la location immobilière.

— Vous allez l'adorer, ce studio, a-t-il déclaré enfin. Il est vraiment original.

Ça, pour être original, il l'était. Juste après la porte d'entrée, on tombait sur une autre petite porte derrière laquelle se trouvait un vieux W-C avec chasse d'eau à l'ancienne et un minuscule lavabo. Sur la gauche montait un escalier étroit et raide, et, curieux détail, dans le mur à droite un lave-linge était encastré.

— Ingénieux, n'est-ce pas ? s'est vanté Masood. C'est pour gagner de la place.

— Hmm, ai-je fait, peu convaincue.

En haut de l'escalier, un couloir s'ouvrait à gauche sur un coin cuisine, petit mais relativement neuf, et à droite sur une partie salon qui s'enroulait en une alcôve mansardée dans laquelle on avait réussi à intégrer un lit. Il ne fallait pas être claustrophobe, mais c'était assez lumineux. Il y avait une grande fenêtre dans la partie salon, d'où on pouvait voir quelques toits et le ciel gris de la ville. Autre point fort : le sol et le plafond mansardé étaient en bois, de même que les meubles. Pas de moquette, donc ! Évidemment, c'était l'escadron d'esclaves menuisiers qui s'était chargé des travaux.

— Et pour se laver ? ai-je demandé. Où est la salle de bains ? En bas, je n'ai vu que les toilettes.

— *Ah, no problem, no problem.*

Masood m'a entraînée vers le coin cuisine. Je ne l'avais pas remarquée, mais près de l'escalier il y avait une porte coulissante en plastique, qui cachait non pas une salle d'eau mais littéralement le mètre carré d'un plateau de douche.

— Tu n'aimes pas. Je le vois dans tes yeux ! a lâché Masood sans perdre sa bonne humeur. *No problem.* Pour toi, j'en ai un autre. Celui-là, tu vas l'adorer ! Il vient de se libérer, pas loin d'ici.

Même si ce type ne m'inspirait pas franchement confiance, j'avais un peu de temps avant mon rendez-vous suivant. En chemin, nous sommes passés devant sa station de *mini-cabs*.

— C'est des bonnes voitures, tu sais, pas comme d'autres. BMW, Mercedes… Tiens, voilà ma carte. On les achète d'occasion et mes gars albanais me les réparent. Ces gens de l'Est, c'est des sacrés travailleurs, pas comme les British qui ont oublié ce que c'est de bosser. Celle-ci, c'est la mienne : une Aston Martin de soixante-sept. Comme James Bond ! Pas pour faire le taxi, hein ? Mais si tu veux, un jour je t'emmène. Si ma femme me laisse !

Il rigolait tout en faisant tinter ses chaînes en or. Je n'ai pas pu m'empêcher de penser à Sybille et à ses propos sur les humains et leur amour des objets.

Le quartier n'était pas mal du tout, même si, en arrivant à l'immeuble, il m'a semblé un peu trop près d'une rue très passante. Et je n'avais pas vu de magasins d'alimentation dans le coin.

— *No problem, no problem !* Il y a un supermarché à dix minutes, à peine.

L'immeuble, sur Broomhill Road, lui appartenait. À l'origine, cela avait dû être une résidence unique, de trois étages, mais Masood, avec son « ingéniosité » et ses menuisiers, l'avait divisé en huit studios. Il m'a montré le numéro sept, au dernier étage, avec du parquet et des meubles en bois. Cette fois, on avait tout sous les yeux dès qu'on entrait : une pièce unique, avec un canapé, une table et deux chaises près d'une grande fenêtre, un coin cuisine avec l'essentiel, la porte d'une salle d'eau (normale, avec une douche et même un bidet !) et un petit escalier collé au mur qui menait à une mezzanine avec un matelas double, une petite commode et un Velux.

Ça ne devait pas faire plus de quinze mètres carrés. Mais la grande fenêtre (avec un accès facile à un pan du toit pour Sybille) et la mezzanine avec son Velux donnaient l'impression d'un espace beaucoup plus grand. Je ne sais pas si on pouvait parler du palais d'une reine, mais d'un chez-soi, si. Est-ce que j'avais besoin de plus ? Tandis que Masood continuait son monologue, j'ai découvert par la fenêtre un immense panneau publicitaire avec une plage paradisiaque, et la phrase de Sybille m'est revenue en tête : « Une maison avec vue sur le bonheur. »

J'ai signé le jour même. La clé de mon nouveau chez-moi en main, j'ai eu la sensation que j'ouvrais la porte à une nouvelle vie. À mon retour chez Pip, je me sentais plus légère. J'ai téléphoné à Vero, puis à mon père, qui a trouvé que Wandsworth sonnait bien. Il était rassuré. Je me sentais très fière de moi d'avoir surmonté mon pessimisme, heureuse d'avoir trouvé un studio petit mais coquet, et même soulagée de ne plus avoir à partager ma vie avec ce traître de Joaquín. Ce n'était pas encore le bonheur total, mais c'en était déjà un bon aperçu.

12

Psychose

Organiser le déménagement n'a pas été une mince affaire. Joaquín s'est montré tout aussi froid et indifférent que la dernière fois. Il a fallu que je hurle comme une hystérique pour qu'il consente à me laisser la maison deux jours. C'était la moindre des choses, quand même, que je puisse faire mes cartons sans avoir à le croiser ! Pourquoi refusait-il de comprendre ce que je ressentais ? Ou était-ce réellement le dernier de ses soucis ? C'est ce qui me faisait le plus mal.

Pas simple, non plus, de me confronter aux souvenirs qui hantaient chaque recoin de la maison, de devoir faire le tri entre ce qui était « à moi » et ce qui était « à lui », d'emballer quelques affaires et d'en jeter beaucoup d'autres. Que devais-je faire des robes qu'il m'avait offertes ? Et des draps ? Des photos de ces quinze dernières années ? Plus d'une fois, je me suis retrouvée recroquevillée dans un coin, secouée par les sanglots, à me demander ce que j'allais faire de telle lampe ou des DVD de *Mad Men.* Comment renoncer à cette vie que j'avais imaginée, idéalisée et qui s'était évanouie comme le soleil derrière les nuages dans une ville où il ne semblait plus que pleuvoir ?

C'est Vero qui m'a sauvée. Lorsque je l'ai appelée, elle m'a tout de suite dit qu'elle sautait dans un vol low-cost pour me rejoindre. Et la joie a été encore plus grande quand je l'ai vue débarquer au milieu de mes cartons et de ma douloureuse nostalgie, accompagnée de Susana et Patri. Les Lynx étaient de nouveau réunies ! J'avais du mal à le croire : mes trois amies avaient quitté mari et enfants pour voler à mon secours. Ont suivi deux jours de rires et de larmes, de cartons et de Scotch d'emballage, de conversations interminables, de poussière respirée et de muscles endoloris, sans compter quelques moments délicats dans le trafic londonien avec la fourgonnette de location. Le plus mémorable a été le camping dans mon nouveau studio… Cela nous a rappelé nos camps d'été dans les Pyrénées aragonaises. Susana, Patri et moi avons dormi ensemble sur le lit de la mezzanine, rebaptisée « Mont perdu », et Vero – tirée au sort comme au bon vieux temps, au cours d'une hilarante partie de Chifoumi – s'est installée en bas sur le canapé de la « Vallée d'Ordesa ». Sans oublier la cérémonie solennelle où Sybille a été nommée « Lynx honoraire ».

Ces deux jours m'ont fait prendre conscience que je n'étais pas si seule en ce monde. Non seulement mes amies m'ont aidée – pour le déménagement, pour les achats de première nécessité, pour le ménage – mais elles m'ont gâtée en m'offrant de quoi rendre mon nouveau chez-moi accueillant : un tissu indien pour recouvrir le canapé, des plantes, une tenture batik à mettre au mur, et une photo encadrée de nos quatre têtes émergeant d'une tente en pleine montagne. Surtout, c'est leur amour qui m'a réconfortée. Sybille avait raison : nous, les humains, avons besoin du soutien de la meute. Je me suis promis d'être plus en contact avec elles. Mes chères Lynx avaient tout laissé tomber pour moi quand j'en avais le plus besoin. Et ça, je n'étais pas près de l'oublier.

Quand elles sont reparties pour l'aéroport, elles ont laissé un immense vide dans le studio et dans mon cœur. Je suis restée un long moment près de la splendide orchidée qu'elles m'avaient offerte, à regarder par la fenêtre la circulation embouteillée de West Hill Road et la mer bleu turquoise du panneau publicitaire.

Sybille était partie explorer le coin et n'était pas encore rentrée. J'ai été prise tout à coup d'une peur panique à l'idée qu'elle ne revienne pas, qu'elle ne trouve plus le chemin du retour ou qu'il lui soit arrivé quelque chose. J'ai mis mon manteau et je suis sortie pour faire un tour et mettre en pratique l'exercice qu'elle m'avait appris, celui de marcher en regardant autour de soi. Mais il commençait à faire nuit, et je me sentais anxieuse, exposée et vulnérable. Je voyais des regards louches et des attitudes suspectes partout. Je n'ai pas tenu cinq minutes et je suis rentrée au pas de course chez moi.

J'ai mis les Jackson Five pour me donner du courage et préparer le dîner. Des coups violents ont alors retenti contre le mur. Est-ce que c'était à cause de la musique ? C'est vrai qu'elle était un peu forte.

Les murs n'étaient probablement pas très épais. J'ai baissé un peu le volume, mais de nouveaux coups ont résonné. Il valait peut-être mieux que j'aille parler au voisin. Alors que je me lavais les mains, j'ai entendu un bruit de verrou puis la porte d'à côté qui s'ouvrait, et juste après quelqu'un s'est mis à marteler ma porte de ses poings et une voix féminine, rauque, avec un accent étranger, a hurlé :

— Ça suffit ! Arrêtez la musique ! Vous avez fait assez de bruit pour aujourd'hui !

Un peu effrayée, j'ai ouvert ma porte au moment où la voisine du huit s'enfermait chez elle. J'ai à peine eu le temps d'entrevoir une femme vêtue d'un peignoir fuchsia, avec un foulard noir qui lui couvrait la tête. Mais le peu que j'ai vu de son visage m'a fait froid dans le dos. C'était un visage rebutant, aigri, qui avait tout de celui d'une sorcière de conte de fées. Et j'avais cru distinguer, dans sa main, l'éclat d'un objet métallique. Un couteau ?

Malgré la frayeur causée par cette vision fugace, j'ai pensé que le mieux était de régler le problème au plus vite. J'ai timidement frappé.

— *Hello*. C'est moi, votre nouvelle voisine.

— Foutez-moi la paix, a lancé la voix de l'autre côté de la porte. Fichez le camp.

— Je voulais juste m'excuser.

— La ferme ! La ferme ! LA FERME !

Les cris étaient terribles, accompagnés de nouveaux coups, contre sa propre porte cette fois. Je me suis dépêchée de rentrer chez moi et de m'y enfermer à double tour. Cette femme semblait folle à lier. J'ai mis un casque sur mes oreilles et glissé mon smartphone dans ma poche pour écouter les Jackson Five. J'ai essayé d'oublier l'incident et de suivre le conseil de Sybille d'être toute à ce que je faisais, de m'occuper entièrement de l'oignon, de la salade verte et de la tomate que je coupais, du filet de poulet grésillant dans l'huile.

Mais toutes les deux secondes, je jetais un coup d'œil nerveux du côté de la porte. Je remarquais seulement maintenant qu'elle paraissait bien peu solide. On n'aurait pas dit une porte d'entrée ; plutôt une porte d'intérieur à laquelle on avait ajouté une serrure et un verrou. Comment ne m'en étais-je pas aperçue avant ? D'un coup de pied, j'aurais sans doute pu la défoncer moi-même.

J'ai dîné, assise de façon à avoir la porte dans mon champ de vision, un couteau non loin de moi, tout en regardant un épisode de *Friends* sur mon ordinateur pour me changer les idées, le casque vissé sur les oreilles. Où était Sybille ? Est-ce qu'elle allait revenir ?

Peu à peu, je me suis calmée. Ma voisine avait un sale caractère, mais ce n'était sûrement pas une psychopathe. J'ai décidé qu'une douche me ferait du bien avant de me coucher. Après avoir passé la journée à nettoyer, déballer et ranger, j'en avais bien besoin. Et puis ça me détendrait.

Nous avions testé la douche le matin même. Le jet n'était pas très puissant mais c'était normal à Londres. Au moins, on pouvait le moduler facilement, avec un bouton pour la température et un autre pour la pression. Mes soucis se sont dissipés avec l'eau chaude.

Bienvenue dans ta nouvelle maison, me suis-je félicitée. Maintenant, au lit ; demain sera un autre jour.

Tout à coup, la lumière s'est éteinte. Sous l'effet de la surprise, mon coude a cogné contre le pare-douche. Désorientée, glissant dans le noir, j'ai eu la vision terrible d'une femme repoussante, en robe de chambre fuchsia, un couteau à la main. Presque au même moment, l'eau est devenue totalement froide. Étouffant quelques cris aigus, j'ai collé mon corps au mur carrelé pour éviter le jet glacé et j'ai cherché à tâtons les robinets, tournant les boutons au hasard jusqu'à réussir à éteindre l'eau. J'ai ouvert le pare-douche en essayant de dominer la panique qui s'emparait de moi, j'ai attrapé la serviette et me suis séchée, tremblant de froid et de peur. Du calme, me répétais-je. Du calme.

Le salon était plongé dans le noir. Les ombres de la pièce se dessinaient sur la faible lumière qui venait de la rue. Ce n'est rien, me suis-je dit. Les plombs ont dû sauter. Il faut juste que je trouve le tableau électrique. Où est mon portable ? C'est alors qu'une latte du plancher a grincé légèrement et j'ai eu la certitude qu'on m'observait. Un frisson m'a parcourue. C'était sans doute cette folle que j'avais pour voisine qui était là, tapie dans l'ombre. Je savais que c'était absurde, comme idée. Comment aurait-elle pu entrer ? Mais en même temps, d'où venait la coupure de courant ?

Soudain je l'ai vue. Une ombre qui se déplaçait dans le noir, qui se traînait au sol. Ses yeux brillaient d'un éclat diabolique.

— Aaahhhh !

— Miaaaaouu !

— Oh, Sybille ! C'est toi ! me suis-je exclamée, la main sur mon cœur prêt à exploser.

— Qui tu voudrais que ce soit ? Un cobra venimeux ?

— Non, non, la voisine. On a une voisine complètement timbrée qui me déteste déjà.

— Timbrée ? Si elle savait que tu parles avec un chat…, a plaisanté Sybille. Qu'est-ce que tu fiches dans le noir ?

— Coupure de courant, ai-je expliqué en ramassant mon portable sur la table.

Je l'ai allumé en mode torche et j'ai cherché le tableau électrique. En vain.

— Il doit être dehors. Mais à cette heure-ci, pas question que je sorte. On verra ça demain.

Maintenant que Sybille était là, je me sentais plus rassurée. Et mes yeux s'étaient habitués à l'obscurité. Alors que j'enfilais mes chaussettes de laine préférées, j'ai remarqué la lumière qui filtrait entre les lattes du plancher. Je me suis mise à quatre pattes pour me rapprocher du sol. C'était difficilement croyable, mais, entre les rainures, je pouvais suivre vaguement les déplacements du locataire d'en dessous. Évidemment, on entendait distinctement ses pas.

— Tu te rends compte, Sybille ! ai-je murmuré. Je peux voir marcher le voisin !

— Oui, et on le sent parfaitement, aussi, a fait la chatte en flairant le sol.

— C'est pas croyable, c'est quoi cette baraque ? Si je renverse une tasse de café, je brûle mon voisin !

— Pourquoi tu veux renverser une tasse de café ?

— C'est une façon de parler, Sybille ! Tu ne vois

pas ? Cette maison est un vrai désastre ! Je le savais, je me suis fait avoir.

— Moi, je ne la trouve pas si mal, a dit Sybille en se vautrant sur le canapé. Elle me paraît confortable, chaleureuse. Je m'y sens très bien.

— Ce Pakistanais m'a roulée dans la farine, ai-je insisté. Il s'est bien fichu de moi. Comme Joaquín avec sa maîtresse, comme mon frère et mon père avec leurs foutues dettes. À croire qu'ils sont tous de mèche. Bonjour l'appart : un système électrique qui date du XIXe siècle, des murs en carton-pâte et une voisine psychopathe !

Sur la mezzanine, j'ai avancé à quatre pattes pour atteindre la tête de lit : le plafond, en soupente, touchait presque l'oreiller. Je me suis glissée sous la couette froide et humide, épuisée par tant de malheurs.

Au bout d'un moment, la voix de Sybille m'est parvenue, dans l'obscurité.

— Tu m'as vraiment prise pour ta voisine ?

— Ben oui...

Je percevais malgré moi le comique de la scène.

— Je te jure, j'ai eu une de ces trouilles. Tes yeux m'ont semblé féroces. Et j'ai vu l'éclat d'un couteau briller.

— Tu as poussé un de ces cris !

— J'étais terrifiée, je te dis ! D'un coup, je me suis retrouvée dans le noir total, nue, grelottante... et cette bonne femme m'avait mise sur les nerfs. Il y a quelque chose qui ne tourne pas rond chez elle. On dirait une sorcière, comme dans les contes...

— Une sorcière ? a répété Sybille. Il n'y a pas si longtemps, il suffisait qu'une femme vive avec un chat pour qu'on l'accuse de sorcellerie. Beaucoup ont fini pendues, ou noyées, pas loin d'ici.

— Tu veux dire que c'est moi, la sorcière, c'est ça ?

— Ce que je veux dire, c'est que tu devrais être plus prudente dans tes jugements sur les autres. Ne te fie pas tant aux apparences. Peut-être que si tu la connaissais mieux…

— Je n'en ai aucune envie.

— Elle non plus, je t'assure. Mais ça ne veut pas dire que vous ne devriez pas vous renifler d'un peu plus près.

— Comment tu sais ça ? Tu la connais ?

Sybille n'a pas répondu. J'ai eu beau essayer de lui tirer les vers du nez, elle ne m'en a pas dit plus. Jetant l'éponge, je me suis renfoncée sous ma couette qui commençait à se réchauffer. À travers le Velux, je voyais les nuages, éclairés par les lumières de la ville. Qu'est-ce que cette chatte pouvait bien tramer avec ma voisine ?

— Tu sais, a dit enfin Sybille. Le monde réel n'est pas le monde tel que tu le vois. Ou tel que tu crois le voir.

— Hmm, ai-je murmuré, dubitative.

Le silence est retombé. Les nuages défilaient au-dessus de moi.

— Parfois, a-t-elle repris, dans la vie, il y a des moments obscurs, et dans l'obscurité, à moins d'avoir des yeux de chat, n'importe quelle ombre mouvante peut passer pour une sorcière… Surtout si tu en attends une. Alors tes peurs transforment la moindre ombre en sorcière, en monstre, en fantôme de plus en plus terrifiant. Tu finis par être totalement paralysée par la peur.

Il s'est mis à pleuvoter. De petites gouttes tambourinaient contre le Velux à quelques centimètres de mon visage. Mon rendez-vous sous la pluie avec Joaquín m'est revenu en tête.

— Avec Joaquín, ça a été le contraire. Je l'ai cru honnête et il s'est avéré être un monstre.

— Il s'est avéré qu'il avait menti, a nuancé Sybille. Un travers assez habituel chez les humains. Rien de monstrueux. Souvent, on s'invente de belles illusions qui se révèlent fausses.

— Tu dis que le monde réel n'est pas tel que je le vois.

— C'est ça.

J'ai écouté un moment la pluie contre le Velux. Les gouttes glissaient et se rejoignaient sur la vitre, formant des dessins éphémères et impossibles à décrire, reflétant la lumière de toute une ville, de tout l'univers.

— Et comment faire pour voir le monde tel qu'il est réellement ? À partir du moment où c'est moi qui le vois, c'est forcément ma vision à moi, non ?

— Il existe une façon pour les humains de s'approcher du monde réel.

Je me suis penchée pour regarder Sybille : c'était une ombre noire sur le canapé.

— Tu vas le dire ou je dois lire dans tes pensées ?

J'ai vu ses yeux verts briller dans l'obscurité.

— Il suffit de se regarder soi-même en train de regarder le monde.

La phrase a résonné dans ma tête en même temps

que la pluie. Je me suis souvenue du tableau d'Escher que Joaquín et moi avions vu à Amsterdam : dans un musée, un visiteur contemple un tableau qui représente une salle de musée où un visiteur contemple un tableau… J'ai fermé les yeux. Le sommeil m'envahissait. J'ai imaginé que je sortais de mon corps et que je me regardais dans mon lit, en train d'essayer de dormir. Puis je sortais de ce deuxième corps pour l'observer depuis un troisième, puis je sortais de ce troisième, puis d'un quatrième, et ainsi de suite, comme aspirée dans un tourbillon infini.

Tout à coup, quelque chose de concret, froid et désagréable, sur le front, m'a réveillée : une goutte d'eau.

— Oh, non !

— Quoi ? a dit Sybille.

Une autre goutte a roulé sur ma joue, puis une autre.

— Ça, ça ne vient pas de mon imagination. Il y a une fuite. De l'eau me tombe dessus !

— Si tu veux, on partage le canapé.

— J'avais raison, tu vois ! Cet appart est un désastre !

Au bord des larmes, je suis descendue, agacée et épuisée, embarquant la couette avec moi. Je me suis effondrée sur le canapé près de la chatte et, instantanément, j'ai glissé dans un profond sommeil.

13

Chatha Yoga

Le lendemain, Masood a envoyé un de ses Albanais, qui a réparé la fuite avec du silicone. Il m'a aussi expliqué que la coupure d'électricité était due à un système particulier dont il avait oublié de me parler : comme il n'y avait qu'un seul contrat d'électricité pour tout l'immeuble, chaque appartement disposait d'une boîte métallique dans laquelle il fallait introduire des pièces pour avoir le courant. Quand le crédit était épuisé, la lumière était coupée. Un drôle de système, certes, et probablement illégal, mais au moins c'était un système contrôlable, dont on pouvait s'accommoder. J'ai donc pris l'habitude de vérifier le crédit de la boîte avant de passer sous la douche.

Finalement, compte tenu de mon budget, ce studio n'était pas si mal. Mais il allait falloir encore un moment avant que je m'y sente chez moi. Je continuais à ne pas être rassurée dans la rue, surtout le soir. Et je supportais difficilement les odeurs du voisin du dessous, un Hollandais, qui raffolait du bacon frit et de l'eau de toilette bon marché. J'ai donc pris l'habitude de faire brûler de l'encens…

Surtout, j'ai dû apprendre à vivre en évitant au maximum de faire du bruit, afin d'échapper aux foudres de Mme Uzelac – le nom inscrit sur la boîte aux lettres de ma voisine. À la plus petite inattention, elle cognait contre le mur ou faisait irruption devant ma porte pour hurler rageusement avec son étrange accent. Dans ces moments-là, j'avais toutes les peines du monde à ne pas me sentir profondément malheureuse, accablée par la solitude, par le chagrin qui pesait sur mon cœur et par l'avenir sombre que je voyais devant moi.

Le pire, c'était que j'allais devoir reprendre le travail. Je ne pouvais pas m'absenter plus longtemps, Grey avait été très clair :

— Je te couvre, là, Penelope, mais c'est bientôt la fin de tes deux semaines.

— Ce n'est même pas la moitié de ce qu'on me doit, si je compte toutes les heures sup que j'ai faites ces dernières années ! Et en plus, j'ai un arrêt maladie.

— Je sais, Sara, et je comprends que tu traverses un moment difficile, mais tu sais ce que c'est : on est débordés. Sans parler de Royal Petroleum. Je t'ai dit qu'on avait eu le contrat ?

— Non. J'imagine que je suis censée te féliciter.

— Oh… toi, tu m'as l'air d'un enthousiasme débordant. Non, sérieusement, Sara : Anne est superstressée. L'autre jour, elle parlait déjà de prendre une intérimaire pour te remplacer.

— Quoi ?

— Ne te bile pas, je lui ai assuré que tu étais

presque guérie et que jeudi tu serais sur le pied de guerre. Écoute, je vais t'envoyer le dossier pour que tu le regardes, tu verras, ça va te motiver. Au fond, on te manque, j'en suis sûr…

Le pire, c'est que c'était vrai : le boulot me manquait ; la routine, l'activité, et même le stress quotidien des délais à respecter et des clients exigeants. J'avais besoin de tout ça pour me lever avant le milieu de la matinée et me coucher à des heures raisonnables, pour me sortir de la tête mon rendez-vous foireux avec Joaquín, pour oublier la tentation d'aller l'attendre à la sortie de son travail et les espionner, lui et sa copine galactique. J'avais besoin du boulot pour ne plus passer des heures à pleurer comme une madeleine sur le canapé, agrippée à Sybille et à mon paquet de Kleenex, incapable de dire adieu à cette vie que j'avais tant aimée avec un homme qui ne voulait plus de moi.

J'ai passé pas mal de temps collée à ma tablette, à annoncer ma séparation sur les réseaux sociaux, à bloquer des contacts sur Facebook, à répondre aux messages d'amis qui avaient appris avec stupéfaction la nouvelle mais n'osaient pas m'appeler : vaine tentative pour m'anesthésier de mes souvenirs, de mes rêves brisés et de ma souffrance. J'ai regardé des saisons entières de *Breaking Bad*, j'ai lu tout un tas d'articles en ligne et de blogs, j'ai signé des pétitions pour sauver la moitié de la planète, j'ai zappé des heures durant d'une vidéo à l'autre sur YouTube, et j'ai cédé à ce travers malsain qui consiste à aller fouiller dans les albums photo de gens qui ont l'air heureux, beaucoup plus que vous en tout cas, avec leurs bébés tout neufs, leurs verres de bière levés pour trinquer, leurs ballons de baudruche et leurs gâteaux d'anniversaire, leurs voyages en Thaïlande, leurs sourires, leurs poses amoureuses et leurs baisers langoureux. J'ai épluché tous les forums sur le sujet « un bébé après quarante ans », pour connaître les risques pour l'enfant, les différents types d'accouchement possibles, les avis et les expériences de médecins et de jeunes mères. Et même s'ils ne m'inspiraient que dégoût, je n'ai pas pu m'empêcher d'aller voir à quoi ressemblaient ces nombreux sites spécialement créés pour aider les gens tristes et pathétiques dans mon genre à trouver chaussure à leur pied, malgré tout. *Desesperes.com.*

Oui, ça me ferait du bien de reprendre le boulot. Mais je savais aussi que je travaillais au service d'entreprises sans états d'âme, avec des gens débordés, pour lesquels partager un croissant avec vous était une perte de temps. Finalement, c'était une autre forme d'anesthésie, une vie factice qui me tenait occupée pendant que la vraie vie me passait sous le nez, avec mon corps qui vieillissait, des relations avec autrui qui s'atrophiaient jusqu'à ne plus être que ces messages sporadiques et virtuels sur les réseaux sociaux. Si je n'avais pas été si occupée ailleurs, nous n'en serions pas arrivés là, Joaquín et moi. Cette pensée me torturait.

Heureusement que j'avais Sybille. Je ne sais pas ce que j'aurais fait sans elle. Elle m'a tenu compagnie patiemment, pendant mes interminables crises de larmes et mes monologues sans queue ni tête, où je me lamentais et me flagellais, inconsolable. Dans ces moments-là, elle ne me disait pas grand-chose ;

elle devait savoir, dans sa sagesse féline, que les mots n'auraient servi à rien. Il me suffisait qu'elle se laisse caresser, qu'elle m'offre la douceur de sa fourrure et la délicieuse chaleur qui émanait de son corps. C'était comme si elle me disait : « Tout va bien. Je suis avec toi, mon amie que je chéris, ici et maintenant. Rien d'autre n'a d'importance en ce monde. » Comme lors de l'épisode à Tower Bridge, Sybille a été l'ancre à laquelle je me suis raccrochée. C'est elle qui a fait de mon pauvre studio un refuge, un lieu où je pouvais me sentir en sécurité dans cette ville triste, agressive, froide, sombre et pluvieuse.

Par ailleurs, j'ai eu confirmation que c'était bien elle qui avait subtilisé ma boîte d'antidépresseurs. Au début, elle ignorait mes questions à ce sujet, se mettait à faire sa toilette tout en adoptant un air non concerné. Mais en fin de compte, un jour, elle m'a avoué :

— Bien sûr que je te l'ai prise. C'est du poison, ça.

— Pour toi, c'est peut-être du poison, mais moi, c'est le médecin qui me les a prescrits et j'en aurais bien besoin en ce moment. Tu ne vois pas dans quel état je suis ?

— Si tu veux, je te les rends. Mais dans ce cas, je m'en vais, m'a-t-elle lancé. Pourquoi je perdrais du temps à t'entraîner si c'est pour que tu laisses ton bonheur dépendre d'une drogue ?

J'ai abdiqué, une fois de plus, résignée à suivre son programme d'entraînement félin.

Au moins deux fois par jour, elle m'emmenait me promener.

— Tu es où ? me demandait-elle en s'approchant du canapé.

Moi, bien entendu, j'étais perdue dans les mondes virtuels de ma tablette ou dans les nuages sombres de ma tristesse, alors je sursautais :

— Hein ? Ici, tiens, où veux-tu que je sois ?

— Ce n'est pas l'impression que tu donnes, me rabrouait-elle. Allez, viens, on va t'entraîner, tu as le corps à l'abandon et la tête toute parasitée.

C'étaient de longues promenades, d'au moins une heure, grâce auxquelles j'ai fini par connaître Wandsworth comme ma poche, aussi bien les « meilleurs » coins que les « pires ». Sybille me guidait dans cette curieuse pratique de « marcher en ne faisant que marcher ». Elle me répétait inlassablement les mêmes phrases : « Ouvre-toi à ce qui arrive ici et maintenant ; observe ce que tu vois, sans le juger ; prends conscience de tes réactions. » Moi, j'essayais. Et parfois je réussissais, quelques instants, à être fluide dans le mouvement et à me sentir aussi légère et attentive que mon amie féline, laquelle semblait flotter quelques millimètres au-dessus du sol de toute son élégance naturelle. Mais ça ne durait jamais longtemps. Rapidement, j'étais assaillie par mes théories sur l'identité de la fille galactique, par le sentiment de ma solitude ou la crainte de croiser un individu louche… alors c'était fini, j'étais ailleurs, et adieu l'élégance féline.

Sybille essayait aussi de me convaincre de ne plus prendre le métro pour aller au travail, mais de m'y rendre à pied.

— Les humains sont conçus pour marcher. Or vous

passez la journée les fesses vissées sur une chaise. C'est la pire invention de l'humanité !

— D'accord, Sybille, mais il me faudrait deux heures pour arriver à l'agence et deux autres pour rentrer à l'appart.

— Tes aïeux, avant d'inventer cette machine souterraine et de s'enfermer entre quatre murs, marchaient plus que ça tous les jours.

— Tu me fatigues avec mes aïeux. Ils n'avaient rien d'autre à faire que marcher, eux ! Quand je reprendrai le travail, je n'aurai ni le temps ni l'énergie de marcher quatre heures par jour ;

— Quand tu reprendras le travail, c'est justement là que tu en auras le plus besoin.

— Oui, peut-être. Mais je ne pourrai pas le faire.

— Et tu vas descendre dans ce trou, là, sous terre ?

— Dans le métro, oui.

— C'est bon pour les rats, ça, par pour les humains.

— Je suis d'accord avec toi, c'est horrible, et à l'heure de pointe, je ne t'en parle même pas !

— N'y va pas, Sara, m'a-t-elle suppliée, l'air peiné.

— Je n'ai pas le choix ! Il faut croire que je suis destinée à vivre comme un rat.

— Bon, a-t-elle marmonné, vu sous cet angle, il y a un côté positif : les rats sont des êtres pleinement heureux.

J'ai attendu le dernier jour de mon arrêt maladie pour me pencher sur le dossier Royal Petroleum que m'avait envoyé Grey. J'ai passé toute la journée sur mon ordinateur à prendre des notes pendant que Sybille, assise près de moi, regardait par la fenêtre.

Soudain, elle s'est levée, s'est étirée de tout son long et, sans crier gare, a appuyé ses deux pattes sur le dos de l'écran. *Clac*, le portable s'est refermé.

— Hé ! Qu'est-ce que tu fais ?

— Ça suffit, a-t-elle décrété en s'asseyant sur le Mac.

— Sybille !

J'ai voulu la repousser mais elle a feulé, le poil hérissé et la queue droite comme un I. Elle était impressionnante quand elle se mettait dans cet état.

— Bon, qu'est-ce qu'il se passe ?

Sybille a repris sa position de vigie, parfaitement sereine.

— Il se passe que tu es assise devant ce machin depuis ce matin.

— Ça s'appelle travailler.

— Et à partir de demain tu vas faire ça toute la journée.

— Eh bien, oui, malheureusement.

— Ferme les yeux.

— Sybille…

— Ferme-les !

J'ai poussé un soupir et j'ai obtempéré.

— Tu sens tes épaules ?

— Oh, oui ! Elles me font un mal de chien.

— Beurk, ça veut tout dire ! Et ton dos ?

— Il est endolori.

— Et ton cou ?

— N'en parlons pas.

— Tu as passé tout ce temps dans ta tête et tu as complètement oublié ton pauvre corps.

— Oui, c'est vrai, ai-je admis en ouvrant les yeux.

Et en plus, comme je n'avais pas bossé depuis deux semaines, je n'ai plus l'habitude. Tout à l'heure, on ira se promener, je te le promets. Mais laisse-moi un peu de temps encore, il faut que je me prépare un minimum pour demain.

— Pas question. Ce que je vais t'apprendre te préparera bien mieux, pour demain et pour toujours. Prends une couverture et étends-la par terre, pliée en deux pour que ce soit plus confortable.

— Confortable pour quoi ?

— Pour faire des étirements. Tu as dû remarquer que les animaux, et en particulier les chats, s'étirent régulièrement, notamment quand ils sont restés longtemps dans la même position. Inexplicablement, les humains ont perdu cette bonne et saine habitude.

— Hé, je te signale que je vais à la salle de sport, tout de même !

— Oui, j'ai vu. Une fois toutes les deux semaines, grand maximum, tu vas maltraiter ton pauvre corps dans une salle pleine de bruit et de machines, pendant que ta tête continue à carburer de son côté. Allez, allonge-toi, on commence...

— Ne me dis pas que tu es prof de yoga...

— Qui a enseigné l'art de l'étirement aux hindous, à ton avis ?

— Les chats, je suppose ?

— Les chattes, pour être plus précise, a-t-elle rétorqué, sérieuse comme un pape devant mon sourire ironique.

Voilà comment a commencé mon premier cours de ce que j'ai fini par appeler le « Chatha » yoga. Sybille m'a montré différents exercices simples mais efficaces, pour étirer, assouplir et fortifier le corps en se centrant sur la colonne vertébrale et le cou. Rien à voir avec les séances de vélo en salle ou d'aérobic.

— Il ne s'agit pas de souffrir, m'expliquait-elle. Va à ton rythme, bouge naturellement, cherche le point d'étirement idéal pour toi à chaque instant. Tu dois ressentir une légère tension, mais sans douleur. Écoute ton corps. Reconnecte-toi à ta nature animale.

C'était très différent du genre d'exercice physique auquel j'étais habituée : comme si je me massais moi-même, en utilisant mon propre corps, son poids, et la surface dure du sol pour faire travailler mes muscles et mes tendons. Joaquín, avec sa table de pro et ses huiles idiotes, pouvait aller se rhabiller.

À chaque posture, Sybille insistait sur la façon dont je devais mobiliser toute mon attention, comme dans la pratique de la marche consciente :

— Prends conscience de chaque fibre et de chaque nerf de ton corps. Observe ton souffle : sens comme l'inspiration t'emplit d'énergie, comme l'expiration emporte avec elle la fatigue et la douleur musculaire. Si ton esprit est distrait, dès que tu t'en aperçois, ramène-le vers ton corps, au rythme de ta respiration.

À la fin de la séance, elle m'a fait rester sur le dos, genoux pliés et pieds collés au sol. Puis elle m'a guidée pendant que je détendais, en toute conscience, ma tête, mon cou, mes épaules, et ainsi de suite jusqu'aux pieds. À la fin, j'avais l'impression que tout mon corps flottait sur un tapis de nuages, délivré de l'état de tension dans lequel il se trouvait quelques minutes plus tôt.

— Miaou, miaaouou, miaaouou.

Au signal, j'ai émergé de cette agréable léthargie et me suis étirée, bras tendus au-dessus de la tête.

— Miaou, ai-je confirmé en souriant. Pas mal du tout !

— Maintenant, tu es prête à retourner travailler, a déclaré Sybille.

— Debout !

Je me suis éveillée en sursaut. Il faisait encore nuit, et la silhouette noire de Sybille, qui me piétinait consciencieusement, se dressait sur moi comme une sombre réminiscence de mon dernier cauchemar.

— Il est quelle heure ?

— Quelle obsession, ces chiffres sur vos montres !

— Même pas six heures ! ai-je protesté après avoir jeté un coup d'œil à mon portable. C'est mon premier jour, Sybille, laisse-moi dormir encore un peu, je vais en avoir besoin.

— Ce dont tu vas avoir besoin, c'est d'un entraînement de compétition, et il commence aujourd'hui.

— Mais il ne fait même pas jour !

— Justement ! Les humains dorment. Il n'y a presque pas de voitures dans les rues. C'est le meilleur moment.

Je me suis retournée en fourrant ma tête sous l'oreiller. La chatte a posé ses deux pattes avant dessus et s'est mise à le piétiner, lentement, méthodiquement, une patte après l'autre. Impossible d'envisager de me rendormir avec son petit manège.

— Tu es une sacrée casse-pieds. Tu le sais ?

— Oui, oui, je sais, a-t-elle déclaré tranquillement

en commençant à descendre vers le salon. Apporte ta couette et ton oreiller.

Sur ses consignes, j'ai étendu par terre la même couverture que la veille, puis j'ai empilé l'oreiller et les coussins du salon en une tour moelleuse, sur laquelle j'ai dû m'asseoir en tailleur.

— Cette posture-là aussi, c'est vous qui l'avez apprise aux yogis ? ai-je dit en bâillant.

— Vu votre anatomie, c'est la meilleure position pour que vous gardiez le dos droit avec un minimum d'effort, a-t-elle rétorqué avec l'autorité d'un kiné. Assieds-toi confortablement.

Pour moi, le plus inconfortable, c'était l'idée même de me mettre à méditer, une activité que ma mère pratiquait dans sa période hippie, mais que je n'avais jamais comprise. Joaquín ne perdait pas une occasion de dénigrer cette « perte de temps pour mystiques décérébrés ». Et pour être sincère, je n'étais pas très chaude pour de nouvelles visions bizarres, au contraire même : en ce jour de retour au monde réel, j'allais devoir affronter Anne, le projet Royal Petroleum, les designers, les développeurs, les relations avec les clients. Rien que d'y penser, j'avais le vertige.

— Je suis censée faire quoi, là ?

— C'est très simple. Tu vas pratiquer un peu d'hygiène mentale.

— De l'hygiène mentale ? Mon cas est grave à ce point ?

— Non, mais de même que les chats doivent lustrer leur poil plusieurs heures par jour afin de le garder propre et sain, les humains ont besoin d'un nettoyage quotidien de leur cerveau, organe très complexe et prompt à s'emballer. Sinon, très vite, la mécanique se grippe à cause des saletés qui s'y collent, et vous n'êtes plus à ce que vous faites. Tiens, là, par exemple : tu fais comme si tu m'écoutais, mais tu es déjà en train de penser à tes dossiers.

C'était vrai. Je réfléchissais au site de Royal Petroleum.

— Tu es focalisée sur l'après, au lieu de t'occuper de ce que tu as là, sous le museau.

Sybille a posé ses pattes avant sur mon torse et a approché de mon visage son petit bout de nez rose…

— OK, OK, ai-je soupiré. Qu'est-ce que je dois faire ?

— Rien, en fait. Juste observer l'instant présent. Mais c'est plus facile à dire qu'à faire. Vas-y, ferme les yeux.

Je me suis exécutée. J'ai entendu une voiture matinale passer dans la rue, un chien aboyer, puis de nouveau la voix de Sybille :

— Concentre-toi sur ton souffle. Observe comment l'air entre, comment il sort. C'est la seule chose que tu as à faire pendant les prochaines minutes.

Ça ne semblait pas sorcier. C'était comme de marcher en ne faisant que marcher. Une façon d'être présent. J'ai fixé mon attention sur ma respiration, observé comment l'air entrait dans mes poumons et en ressortait. Inspiration. Expiration. Inspiration. Expiration. C'était agréable. Je me sentais tranquille et vigilante à la fois. Est-ce que ces exercices allaient réellement m'aider… ?

— Si ton esprit part ailleurs, recommence simplement à te concentrer sur ton souffle.

Inspiration, expiration. Inspiration, expiration. Des pas approchaient dans la rue. Ils s'éloignaient. Des pas d'homme ? De femme ? De nouveau mon esprit s'était égaré

— Ne t'inquiète pas si ton esprit s'évade, m'a dit Sybille comme si elle lisait dans mes pensées et captait mes pertes d'attention. C'est normal. L'esprit humain est un petit singe turbulent qui essayera toujours d'échapper à ton contrôle. Ce n'est pas grave. À chaque fois que tu t'en rends compte, reviens à ta respiration.

Je suis restée là un moment. Mon attention ne se fixait jamais très longtemps, passant d'une idée à l'autre comme un singe bondissant d'arbre en arbre, en effet : mes collègues de travail, ce nouveau projet qui démarrait, les expériences de ces derniers jours, les parapluies au parc, la librairie en faillite, moi sur le pont, la pièce emmurée, ma promenade avec Sybille jusqu'à Hampstead Heath, le camping post-déménagement avec mes chères Lynx, le système électrique de M. Masood, le couteau de ma voisine, le Chatha yoga, et maintenant cet exercice à la fois si simple et si difficile. De temps en temps, j'arrivais à observer le singe sauteur. Souvent, je me retrouvais perdue au milieu des arbres. Cette phrase énigmatique de Sybille m'est revenue en tête : « Il suffit de te regarder toi-même en train de regarder le monde. »

Au bout d'un moment, Sybille a miaulé doucement, trois fois, et m'a invitée à me déplier et à m'étirer.

— Alors ? Comment tu te sens ?

— C'est drôlement difficile !

— Tu te débrouilles très bien, pour une débutante.

Mais tu n'as pas répondu à ma question. Recentre-toi, prends conscience de l'instant, de ton corps et de tes sensations. Ensuite, dis-moi comment tu te sens réellement.

J'ai fermé les yeux.

— Je me sens sereine. Tranquille. En éveil. Je crois que je comprends ta notion d'hygiène mentale. Je me sens comme lavée de l'intérieur. Merci, Sybille.

— De rien, ma belle. Essaie de conserver cet état toute la journée. En éveil et consciente de l'instant et de tes sensations. Chaque instant que tu vis est ton instant, ton temps, ta vie. Tu n'appartiens pas à ton entreprise. Tu t'appartiens, à toi. Ne laisse personne t'enlever ça.

De belles paroles, que j'avais oubliées bien avant de passer les portes de Netscience LTD à Wood Street, au cœur de la City.

14

Cent jours de pluie

Mon retour à l'agence a été une parfaite illustration de ce que cherchait à me dire Sybille : s'inquiéter à l'avance ne sert à rien. J'angoissais depuis des jours à cause de ce que mes collègues avaient pu penser de moi après mon malaise en pleine réunion et mon absence de deux semaines. Est-ce qu'ils allaient me regarder bizarrement ? Comment allais-je leur expliquer tout ce qui était arrivé dans ma vie ? Et si je fondais en larmes devant eux ? Si je faisais une crise d'angoisse ?

Mais non. Je n'ai pas eu d'autres vertiges, et ils ne se sont pas montrés aussi curieux que je me l'étais figuré. Chacun était aux prises avec ses problèmes, ses propres préoccupations et surtout le rythme effréné de travail qu'il fallait tenir. À Grey, oui, j'ai tout raconté en long et en large, et aussi à Cathy, une designer dont j'étais assez proche et avec laquelle j'avais partagé pas mal d'aventures et de déboires professionnels. Avec les autres, ça a été plutôt simple.

En fin de compte, les Anglais se mêlent assez peu de votre vie personnelle. Et si quelqu'un osait une question, une rupture sentimentale et la nécessité de rechercher un nouveau logement semblaient amplement suffisants pour expliquer mon passage à vide. Je leur assurais que c'était la meilleure chose qui ait pu m'arriver et le sujet était clos. On pouvait revenir aux rapports professionnels habituels. À la routine et au stress.

Le plus compliqué était de me remettre au diapason, maintenant que j'avais commencé à voir le monde de l'entreprise avec le regard d'un chat. Je me rendais compte, à la fin de la journée, en descendant dans le « tube des rats », ou à certains moments, après avoir passé de longues heures avec la tête qui carburait à plein régime et le corps cloué sur une chaise, que ce n'était pas une vie. Parfois, je me surprenais à manger un sandwich sur le pouce devant l'ordinateur en lisant mes mails, et je me demandais alors, comme l'aurait fait Sybille : « Tu es où, là ? » Heureusement que ma coach féline me réveillait aux aurores pour une séance d'hygiène mentale et me faisait faire le soir un peu de son « Chatha yoga » ou une promenade consciente. J'avais souvent un mal fou à m'y mettre, mais après j'étais toujours contente de l'avoir fait.

Sybille continuait à insister pour que j'aille à pied au travail, comme si j'étais une Masaï dans la savane. Une ou deux fois, j'ai pensé à acheter un vélo, ce qui me permettrait d'arriver à la City en moins d'une heure, mais le mauvais temps qui a persisté tout le printemps m'a découragée. En plus, circuler dans Londres entre les bus, les voitures, les camions et les motos m'apparaissait trop dangereux. Grâce à Joaquín, je connaissais les statistiques sur les accidents de bicyclette à Londres, et j'avais développé les mêmes réticences. Nous étions séparés, mais j'avais la tête truffée d'idées et d'émotions qui me venaient de lui.

Sybille me tannait également pour que je pratique sa méditation et même ses exercices d'étirement au bureau. J'essayais de lui expliquer que ce n'était pas si facile.

— Tu imagines la tête des gens si je sortais mon petit tapis pour me mettre à quatre pattes ? Et hop, dos rond, dos creux, comme un chat !

— Tu t'en moques, de leurs têtes ! Moi, ce qui m'importe, c'est ton dos.

— Oui, je sais, c'est bête, mais c'est comme ça.

— Comment ça, c'est comme ça ? Tu dois rester assise toute la journée dans la même position ?

— Ou debout.

— Et couchée ?

— Non, pas couchée non plus. Enfin, il y a des canapés où on peut être un peu plus relax.

— Franchement, vous les humains, vous êtes d'un bizarre ! Il faut voir toutes les limites et les barrières que vous vous mettez à vous-mêmes. Vous êtes la risée du règne animal…

Tout au long de ce printemps pluvieux, au fond de mon cœur il pleuvait aussi. Peut-être pas aussi violemment qu'aux premiers jours de la séparation mais avec la même constance que le ciel londonien, toujours prêt à lâcher un petit crachin voire une bonne averse. N'importe quel prétexte était bon pour déclencher chez moi les grandes eaux : une chanson à la radio, une photo redécouverte sur mon ordinateur, un homme dans la rue qui lui ressemblait vaguement, un appel d'un ami commun, un message désolé des parents de Joaquín.

En revanche, j'ai appris peu à peu, grâce aux enseignements et aux conseils de Sybille, à accepter les hauts et les bas de ma météorologie émotionnelle, en m'ouvrant à eux, en les observant, en les laissant passer. « En me regardant moi-même en train de regarder le monde », j'ai commencé à faire la différence entre ce climat émotionnel et la réalité bien plus grande, lumineuse, magnifique, qui est toujours là, surplombant tout, comme cette mer paradisiaque de nuages lumineux qu'on découvre de l'avion, après avoir traversé l'éternelle couche grise. Et quand je n'y arrivais pas, ma patiente petite guide m'offrait son flanc chaud en guise de refuge, voire de paratonnerre.

Dans le flot de la routine, les semaines et les mois passaient sans que je m'en aperçoive. Du lundi au vendredi, j'étais prise la journée entière par des réunions ou par l'écran de mon ordinateur, à batailler pour respecter le planning serré des différentes étapes du projet RP, cette nouvelle marque verte et écolo. Le soir, Sybille m'attendait, et quand je rentrais tard, elle me reprochait de ne pas consacrer plus de temps à mon entraînement. Parfois je voyais Pip, qui était persuadée d'être la bonne fée responsable de mon intérêt soudain pour la philosophie orientale, le yoga et la méditation. Nous nous étions inscrites ensemble à un séminaire dans un centre zen, et elle m'avait offert un tapis de sol plus commode et un vrai coussin de méditation.

Le week-end, quand je ne rapportais pas de travail à la maison, j'essayais de donner un coup de main à mon père pour organiser la liquidation de la librairie Babel et la vente de la maison de Mirasierra. Nous étions convenus que lui et mon frère déménageraient dans mon appartement d'Argüelles. C'était encore la solution la plus simple. J'avais fait plusieurs escapades à Madrid pour accompagner mon père dans ce qui était pour lui un gros tournant, et aussi pour voir mes amies.

Avec Álvaro, l'ambiance était toujours tendue, et nous essayions de nous éviter, même si mon père faisait tout pour nous rabibocher.

— Et si on partait tous les trois ensemble en vacances cet été ? Comme au bon vieux temps ?

J'entendais cette suggestion loufoque depuis des années.

— Partir ensemble ? Enfin, papa, les choses ont changé ! Maman n'est plus là, et Álvaro et moi, on ne se supporte pas…

— Justement ! Vous auriez l'occasion de parler et de régler vos différends. En plus, ça te ferait du bien dans ces moments difficiles, crois-moi. On pourrait prendre Rossinante II et retourner aux Pics d'Europe, au camping de Fuente Dé…

— Tu es dingue ! Cette guimbarde ne tiendrait pas cinquante kilomètres…

— Rossinante II est en parfait état de marche ! C'est un moteur Volkswagen, du solide. En trente ans, il n'a pas pris une ride.

— Oublie ça, papa.

Mais il n'oubliait pas, et à chaque coup de fil il revenait à la charge avec son ridicule plan de réconciliation hippie.

Le temps passait, et je m'habituais à mon nouveau quartier, à l'insolite système électrique de mon appartement, et à vivre sans faire de bruit. Je m'étais persuadée que Mme Uzelac était une vieille râleuse inoffensive, même si j'étais un peu nerveuse en passant devant sa porte : je redoutais un face-à-face. Étrangement, elle semblait ne jamais sortir de chez elle. De temps en temps, elle recevait une visite ou des livraisons du supermarché, mais jamais je ne la croisais dans l'escalier.

Sybille, pendant les séances de Chatha yoga, me titillait parfois avec ses questions dans l'unique but de provoquer une discussion. Ou alors elle prenait un malin plaisir à faire ses griffes sur les meubles et opposait à mes protestations le ridicule de mon amour des « biens matériels ». Une autre de ses distractions favorites était de s'approcher par-derrière à pas de velours, alors que j'étais concentrée sur mon ordinateur, et de me sauter dessus par surprise… C'était sa manière de me rappeler que je réfléchissais trop. Dans mes moments les plus sombres, on revenait à la câlinothérapie pure et dure : câlins, silence, amour. Certains soirs – mais c'était assez rare –, Sybille n'était pas à la maison quand je rentrais, et je ne savais jamais si elle me concédait une pause, si elle était occupée à chasser, ou si elle avait décidé de me laisser seule pour voir comment je me débrouillais et si je faisais de moi-même mes exercices de pratique consciente.

Je me souviens d'une leçon édifiante dispensée un samedi après-midi de la mi-mars. Comme d'habitude, Sybille a commencé par une question innocente, en réalité la question que tout le monde me posait alors et qui me faisait froid dans le dos :

— Comment ça va, Sara ?

Ça faisait un moment que j'étais étendue sur le canapé, le nez au plafond, à ruminer mes pensées comme on rumine un chewing-gum insipide qu'on n'arrive pas à cracher. Je venais d'avoir eu un coup de fil de Jonathan et Amy, un couple d'amis de Joaquín avec lesquels nous avions partagé bien des dîners, des soirées et des week-ends, et qui appelaient justement pour savoir comment j'allais. Ils s'étaient montrés très affectueux avec moi et continuaient à me proposer leur aide si j'avais besoin de quoi que ce soit, comme ils l'avaient fait dès l'annonce de notre séparation. Mais nous savions tous trois que rien ne serait plus pareil entre nous. Cette séparation me séparait aussi, inévitablement, de certaines amitiés. Elles me rappelaient trop Joaquín. Je ne pouvais pas partager avec Jonathan et Amy la violence de mes sentiments. D'ailleurs, ils avaient probablement eu sa version de l'histoire. Un jour, ils rencontreraient la fille galactique, si ce n'était déjà fait. Ils passeraient des week-ends ensemble… Autant dire qu'après leur appel j'étais au trente-sixième dessous.

— Comment ça va ? a répété Sybille en me dévisageant avec curiosité de son perchoir.

— Comment veux-tu que j'aille ? ai-je soupiré, les yeux toujours fixés sur les défauts du haut plafond du studio. Sans mec, sans argent, sans envie de rien, et incapable de penser à autre chose. Je vis dans un quartier que je n'aime pas, dans un pays que je n'aime pas, je fais un boulot que je n'aime pas… et regarde, pour couronner le tout, il commence à pleuvoir.

— Hmm, a fait Sybille. Et tes dents ?

J'ai cru que je n'avais pas compris.

— Pardon ?

— Tes dents, ça va ? a insisté la chatte, dont la queue dessinait des *S* dans l'air.

— Mes dents ??

— Oui, tes dents.

Elle a ouvert sa gueule en grand pour me montrer sa propre dentition, des petites quenottes blanches et aiguisées.

— Elles ne te font pas mal ?

— Ben… non. Mais je ne vois pas pourquoi tu…

— Donc, tu n'as pas une terrible rage de dents.

— Non, mais…

— Une douleur atroce, aiguë, qui te vrille la gencive comme si on te plantait des clous avec un marteau ?

— Aaah !

J'ai crié en me tenant la mâchoire : je commençais presque à sentir la douleur.

— Non, pas du tout, mais arrête !

Sybille a fait quelques pas sur la crête du canapé, pensive comme si elle venait de réaliser une évidence.

— C'est presque dommage… Parce que si tu avais une douleur de ce genre, tu ne serais pas en train de te plaindre de Joaquín, de ton travail et de la pluie. Remarque, tu serais en train de hurler et de te taper la tête contre les murs, ce qui rendrait Mme Uzelac absolument hystérique.

Du coup, je m'étais redressée et assise.

— Pourquoi tu me dis des choses aussi horribles ?

— Et toi, pourquoi tu te dis des choses aussi horribles ?

— Moi ?

— Tu passes la journée à te morfondre sur tout ce que tu n'as pas, ce qui te manque, ce que tu as perdu, ce que tu n'auras jamais, ce que tu as et que tu n'aimes pas…

En habile équilibriste, elle a fait plusieurs tours sur elle-même sur l'étroit rebord du canapé.

— Ah, ça ! ai-je dit en me laissant retomber contre le dossier.

— Oui, ça, a-t-elle répondu en sautant à mes pieds. Mais il y a d'autres choses dans ta vie. Des choses plutôt positives. Géniales, même. Par exemple, cette rage de dents que tu n'as pas.

Elle a réussi à m'arracher un sourire. Il faut dire qu'elle me chatouillait le ventre de ses coussinets, dressée sur ses pattes arrière.

— Mais c'est complètement idiot, Sybille !

— Absolument pas. Si tu l'avais, cette rage de dents, ça ne te paraîtrait pas idiot du tout ! Ce serait pour toi le plus important au monde. Et tu n'arrêterais pas de penser que la vie serait merveilleuse si tu étais débarrassée de cette rage de dents.

Je pouvais difficilement le nier. Je ne risquais pas d'oublier comme j'avais souffert la dernière fois qu'un dentiste m'avait dévitalisé une molaire. Et je me suis rappelé aussi ma rééducation pénible après une rupture du ligament croisé lors d'un accident de randonnée en montagne à vingt ans.

— Félicitations, alors, a poursuivi Sybille. Parce que aujourd'hui, à cet instant même, tu peux profiter de cette vie merveilleuse sans rage de dents. Au lieu de ressasser ce qui va mal, pourquoi tu ne te concentrerais pas plutôt sur ce qui va bien ?

Je l'ai repoussée, pour jouer.

— Allez, dis-moi ce qui va bien.

De nouveau, elle m'a escaladée.

— Qu'est-ce qu'il y a de positif dans ta vie, selon toi ?

Sacrée question.

— Euh, je ne sais pas…

Je l'ai attrapée des deux mains et je me suis levée.

— Tiens, ai-je dit : je suis contente que mon genou fonctionne. On me l'a opéré il y a quelques années.

— Ah bon !!! s'est exclamée Sybille. Ton genou fonctionne bien ? Félicitations, Sara, tu peux marcher, mettre un pied devant l'autre, voir le monde, danser, courir.

Sybille s'est mise à gambader et à faire la folle autour de moi.

— Quoi d'autre ?

— Eh bien, j'ai ce toit au-dessus de la tête, qui me protège de la pluie. Tant qu'il n'y a pas d'autres fuites, bien sûr.

— Un abri ! De la chaleur ! Génial !

— Tu es vraiment fêlée quand tu t'y mets, ai-je gloussé devant ses numéros de cirque. Bon, bien sûr, je préférerais que ce soit dans un meilleur quartier…

— Chhhh, a-t-elle feulé. Rien de négatif. Que du positif, pour l'instant.

— Pardon. Euh... Il y a à manger dans le réfrigérateur.

D'un bond, elle s'est perchée sur l'appareil.

— Quel bonheur ! Aujourd'hui, tu auras l'estomac plein. Imagine tous ceux qui ne peuvent pas en dire autant.

— Et j'ai un canapé confortable, ai-je continué en parcourant des yeux le studio. Un grille-pain, une douche avec de l'eau chaude, une orchidée splendide, un ordinateur dernière génération, ma tablette, mon smartphone, un bras, et un deuxième, les deux yeux qui voient bien, mes seins que j'adore...

Je riais de bon cœur maintenant, tandis que Sybille continuait à courir dans tous les recoins du studio.

— Mes amies Vero, Susana, Patri, Pip et sa famille, mon père, mon frère calamiteux, une chatte d'une grande sagesse avec un grain de folie...

J'ai fait ainsi une liste qui s'est avérée interminable et très hétéroclite : ne pas vivre sous une dictature ni dans des régions polaires, savoir faire de la bicyclette, avoir vu un jour des dauphins sur une plage en Galice, etc. On aurait dit un jeu enfantin, mais à la fin je me sentais vraiment vernie, riche comme une reine, ou plutôt, peut-être, comme une chatte de gouttière.

À partir de ce jour-là, quand je me lamentais sur mon sort, Sybille m'écoutait attentivement, me donnait son affection, m'offrait son dos à caresser, et finalement me demandait des nouvelles de mes dents.

Un vendredi d'avril, en rentrant de l'agence, j'ai décidé de le faire. Je me suis inscrite, juste par curiosité, sur un site de rencontres, histoire d'avoir un aperçu de ce qu'était la drague au XXIe siècle chez les gens de mon âge. J'ai passé plusieurs heures à détailler le profil de Londoniens et d'Espagnols vivant à Londres, qui se décrivaient comme des types « normaux », avec « le sens de l'humour » et pour qui l'amitié était « essentielle », entre autres lieux communs. Pour l'instant, je n'osais pas mettre ma photo, ni contacter qui que ce soit. Je ne me sentais pas prête. Pourtant, j'avais intérêt à me dépêcher. J'entendais distinctement le tic-tac de mon horloge biologique qui me mettait la pression pour trouver l'homme parfait pour moi et le père parfait pour mes enfants.

Ma nervosité devait être flagrante… Quand Sybille est entrée par le Velux et m'a trouvée là, debout, la tablette à la main, en train d'entortiller une mèche de cheveux autour de mon doigt, elle m'a dit :

— Je ne sais pas ce qui t'arrive, ma belle, mais n'oublie pas de respirer, d'accord ?

J'ai inspiré profondément, poussé un grand soupir, et j'ai caressé la chatte qui s'était assise sur la table près de moi.

— Tu sais comment je peux trouver l'amour, toi ?

— Trouver l'amour ?

— Ben oui, l'amour. Un homme, un compagnon, quelqu'un contre lequel se serrer le soir.

— Ah je vois ! a dit la chatte en se frottant sensuellement contre ma hanche. Tu es en chaleur, quoi !

— Sybille !

— Ose dire le contraire.

— Mais non, ce n'est pas ça… Bon, d'accord : pas *que* ça. Je ne suis pas une chatte.

— Oui, ça c'est clair. Si tu en étais une, tu serais déjà en train de miauler ton désir aux quatre vents, et tous les mâles du quartier seraient là, dehors, à faire la queue pour toi.

J'ai imaginé la scène…

— Un seul me suffirait, ai-je rétorqué. Mais je ne veux pas me tromper de nouveau, Sybille. Je veux trouver le véritable amour. Je n'ai plus de temps à perdre.

— Le véritable amour…, a répété Sybille. Vous avez de ces expressions, vous les humains. Je dois admettre que je n'ai jamais bien compris votre comportement sexuel. Vous êtes une espèce unique de ce point de vue. Ce que je peux te dire, ma belle, c'est que le véritable amour, tu ne vas jamais le trouver.

Mon cœur s'est serré.

— Ne me dis pas ça…

— Tu ne vas pas le trouver, parce que l'amour n'est pas quelque chose qui se perd… ni qui se trouve. Ça n'a aucun sens de le chercher. Et encore moins dans ce machin dur et froid (elle s'était mise à flairer la tablette). L'amour se pratique. C'est un art.

— OK, mais moi je veux le pratiquer avec un homme qui en vaille la peine.

— Et toi ? a fait Sybille en plantant ses yeux inquisiteurs dans les miens. Tu crois que tu en vaux la peine ?

J'ai posé la tablette sur la table et tous mes doutes m'ont assaillie d'un coup.

— Pourquoi tu me parles comme ça ?

Elle a sauté de la table pour se diriger vers son bol d'eau.

— Pour que tu te rendes compte que même toi, tu n'y crois pas. Et si tu n'y crois pas, la personne que tu cherches n'y croira pas non plus.

Je me suis laissée tomber sur le canapé, complètement abattue.

— Et donc ? Je suis censée faire quoi ?

Sybille a bu quelques instants. Sans hâte. Puis :

— Oublie cette idée de trouver quelqu'un. De trouver l'amour. Et commence à pratiquer l'art d'aimer.

— Mais comment ?

Sybille s'est mise à grimper l'escalier de la mezzanine.

— En sortant de ta torpeur. En osant faire ce que tu as vraiment envie de faire, au plus profond de toi. En donnant au monde le meilleur de toi-même, comme la fleur donne son parfum et l'oiseau son chant. En ouvrant ton cœur aux gens qui t'entourent. Même à ta voisine qui t'embête. Même à ton frère irresponsable. Même à Joaquín. Voilà le véritable amour.

Sybille était arrivée en haut. Après ce laïus, elle a sauté sur le toit par le Velux, me laissant seule, bouche bée.

Un jour de mai, je suis rentrée très tard du boulot. J'étais sur deux projets, en plus de la Royal Petroleum, et j'avais constamment l'impression que je n'allais pas m'en sortir. J'ai jeté mes clés et ma veste sur la table et je me suis affalée sur le canapé.

— Mais qu'est-ce qu'ils te font, dans ton agence ? m'a demandé Sybille en sautant sur mon corps fourbu.

J'ai vaguement grommelé quelque chose.

— Pardon ?
— Ils me pressent comme un citron, ai-je soupiré.
— Ah oui ? Eh bien, ils ne savent pas s'y prendre. Laisse-moi te montrer ce qu'est un bon essorage.

Sybille a posé ses pattes avant sur mon crâne et a commencé à le masser. C'était si agréable que j'ai failli me mettre à ronronner. Puis elle s'est attaquée à mon dos avec de franches chatouilles.

— Non, non, pas ça, l'ai-je suppliée en me tortillant comme un ver.
— Bien, a dit Sybille. Au moins, j'ai réussi à te sortir un peu de ton apathie.

Je m'inspectais, à la recherche de griffures ou de trous dans mon chemisier.

— Dis, Sara : tu veux faire quoi quand tu seras grande ?
— Quand je serai grande ? Mais je suis déjà grande.
— En fait, a-t-elle expliqué, je parlais à la Sara âgée de dix ans, une petite fille qui est toujours là, quelque part au fond de toi, enfin je crois.
— Pas ce soir, Sybille, ai-je fait en me levant péniblement avec l'intention de me préparer un sandwich. J'ai la tête prête à exploser.

J'ai pris deux tranches de pain de mie que j'ai glissées dans le grille-pain, puis j'ai ouvert le réfrigérateur pour en sortir le jambon, le fromage sous cellophane et un sachet de laitue. Ce n'est qu'après la première bouchée, de nouveau assise sur le canapé, que j'ai accepté de réfléchir à sa suggestion.

— J'imagine que si tu m'avais posé cette question quand j'avais dix ans, je t'aurais dit que je voulais être écrivain. Et à quinze ans aussi.

— Et pourquoi ?

Sybille m'a rejointe sur le canapé.

— Sûrement à cause de mes parents, de leur librairie, de leur passion pour la littérature. J'ai découvert très tôt que les livres permettent de voyager, de vivre des aventures, des romances et des révolutions, de connaître des reines insolentes, des magiciens puissants, des pirates au cœur d'or et même, maintenant que j'y pense, des chats sacrément bavards.

J'ai gratouillé le ventre de Sybille, qui s'est laissé faire avec délice.

— Ah oui ? a-t-elle ronronné.

— Oui, oui, on en trouve. Tu sais, des auteurs du monde entier fréquentaient la librairie de mes parents. C'est ainsi que j'ai rencontré José Saramago, Toni Morrison, Salman Rushdie, Isabel Allende ou Almudena Grandes. Bien entendu, je voulais faire comme eux. D'ailleurs j'ai commencé plein de « romans », même si j'allais rarement au-delà du premier chapitre. J'ai écrit pendant toute mon adolescence et c'est pour ça que j'ai fait des études de journalisme, pour pouvoir continuer à écrire.

— Donc, m'a coupée Sybille, enthousiaste, tu ne voulais pas être écrivain, tu *étais* écrivain !

— Oh non ! Je ne l'étais pas. Quand je comparais mes textes à ceux de Saramago ou d'Allende, je voyais bien que c'était exécrable. Un jour, j'ai découvert que Vargas Llosa avait publié *La Ville et les Chiens* – ce livre génial – à vingt-sept ans. Ça m'a tuée. J'ai jeté tout ce que j'avais écrit jusque-là à la poubelle et je me suis cantonnée à mes études de journalisme.

— Bref, tu as arrêté de jouer, a murmuré Sybille, la tête basse.

On aurait dit qu'elle venait d'apprendre la mort de quelqu'un.

— Jouer ? ai-je répété sans bien comprendre.

— Oui, c'est ce que vous faites presque tous. Quand vous êtes enfants, vous jouez avec les couleurs, les sons, les mots, votre corps ou votre tête. Vous vous amusez avec n'importe quoi. Vous vivez l'instant. Vous faites des expériences, vous testez, inventez. Mais lorsque vous grandissez, les adultes commencent à vous dire qu'on ne peut pas jouer tout le temps, qu'il faut être sérieux, que l'important est de travailler, bref, de souffrir. Ils vous jugent, ils vous comparent les uns aux autres, ils vous mettent des notes. Et finalement même les choses auxquelles vous preniez plaisir, avant, vous rendent nerveux. Alors vous les expédiez en vitesse, toujours inquiets, sans profiter de votre travail et sans vous féliciter de ses fruits. Vous ne savez plus jouer.

— Dis, tu exagères un peu, non ? Il y a beaucoup de gens qui prennent plaisir à faire leur travail. D'ailleurs, moi, avant, je m'amusais beaucoup.

Je me suis souvenue avec nostalgie de mes débuts chez Buccaneer Design, quand les réunions se passaient dans la bonne humeur, que Grey portait encore sa barbe de corsaire et trouvait tous les prétextes pour nous provoquer en duel avec ses épées en plastique. On peut dire qu'on rigolait ! Grey réveillait en moi le côté monitrice de colo que j'avais développé pendant toutes ces années à camper dans les Pyrénées avec les Lynx. C'était moi qui lui avais suggéré de convoquer tout le personnel à l'improviste pour aller voir le dernier *Star Wars*. Sans parler du célèbre « levier disco » que nous avions installé, un vieil interrupteur qui semblait sorti tout droit du laboratoire de Frankenstein et qui, quand on l'actionnait, éteignait toutes les lumières normales et allumait des spots en même temps que la chaîne stéréo, transformant la salle de réunion en discothèque pour des fêtes improvisées. La revue *Wired* m'avait même interviewée pour cette idée.

— Avant, si, je savais jouer, Sybille. Ce n'était peut-être pas le job de mes rêves, mais j'y prenais un certain plaisir. C'est depuis qu'on a été rachetés par Netscience que les gens sont devenus moroses.

— Eh bien, à toi de les réveiller, a conclu Sybille en appuyant ses deux pattes sur ma poitrine.

— Moi ? Impossible.

Elle s'est éloignée et a fait mine de m'attaquer.

— Dans le jeu, rien n'est impossible.

— Mais Sybille, ce n'est pas un jeu, ai-je protesté en la repoussant. J'ai besoin de mon salaire à la fin du mois. La chasse, c'est un jeu pour toi, peut-être ?

— Évidemment !

— Mais tu le prends au sérieux.

— Ben oui, c'est très sérieux, le jeu, a-t-elle continué en s'escrimant maintenant sur mon pied. Et plus tu le prends au sérieux, plus c'est amusant. Au fait, quand est-ce que tu vas te remettre à écrire ?

— Aïe ! Tu fais mal, Sybille ! Je t'ai déjà dit que je n'étais pas écrivain.

Elle a sauté sur la table et s'est mise à jouer avec un stylo, le faisant tournoyer entre ses pattes jusqu'à ce qu'il tombe par terre.

— Pour être écrivain, il suffit d'écrire. Alors fais-le, et tu en seras un.

— C'est pas si facile…

— Si, ça l'est. Si tu vois l'écriture comme un jeu, et non comme un travail… Joue à être écrivain. Comme quand tu avais dix ans. Il n'est jamais trop tard pour avoir une enfance heureuse !

— Tu dis de ces choses, parfois, Sybille. De toute façon, je ne peux pas, je n'ai pas le temps.

Je me suis levée pour la regarder poursuivre sa « proie », à l'autre bout de la pièce. Elle a fini par coincer le stylo avec une patte.

— Décidément, « je ne peux pas », c'est ta réponse préférée.

— Bon, ça suffit, Sybille. Je suis crevée. Je vais me coucher.

Pourtant, une fois au lit, j'ai mis du temps à trouver le sommeil.

15

Gastronomie de chat

L'été approchait. Je commençais à surmonter la tempête émotionnelle qui m'était tombée dessus dans la noirceur de l'hiver anglais, et mon cœur retrouvait un peu de lumière et de chaleur, tout comme l'air ambiant. Grâce à Sybille, j'apprenais à accepter cette nouvelle vie indépendante et solitaire qu'il m'était donné de vivre, je me mettais à apprécier les choses simples et même à croire ce que j'avais tant répété moi-même à autrui : que rompre avec Joaquín avait été une bonne chose.

À Madrid, les affaires de famille se résolvaient petit à petit. Mon père avait organisé une fête d'adieux juste avant la fermeture, et la librairie Babel avait eu droit à une colonne chaleureuse dans *El País*. Il m'a envoyé l'article scanné, agrémenté d'une photo où il posait, fier comme Artaban, devant sa chère librairie, avec son chapeau des années cinquante, sa queue-de-cheval d'indécrottable hippie et sa barbe blanche. Surtout, nous avons réussi à dénicher un acheteur pour la maison de Mirasierra, ce qui, en cette époque de paralysie immobilière, n'était pas une mince victoire. La signature était prévue pour la première semaine de juillet.

Début juin, un soir où je rentrais chez moi un peu plus tôt que d'habitude, je me suis mise à élaborer des plans de vacances estivales. J'allais prendre une semaine pour aider mon père avec son déménagement et la signature à Madrid, puis une autre pour réaliser un vieux rêve qui aurait été impossible avec Joaquín : faire le chemin de Saint-Jacques de Compostelle. Ce serait une façon formidable d'approfondir les exercices que m'enseignait Sybille, de reprendre contact avec la nature qui me manquait tant et – pourquoi pas ? – de rencontrer peut-être un sympathique pèlerin entre Roncevaux et Nájera.

Alors que je passais en revue la liste du matériel recommandé par les marcheurs patentés – vaseline pour les pieds, chaussettes sans coutures, bâton de marche et sac à dos –, Sybille est entrée, un oisillon mort dans la gueule.

Je savais qu'elle chassait les oiseaux et les rongeurs. Au début, quand elle est entrée dans ma vie, elle acceptait le lait et les petits morceaux de viande ou de poisson que je lui donnais. Mais plus tard, elle m'a avoué qu'elle ne les mangeait que pour établir de bons rapports avec moi. En fait, sa nourriture, elle la chassait. Mais jusque-là, pour autant que je sache, elle n'avait jamais rapporté ses proies à la maison.

Elle a filé, rapide comme l'éclair, sous le canapé. Mais cette vision fugace m'a suffi pour distinguer le sinistre amas de plumes rougies dans sa gueule.

— Sybille ! me suis-je écriée, écœurée.

Elle n'a pas répondu. C'est la voisine qui a réagi en martelant le mur une dizaine de fois.

— Sors de là tout de suite, ai-je chuchoté d'un ton ferme et autoritaire.

Pas un mouvement. Pas un bruit.

— Sybille, tu m'entends ?

Rien. Elle faisait la sourde oreille, ou la muette. Et je n'avais pas vraiment envie de me mettre à quatre pattes pour tomber nez à nez avec le spectacle de son sanguinolent festin.

— Sybille, tu vas me faire le plaisir de sortir tout de… Beurk, mais quelle horreur !

Je préfère ne pas m'étendre sur ce que j'ai vu en m'accroupissant. Disons simplement que, tel le lion dans la savane, Sybille était en train de dévorer sa proie. Quand elle m'a vue, elle a tranquillement desserré les crocs et a léché ses babines pleines de sang.

— Tu en veux ? m'a-t-elle proposé aimablement, en remuant sa queue qui serpentait dans le noir.

— Sybille…

J'essayais de contrôler la nausée qui montait.

— S'il te plaît, sois gentille d'emporter ta… ta nourriture hors de chez moi.

— Qu'est-ce qu'il y a ? Tu as peur que je salisse le sol ? Tu sais bien que je suis très propre.

Je ne sais pas si elle essayait de me mettre en rogne exprès, mais elle y arrivait très bien.

— C'est un oiseau mort, Sybille, tu ne comprends pas ? C'est dégoûtant, il est plein de sang et… et… encore heureux que ce ne soit pas une souris parce que tu ne mettrais plus les pieds chez moi !

Sybille ricanait tout en jouant avec l'aile de son oiseau.

— En fait, pour la souris, j'y avais pensé. Tu vois, j'ai été clémente.

— Hein ? Qu'est-ce que tu veux dire ? Que tu as rapporté cet oiseau ici exprès, juste pour voir ma réaction ? C'est vraiment une blague de mauvais goût ! Sors de là-dessous : je commence à me sentir mal !

Je me suis assise sur le sol, suffisamment loin pour qu'elle puisse sortir avec son butin sans m'approcher. Cette fois, elle a obéi. Elle a déposé le pauvre oisillon sur le plancher, comme une poupée démantibulée, et s'est assise devant.

— Tu manges des animaux, toi, Sara ?

La question m'a prise de court.

— Je mange… de la viande. Mais pas de cette manière.

— De quelle manière ?

— Bon, écoute, je n'ai rien contre le fait que tu chasses tes souris ou tes oiseaux. C'est juste que je n'aime pas voir ce spectacle de si près, OK ? En plus, j'ai toujours aimé les oiseaux… ça me fait de la peine de les voir dans cet état.

— De la peine, hein ? a répété Sybille sur un ton qui, à vrai dire, m'a troublée.

Je ne savais pas où elle voulait en venir, mais j'avais l'impression qu'on était en train de jouer au chat et à la souris et, bien entendu, ce n'était pas moi dans le rôle du chat.

— Oui, de la peine. J'aime écouter le chant des oiseaux, j'aime les voir voler, nicher dans les arbres, libres.

— Pourtant tu manges des animaux…
— Oui, mais…
— Du poulet aussi ? De la dinde ?
— Oui, bien sûr.
— Et ce ne sont pas des oiseaux ?
— Si, enfin, c'est de la volaille, je ne sais pas si c'est pareil.
— Pourquoi ? Parce qu'ils n'ont pas un aussi joli chant ? Parce qu'ils ne volent pas et ne nichent pas dans les arbres ?
J'ai commencé à me sentir acculée par toutes ses questions.
— Oui, d'accord, c'est peut-être pareil. Je n'y avais jamais pensé de cette manière. Mais je ne les mange pas comme tu le fais, toi. J'achète mon poulet, je le mets au four, ou je me fais frire des blancs à la poêle.
— Donc, tu ne tues pas le poulet de tes propres mains ?
Elle m'a posé cette question avec le sérieux d'un tueur à gages.
— Euh… eh bien non.
— Alors quelqu'un le tue pour toi ?
— Je suppose. Des professionnels…
J'étais assise les mains sous les fesses, déconcertée.
— Bon, je résume, a-t-elle repris : quelqu'un le tue, le plume, lui coupe la tête, les pattes, le vide de son sang et de ses viscères, l'emballe dans du plastique et le réfrigère.
Je n'ai rien dit. Je me balançais sur mes mains.
— Tout ça pour que tu n'aies pas à le voir, a-t-elle continué avec un geste de la tête vers le moineau étripé qui me regardait de ses yeux vides, bec ouvert.

— Eh bien… disons que chacun fait son travail, ai-je rétorqué.

— Oui, je sais… Chez les humains, c'est chacun sa tâche : certains tapent de leurs petits doigts sur un clavier toute la journée et d'autres coupent des têtes et nettoient le sang. Et tu le ferais, ce travail ? Tu l'as déjà fait, au moins une fois ?

Je me suis levée pour ouvrir la fenêtre en grand et prendre une bouffée d'air.

— Écoute, Sybille, je préfère ne pas parler de ça maintenant.

— Tu préfères ne pas en parler et ne pas le voir, mais moi je sais ce que tu as dans ton réfrigérateur, ce que tu mets dans ton assiette et dans ton corps, tous les jours. Et je ne suis pas sûre que toi, tu le saches vraiment. Bon, jusqu'ici je ne m'étais pas plainte, mais puisque tu as mis le sujet sur le tapis, allons-y. Moi, ce qui me dérange, ce qui me dérange vraiment, c'est que tu te nourrisses sans réfléchir, sans te demander d'où proviennent tes aliments, sans que la souffrance qui en découle t'importe, sans que tu exprimes jamais ta reconnaissance pour le sacrifice de ces animaux, sans même que tu aies le courage de le voir et de l'admettre.

« Ça me dérange que la mer se vide de ses poissons et que la terre s'emplisse des excréments et du sang de ces millions et millions de pauvres bêtes, intelligentes et sensibles, qui ne naissent que pour attendre le jour de l'abattoir, dans ces camps de concentration que vous avez créés pour elles : des bâtiments puants, sans lumière du jour ni air frais. Ça me dérange que vous, les êtres humains, dans votre immense majorité, vous vous en fichiez royalement du moment que vous ne le voyez pas et que vous continuez à trouver toutes les semaines vos paquets plastifiés au supermarché.

Mon ventre s'est noué à ces paroles sans pitié. Jamais on ne m'avait accusée de telles choses.

— Merde, Sybille, tu y vas fort.

J'ai attrapé mes clés et je suis sortie me balader, plantant là la chatte et son dîner.

Pendant un jour ou deux, je n'ai plus parlé à Sybille. Elle a vécu sa vie, et moi la mienne. Mais je ne pouvais pas m'ôter ses mots de la tête. J'avais des scrupules à ouvrir le réfrigérateur et à y trouver le paquet de jambon, les blancs de poulet et le filet de bœuf. Et chaque fois que l'odeur de viande emplissait l'appartement et que Sybille s'en allait par la fenêtre, je me faisais l'effet d'une espèce de commandant nazi en plein travail d'extermination.

Je me suis mise à faire des recherches sur l'élevage industriel. J'ai découvert que Sybille n'avait pas exagéré l'horreur quotidienne de l'industrie alimentaire. Les porcs dans leurs prisons de béton, sales et surpeuplées. Les poules entassées dans leurs cages. Les veaux cruellement confinés pour que leur viande reste tendre. Les oies gavées à l'aide de tubes pour que leur foie malade grossisse et devienne gras. Même si ce sont des réalités dont j'avais déjà entendu parler ou que je soupçonnais, je n'en mesurais pas jusque-là l'horreur. Le manque d'humanité.

Le vendredi soir, quatre ou cinq jours après notre dispute, je me suis dirigée vers Sybille, qui somnolait en virgule sur le canapé. Je me suis assise par terre près d'elle.

— Qu'est-ce que tu veux que je fasse, hein ? Que je me mette à chasser ma propre viande ?

Elle a ouvert les yeux, s'est dépliée en étirant chaque muscle de son corps, puis s'est rallongée, tournée vers moi.

— Hmm... J'aimerais bien voir ça. Mais la question serait plutôt : est-ce que tu as vraiment besoin de manger des animaux ?

L'Angleterre est un pays qui compte beaucoup de végétariens et j'en avais rencontré un certain nombre. Je comprenais leur choix, je le respectais, et j'étais persuadée que c'était plus sain, moins gras, et même plus écologique. Mais je ne m'imaginais pas vivre ainsi.

— Bien sûr que j'en ai besoin ! Tu veux que je mange quoi ? De l'herbe ? Je ne suis pas une vache. Nous, les humains, on est carnivores, je te signale.

— Ah oui ? a fait Sybille en pointant ses oreilles vers l'avant en signe de surprise.

Puis, sans crier gare, elle a saisi ma tête entre ses deux pattes, appuyant délicatement ses griffes effilées contre mes joues.

— Montre-moi tes crocs !

Quelle patience il fallait avec cet animal ! Impossible d'imaginer à l'avance quelle serait sa prochaine lubie. Avec un soupir, je me suis résignée à son inspection odontologique. Elle a examiné ma denture en me montrant ses propres canines bien aiguisées.

— Je suis désolée de te dire ça, ma belle, a-t-elle déclaré d'un ton solennel, mais tout ce que je vois, dans ta bouche, ce sont les molaires plates d'un herbivore, conçues pour mastiquer et non pour tuer et déchirer la chair. Bon, tu as bien ces quatre dents que vous appelez des canines, mais je ne trouve pas qu'elles méritent ce nom…

Elle a lâché mon visage et est retombée, les deux pattes sur ma main droite.

— Et pour ce qui est de tes griffes, n'en parlons même pas. Quant à ton flair… Tu sais à quoi me servent mes moustaches ?

Elle a déployé ses moustaches à quelque distance de mon visage, yeux fermés.

— Elles sont tellement réceptives aux mouvements de l'air que, grâce à elles, je peux voir la position et la forme d'une proie dans le noir.

Elle a rouvert les yeux et sauté sur le canapé.

— Ne te fais pas d'illusions, Sara. Vous les singes, vous avez toujours mangé des feuilles, des noix, des fruits… parfois des insectes ou de petits animaux qui se trouvaient là par hasard. Mais vous, des carnivores ? des chasseurs ? Ne me fais pas rire.

Tout en parlant, elle me donnait des preuves de son agilité et de son adresse, traversait la pièce comme une flèche, bondissait d'une chaise à la table, pourchassait une balle multicolore achetée dans une boutique spécialisée, la mordait, la relâchait, la rattrapait, la promenant ici et là.

— Dis, n'exagère pas non plus, ai-je protesté, nous sommes peut-être des singes, mais nous avons toujours chassé, depuis des millions d'années. Sauf que nous, nous chassons autrement. Avec des lances, des arcs et des flèches, des pièges, des fusils…

— Justement ! Vous êtes des chasseurs artificiels ! Et de faux carnivores puisque, pour manger la viande, vous devez la cuire, puis la couper en morceaux à l'aide d'un couteau. Et surtout, elle n'est pas bonne pour vous, vos médecins n'arrêtent pas de vous mettre en garde, mais vous ne les écoutez pas. Comment le pourriez-vous, alors que vous n'écoutez même pas vos propres instincts ?

— Moi, mon instinct me dit que j'aime le jambon. Et ne parlons pas d'une bonne côte de bœuf.

— C'est peut-être parce que tu n'as jamais été amie avec un porc. Ils sont aussi intelligents que les chiens ou les chats, et tout aussi sensibles. Tu me diras qu'en Chine ils font bien de la soupe de chien, aromatisée au gingembre, et en Suisse ce sont les chats qu'on prépare avec du thym.

— Sybille !

— La vraie question est la suivante, a poursuivi la chatte : est-ce que tu as vraiment besoin de manger de la viande ou du poisson deux fois par semaine ? Ou plus exactement, est-ce que tu crois qu'il est nécessaire que tant de vies soient sacrifiées juste pour que tu vives la tienne ?

— Évidemment, si tu présentes les choses comme ça…

— Comment tu veux que je les présente ?

— Écoute, je comprends ce que tu veux dire. Je n'aime pas non plus la façon dont sont traités les animaux dans les fermes industrielles, et je vais essayer d'acheter plus de viande bio, des œufs fermiers, et tout. Je peux vivre sans manger de pâté, et peut-être même sans manger de bœuf. Mais ne me demande pas de devenir végétarienne. C'est plus éthique, je ne le conteste pas. J'admire les gens qui le sont. Mais moi, je ne peux pas, j'aime trop la viande.

Sybille est retournée vers le canapé à pas lents et s'est allongée sur le coussin.

— Tu adores ces quatre petits mots, hein ? « Je ne peux pas. » « Je ne peux pas » aller au travail à pied. « Je ne peux pas » faire les choses que j'aime. « Je ne peux pas » m'étirer devant les autres. « Je ne peux pas » ouvrir mon cœur. « Je ne peux pas » être heureuse. Et j'en passe…

Cette chatte me désespérait. Il était impossible de discuter avec elle. Je me suis levée.

— Bon, tu me fatigues. Je vais me coucher, je suis crevée.

— « Tu ne peux pas » continuer à parler, c'est ça ?

— Tu sais que tu es lourde ? lui ai-je lancé en commençant à me déshabiller.

Elle m'a suivie jusqu'à la porte de la salle de bains.

— Je te propose quelque chose. Prends-le comme un jeu.

— Ça y est, c'est reparti. C'est quoi ton nouveau plan ?

La chatte a sauté sur le lavabo.

— Demain, tu ne manges que des fruits.

— Des fruits ?

— Juste des fruits frais.

— Toute la journée ? Aux trois repas ?

— Autant de fois que tu voudras. Mais pas de fruits secs, hein ? Ni d'avocats. Des bananes, si tu veux.

— Ah, merci, très aimable à toi.

— Qu'est-ce que tu en dis ?

En fait, c'était assez tentant. J'aimais beaucoup les fruits, mais je ne trouvais jamais le bon moment pour en manger. Une banane au goûter, parfois. Une pomme ou des fraises en dessert, alors que j'avais l'estomac déjà plein. Un jus d'orange le matin, à toute vitesse. Parfois, j'achetais un bon assortiment de fruits au supermarché, mais presque toujours ils finissaient par pourrir.

— Une journée de fruits ? OK. Ça, c'est d'accord. Je vais essayer au moins. Ça me fera du bien. On dit que ça élimine les toxines.

— Tope là ! a insisté Sybille en me tendant sa patte.

Elle ne lâchait pas facilement, la mignonne.

— Tope là. Marché conclu.

16

La dégustation

Le samedi matin, je me suis réveillée curieuse de voir où me conduirait la proposition de Sybille. J'ai décidé d'aller faire mes courses au Borough Market, le plus vieux marché de la ville. Je me souvenais d'y avoir vu un étal de fruits fantastique : c'était le moment d'aller y faire un tour. Un peu après 8 heures, alors que la ville dormait encore, j'entrais sous l'antique structure de fer où abondaient boucheries, poissonneries, étals de fruits et de légumes, pains artisanaux et toutes sortes de délices venus de l'étranger : fromages français, spécialités asiatiques, saucisses allemandes, chocolats belges, sauces italiennes, et même un stand espagnol où mijotait une immense paella.

J'ai dû résister à d'innombrables tentations sur mon passage, en particulier à l'arôme alléchant de croissants dorés et croustillants. Mais ma mission était claire, et je me suis dirigée d'un pas ferme vers mon objectif.

— *Can I help you, madam ?* m'a demandé avec des manières exquises un grand gaillard aux joues roses, portant par-dessus sa blouse blanche un tablier vert à rayures.

Ce qui s'étalait sous mes yeux était digne d'un festin d'empereurs romains. J'ai choisi de fabuleuses fraises qui étincelaient au soleil et une sélection variée de fruits rouges venus des campagnes anglaises : mûres, framboises, myrtilles, cerises. Ont suivi de gros abricots, dont la couleur orangée tirant sur le rouge indiquait une maturation parfaite. J'ai pris deux ou trois variétés de pommes locales, de l'acidulée à la sucrée. Et pour les tropiques, un ananas, une mangue et une demi-papaye, sans oublier quelques bananes.

Les larges mains du vendeur ont rangé le tout avec art et délicatesse dans des cornets en papier recyclé, qu'il a mis dans les grands sacs en tissu que j'avais pris soin d'apporter.

Je suis rentrée chez moi en bus avec mon butin, l'appétit bien aiguisé. Dès mon arrivée, Sybille a inspecté les sacs, d'où émanait un divin mélange de fragrances fruitières.

— Parfait, a-t-elle approuvé. Je vois que tu as pris le jeu au sérieux. Passons aux règles maintenant…

— Quelles règles ? ai-je fait, alors que mon estomac gargouillait d'impatience.

— Eh bien, on ne peut pas faire ça n'importe comment. Je veux que tu te prépares un petit déjeuner inoubliable.

— Et moi, ce que je veux, c'est croquer dans cette banane : je suis au bord de l'inanition.

— Si tu tombes dans les pommes, pas de problème :

je me charge de te ranimer, hé, hé, hé... Pour le moment, écoute-moi : la première étape, c'est le choix des fruits. Sois à ce que tu fais. Sens la peau, le poids de chaque fruit, respire son arôme... C'est ça, respire à fond, emplis-toi les poumons. Prête attention aux subtiles nuances de couleur. Tu les vois ?

Deuxième étape : laver, peler et couper les fruits.

— Voilà, soigneusement, en prenant ton temps. Sens l'eau fraîche couler sur tes mains. Maintenant, prends le couteau. Ne coupe pas d'un coup sec, à la va-vite. Cherche le point où placer la lame, que le couteau glisse dans le fruit sans effort.

Enfin, la présentation :

— Choisis une assiette que tu aimes. Tu vas disposer les morceaux de la façon la plus appétissante possible. Ne réfléchis pas. Laisse-toi guider par ton intuition. Fais en sorte de composer une véritable œuvre d'art.

J'étais lasse de tous ces ordres...

— À quoi ça sert, tout ça, Sybille ? Je veux dire : ça aura le même goût. D'ailleurs, les chats ne font pas ce genre de choses...

— Nous, nous n'en avons pas besoin. Mais les humains, si. Ça fait partie de vos bizarreries ! Fais-moi confiance.

Inutile d'essayer de discuter, avec elle. Il me faudrait aller jusqu'au bout. J'ai pris une jolie assiette en cristal bleu que nous avions achetée à Prague, Joaquín et moi, et que je m'étais attribuée au moment du déménagement. J'ai commencé avec les rondelles de banane et des carrés de mangue, que j'ai placés en alternance sur le pourtour de l'assiette. Puis j'ai composé une étoile avec des triangles d'ananas, en reliant les pointes avec des quartiers de pomme. Enfin, j'ai comblé les espaces vides, dont le centre, avec des ornements de fruits rouges et mauves et des petits morceaux de papaye.

Jamais je n'avais rien vu de tel : une galette de fruits, un mandala juteux, un puzzle géométrique qui semblait multiplier à l'infini l'annonce d'un plaisir gustatif imminent.

— Bon, ça y est, je peux attaquer ? ai-je demandé, toute fière de mon œuvre. Je ne tiens plus, là...

— Oui, c'est du beau travail, a approuvé Sybille en inspectant mon assiette, son museau frôlant les fruits.

L'espace d'un instant, j'ai cru qu'elle allait les dévorer, elle, ou tout jeter par terre en une nouvelle provocation. Mais l'imprévisible féline s'est détournée et est allée s'allonger tranquillement à l'autre bout de la table.

— Maintenant, toujours en prenant ton temps, tu vas t'asseoir devant l'assiette. Pas besoin de fourchette. Assieds-toi bien droite et prends conscience de tout ton corps, hume les arômes et prépare-toi à déguster ton festin.

Après toute cette attente, il n'existait plus rien d'autre au monde que cette assiette de fruits. J'avais la sensation que chaque fibre de mon être vibrait avec les couleurs, orangé, jaune, rouge et violet, que chacune de mes cellules était attirée par une force plus puissante que la gravité, qui émanait du centre de cette figure géométrique. Nul doute que Sybille savait ce qu'elle faisait.

— Ferme les yeux, a-t-elle ordonné. À partir de

maintenant, je veux que tu te concentres encore plus, que tu aiguises ta sensibilité. Tu vas entrer en contact avec la patience d'un arbre qui a poussé d'une graine, millimètre par millimètre, vers le ciel lointain, jusqu'à parvenir à son premier fruit, fruit dont les graines ont été ramassées par des oiseaux qui les ont emportées par-delà les nuages et semées pour qu'elles deviennent d'autres arbres et d'autres fruits, pendant des années, des siècles et des millénaires, sans hâte, sans pause, jusqu'à ce que toute la planète soit recouverte d'arbres, de fruits et de graines. Tu vas entrer en contact avec la chaleur du soleil, la bonté de la terre et la vitalité de l'eau qui les ont nourris. Tu vas entrer en contact avec la sagesse et le labeur des personnes qui ont pris soin de ces arbres et ont ramassé ces fruits pour qu'ils arrivent jusqu'ici.

Les paroles de Sybille m'ont transportée dans le temps et l'espace, vers des champs de fruits du monde entier, vers des nuits fraîches et des soirées lourdes, avec pour seul mouvement la croissance subtile, imperceptible des branches, des feuilles et des fleurs ; vers les journées de travail d'hommes et de femmes inconnus qui avaient semé, arrosé, cueilli, ramassé et empaqueté ces aliments naturels ; vers les voyages en camion et bateau jusqu'au marché où je les avais trouvés le matin même. Tout cela m'a semblé miraculeux.

— Prends un instant, a poursuivi Sybille, pour remercier cette graine, cet arbre, ce soleil, cette pluie, cette terre, ces oiseaux, ces personnes, pour le cadeau qu'ils te font aujourd'hui.

Ce n'était pas la peine qu'elle me le dise. Je me sentais déjà profondément reconnaissante de ce privilège.

— Maintenant, ouvre les yeux.

Le mandala a ressurgi devant moi. Les couleurs semblaient encore plus éclatantes et les formes plus harmonieuses : une vision paradisiaque sur le fin cristal de Bohême.

— En gardant cette attitude de reconnaissance et de respect, tu vas choisir et prendre de la main droite le premier morceau de fruit avec lequel tu rompras ton jeûne.

Ma main a bougé, au ralenti, au-dessus de l'assiette et s'est dirigée vers une énorme fraise, rouge et ferme, qui trônait au centre. Mon index et mon pouce se sont refermés sur elle, ont senti sa consistance ferme et spongieuse à la fois, son poids léger, puis l'ont délicatement portée jusqu'à ma bouche.

— Garde-la un instant sous ton nez. Respire son arôme en pleine conscience.

Aucun parfum n'est plus grisant que ce qui a envahi alors mes narines. L'essence de la fraise semblait se révéler à mes sens pour la première fois, et j'ai eu l'impression d'être une petite fille devant un prodige.

— Maintenant, tu vas ouvrir les lèvres et tu placeras la fraise sur ta langue puis tu refermeras la bouche, mais sans la croquer encore.

L'émotion a atteint son paroxysme. Ma bouche est devenue une grotte, où j'ai introduit ce délice : elle s'est refermée sur lui comme sur le corps d'un amant. Ma langue caressait la surface poreuse, tressaillait en recevant les gouttes qui commençaient à en jaillir. À chaque inspiration, l'arôme intense de mille bosquets de fraises envahissait chaque repli de mon cerveau dans une explosion rose.

Alors Sybille a prononcé les mots magiques :

— Maintenant tu peux, très lentement et en pleine conscience, croquer, puis mâcher et, lorsque tu seras sûre que ce sera le moment, avaler chacun des morceaux.

De ma langue, j'ai poussé délicatement la fraise du côté droit de ma bouche, ouvrant la mâchoire juste assez pour la placer entre mes molaires. J'ai laissé la gravité procéder elle-même à la pression minimale nécessaire pour qu'éclate, dans une croissante et délirante cascade de jus, cette fraise, la fraise la plus délicieuse jamais goûtée de mémoire de femme ou d'homme, la quintessence du fruit sylvestre.

J'ignore combien de temps a duré cette rencontre avec cette douceur et cette jouissance originelles. Je me suis perdue parmi les nuances insoupçonnées de saveur. J'ai prolongé le plaisir à l'infini, savourant, mastiquant, suçant, avalant des quantités infinitésimales de pulpe. Et tandis que j'avalais l'ultime vestige du divin nectar, je me sentais déjà quelqu'un d'autre.

— Houah ! ai-je fait, les larmes aux yeux.

— Maintenant, tu sais ce que c'est de savourer, a déclaré une Sybille satisfaite, à l'autre bout de la table : savourer comme une petite fille, un chien, ou… une chatte.

— C'est incroyable…, ai-je murmuré.

J'avais du mal à parler, ma mâchoire tremblait et ma langue était comme électrifiée.

— Jamais je n'avais mangé de fraise aussi bonne. Je crois même que de toute ma vie JAMAIS…

— Chut ! m'a coupée Sybille, en se dressant sur ses quatre pattes.

Je me suis tue et elle s'est rallongée.

— Ce n'est pas la fraise. Pas seulement. C'est ta concentration, ta pleine attention. La voilà, la clé. Ne la perds pas. Allez, maintenant choisis un autre morceau. Un goût différent peut-être. Celui que tu voudras. Et tu vas suivre les mêmes étapes, avec la même lenteur et la même présence totale à ce que tu fais.

J'ai dû mettre une heure à venir à bout d'une assiette que, dans d'autres circonstances, j'aurais dévorée en cinq minutes. J'ai compris pour la première fois ce que signifiait manger, dans son sens le plus profond ; ce que voulait dire se nourrir, introduire dans son corps un aliment qui finira, littéralement, par faire partie de soi, par être soi. Joaquín me l'avait expliqué comme une donnée scientifique, comme une statistique. Mais c'était autre chose d'en prendre conscience. Manger en ne faisant que manger… J'ai senti cette connexion essentielle avec l'aliment, avec les énergies de la nature qu'il contient, avec l'univers qui l'a engendré. J'ai compris que manger n'était pas seulement un devoir biologique, un processus mécanique et chimique, une routine quotidienne et nécessaire ou un rite social. C'était un moment magique et sacré, comme un coucher de soleil que l'on contemple dans toute sa gloire infinie.

Après avoir lavé mon assiette, toujours en suivant précisément les instructions de Sybille (« Ne fais pas la vaisselle en pensant à ce que tu as mangé. Fais la vaisselle… en ne faisant que la vaisselle ! »), je me suis allongée par terre, sous le soleil qui entrait par la fenêtre. J'étais ivre de vie. De temps à autre me venait un petit rire, frais, primitif, sans raison.

17

De l'autre côté du miroir

La journée avait filé, entre les sept cérémonies alimentaires inoubliables – cinq guidées par Sybille et deux sous sa simple supervision –, quelques exercices d'étirement, une promenade dans le quartier et deux ou trois tâches domestiques. Ç'avait été une sorte d'aventure dans une autre dimension, sauf qu'il s'agissait en fait du contraire : revenir au plus quotidien, au plus essentiel.

Ce soir-là, alors que je m'apprêtais à me coucher, une pensée m'accompagnait : si même l'acte simple de se nourrir était un mystère, combien de choses me restait-il encore à découvrir ?

Comme la nuit précédente, Sybille s'est faufilée entre mes jambes pendant que je faisais ma toilette dans la salle de bains.

— Bon, maintenant tu peux bien me le dire. Tu l'as aimé, mon jeu ?

— Tu es une coquine. Je ne sais pas comment tu te débrouilles.

— Donc, oui, tu l'as aimé.

— Oui, ai-je confirmé en riant. En fait, ça a été incroyable ! Si je n'avais pas acheté moi-même ces fruits, j'aurais cru que tu les avais plongés dans une potion magique. Jamais je n'ai pris autant de plaisir à manger, pas même dans les meilleurs restaurants gastronomiques.

— Et sans tuer d'animaux.

— Oui, d'accord, mais tu ne vas pas me forcer à ne prendre que des fruits tous les jours. Il me faudra bien un peu de viande…

Sybille a ignoré ce dernier commentaire et a sauté sur le rebord du lavabo.

— Je te propose un nouveau jeu pour demain.

— C'est bien ce que je craignais… Je tremble déjà.

— Celui-ci est encore plus amusant : on ne mange rien de toute la journée.

— Hein ?

Sybille a penché la tête comme pour analyser ma réaction.

— Ah non, c'est de la folie ! Les fruits, c'est une chose, mais rester à jeun toute la journée… Non, je ne tiendrai pas ! Tu ne sais pas dans quel état je suis quand je saute un repas. Je deviens insupportable, pire que la voisine d'à côté. Alors, imagine une journée entière sans rien dans le ventre. Je ne pourrais pas le supporter, Sybille, je te jure. Je ne suis pas faite pour l'ascétisme.

Sybille s'est approchée du miroir et, y appuyant ses deux pattes, s'est dressée pour se contempler.

— Tiens, elle me ressemble beaucoup.

Je me suis rappelé avoir lu qu'un chat avait du

mal à comprendre que l'« autre » dans la glace est le reflet de lui-même. Au point de feuler ou de vouloir attaquer l'« étranger ».

— Bien sûr qu'elle te ressemble, c'est toi !

— Tu crois ?

Sybille a tourné la tête vers moi, puis de nouveau vers son reflet.

— Ce n'est pas que je le crois, c'est le cas. Cette chatte dans la glace, c'est toi, de même que la quadragénaire, là, c'est moi.

— Tu vois ? C'est ça ton problème, Sara, a conclu Sybille en me faisant face.

— Quoi ? Quel problème ?

— Tu crois que ce reflet, c'est toi. Un reflet qui n'a aucune réalité. Un reflet qui ne vit pas, ne ressent rien et n'a même pas d'odeur. Mais tu crois en lui avec une telle force que tu ne ferais rien que ton reflet ne ferait. D'ailleurs, tu vis ta vie en imitant ses mouvements, au lieu de le laisser, lui, si ça lui dit et s'il en est capable, te suivre et imiter tes gestes, à toi.

Sur ces mots, Sybille a sauté au sol et s'est éclipsée. On aurait dit qu'elle mettait au défi l'« autre », dans la glace, de faire de même. Elle m'a laissée devant mon reflet, qui me renvoyait l'expression triste d'une femme encore jeune mais sur le déclin, avec ses cheveux blancs et ses limites, avec ses rides creusées comme les sillons de ses choix de vie, irrémédiables.

« Ce n'est pas que je le crois, c'est le cas. » La phrase tournait en boucle dans ma tête. « Cette femme, c'est moi. » J'ai éteint la lumière pour ne plus la voir, mais elle était toujours là, tapie dans l'ombre.

J'ai horriblement mal dormi. J'étais secouée par des pensées antagoniques. Certes, la journée de la veille avait été pour moi une véritable révélation. Ce n'était pas seulement le fait de ne manger que des fruits, mais aussi la façon de le faire : posément, minutieusement et en toute conscience, comme il faudrait le faire pour n'importe quel plaisir, en somme. Jamais je n'aurais cru possible d'apprécier une alimentation aussi frugale. Mais me priver totalement de manger ? Où était le plaisir ? C'était une torture, rien d'autre.

Cependant, ce n'était pas le premier conseil de Sybille qui, de prime abord, me déconcertait. Se pouvait-il qu'elle ait encore raison ? En tout cas, si je réussissais cet exercice, ce serait une grande victoire personnelle, un pas de plus vers la liberté, la preuve définitive que j'étais partie pour une nouvelle vie.

Mais j'étais assaillie par les doutes, les peurs, les souvenirs de mon impatience au restaurant ou de mes disputes avec Joaquín à cause d'un repas tardif. J'en voulais un peu à Sybille. Qu'est-ce qu'elle cherchait, au juste ? Ras le bol de ses petits jeux !

J'ai passé toute la nuit à me tourner et me retourner dans mon lit, décidée puis de nouveau indécise l'instant d'après, conquise par l'idée puis réticente. Lorsque le sommeil avait raison de moi, j'avais des visions de poulet frit accompagné de pommes de terre croustillantes, de poulpe à la Galicienne saupoudré de piment, de sandwich débordant de jambon ibérique, de côtelettes juteuses grillant sur un barbecue, de risottos aux fruits de mer, de soupes de lentilles et chorizo, de pizzas couvertes de mozzarella fondue, et d'une ribambelle de desserts : gâteaux au chocolat, crèmes à la vanille, cornets de glace, riz au lait… Et moi, je dévorais tout ça comme un animal affamé, sans contrôle, me jetant sur les tables de banquet et le comptoir du bar, attrapant la nourriture par poignées et plongeant la tête dans les assiettes et les plats.

À mon réveil, le lendemain, j'ai trouvé Sybille assise à mon chevet.

— Alors ? m'a-t-elle demandé.

Je n'avais rien décidé. J'étais toujours indécise. J'avais envie d'oser, mais je craignais que la journée ne soit qu'un long calvaire. Sybille m'a regardée, narquoise.

— Écoute : ne tombe pas d'inanition avant de tomber d'inanition. Ne t'angoisse pas avant d'y être. Arrête d'y penser et essaie, juste pour voir.

Ma petite guide m'a fait sourire. Oui, elle avait raison : je souffrais avant de souffrir.

— Dans le monde des chats, les peurs anticipées des humains sont célèbres. Par exemple, as-tu une idée de la fréquence des appels que reçoivent les pompiers pour cause de chat perché en haut d'un arbre ou sur un toit ?

— Je ne sais pas. Ça arrive souvent, j'imagine.

— Tous les jours. Pourtant, nous, ce sont les pompiers qui nous font peur. On sait descendre tout seuls ! D'ailleurs, est-ce qu'on a jamais trouvé le squelette d'un chat en haut d'un arbre ou sur un toit ?

J'ai regardé par le Velux. La lumière rosée d'une belle journée filtrait. J'ai pris une profonde inspiration et j'ai décidé de faire confiance à la féline qui sommeillait en moi. J'ai décidé de ne pas m'angoisser avant l'heure. De faire une pause dans mes « je ne peux pas » et d'essayer.

— D'accord, Sybille. Même si je me demande où tout ça va me mener. C'est l'inconnu, pour moi.

— C'est justement ce qui est le plus merveilleux au monde. (Ses yeux verts brillaient.) L'inconnu : ne pas savoir ce qu'il va arriver ! C'est ce qui fait que ça vaut la peine de se lever le matin.

Elle a traversé le lit de part en part et a descendu deux marches en direction du salon. Là, elle a levé la tête :

— Bon, on le prend ce petit déjeuner, oui ?

— Hein ? Mais je croyais que je ne devais rien manger ?

— Oui, mais ça ne veut pas dire que tu ne vas pas t'alimenter.

Sybille a fini de descendre l'escalier et s'est approchée de l'orchidée, près de la fenêtre :

— Regarde cette plante.

Elle était splendide, avec ses fleurs roses et voluptueuses éclairées par les premiers rayons du soleil.

— Tu vois, elle se nourrit de soleil, d'oxygène et d'eau. Eh bien, aujourd'hui, nous allons l'accompagner. Prépare deux verres d'eau, le reste, on l'a déjà. Et remplis mon bol aussi, s'il te plaît.

Sybille a lapé son eau avec concentration, calme et patience, comme seul un chat sait le faire. Quand elle a eu fini, elle a levé la tête :

— Le soleil, l'air et l'eau, il faut les prendre avec la même attention que tu as mise hier pour manger les fruits. Aujourd'hui ton petit déjeuner sera plus frugal, plus subtil, mais pas moins savoureux ou nutritif.

Comme le courtois maître d'hôtel d'un restaurant étoilé, Sybille m'a invitée à m'asseoir sur mon coussin de méditation et à prendre conscience de mon corps. Je sentais sur moi la chaleur des rayons du soleil et, à travers mes paupières closes, filtrais la lumière dorée.

— Maintenant, tu vas augmenter progressivement l'amplitude de ton souffle, en inspirant plus profondément depuis l'abdomen puis en vidant le plus possible tes poumons à l'expiration. Prends conscience de l'énergie qui entre en toi avec l'oxygène. Prends conscience de la façon dont ton corps tout entier, comme le corps de n'importe quel être vivant, participe à l'acte d'inspirer et d'expirer. Prends conscience de la véritable nature de la respiration.

J'ai suivi le chemin de l'air frais passant par les narines, la gorge, jusqu'aux poumons, puis de l'air expiré, plus chaud, expulsé des poumons vers l'extérieur. Inspiration, expiration. Inspiration, expiration. À chaque cycle, je percevais, avec une intensité de plus en plus grande, que cet acte qui m'avait accompagnée depuis ma naissance et m'accompagnerait jusqu'à ma mort était en effet un véritable aliment, un nectar aérien et léger mais exquis, rafraîchissant, essentiel. Même si c'était évident, jamais auparavant je n'avais apprécié aussi pleinement cet oxygène, sans lequel il serait impossible de survivre plus de quelques minutes. Immobile telle une plante, j'ai absorbé le soleil et l'air, pendant un temps hors du temps, et je suis devenue légère, éthérée, pleine de lumière. Je me suis sentie fleurir, littéralement.

Lorsque j'ai rouvert les yeux, tout m'a paru plus lumineux, plus net, plus réel : le ciel bleu, les nuages cotonneux, la peinture couleur crème de la fenêtre, les délicates fleurs de l'orchidée sous lesquelles ployait la fragile tige. Un agréable frisson m'a parcourue quand mon bras a effleuré le doux flanc de la chatte. Sybille s'est plantée devant moi.

— Un peu d'eau ? Sers d'abord l'orchidée, peut-être…

Mon visage s'est illuminé d'un sourire complice, et je me suis approchée de la plante dans un léger flottement, comme si ma tête était une baudruche emplie d'hélium et mon corps une ficelle quasi immatérielle. J'ai levé le verre – étonnée de son contact froid et lisse, de la légère résistance de la gravité, de la présence vivante de la plante qui s'ouvrait, patiente, confiante – et, dans une minime inflexion du poignet, j'ai lentement versé l'eau.

— Bon appétit, ma jolie, lui ai-je dit d'une voix douce et maternelle.

Je me suis emplie de l'odeur de terre mouillée, puis j'ai attrapé mon verre. J'ai résisté à l'impulsion de le vider d'un trait. Je l'ai porté à mes lèvres dans un calme absolu, tandis que Sybille m'observait en professeur fier de son élève. J'ai ouvert la bouche et j'ai senti entrer en elle le liquide tant désiré. Ma langue s'est mise à jouer avec, dans un délicieux et fluctuant va-et-vient, aussi longtemps que possible, jusqu'à ce que, avalant enfin la première gorgée, je vibre tout entière.

— Alors, ce petit déjeuner ? a demandé Sybille. Énergétique ? Rafraîchissant ?

J'ai ri :

— Je dirais même roboratif. Je me sens rassasiée !

Et maintenant ? Je fais quoi ? Je reste ici toute la journée à prendre le soleil près de la fenêtre, comme une plante ?

— Non, pas du tout, a répondu Sybille. Maintenant, ce que tu prends, c'est une bouteille d'eau et tu pars en randonnée.

— En randonnée ? Où ça ?

— Je n'en sais rien. À l'aventure. Où tu voudras. Comme tu as dû t'en apercevoir, à jeun tes sens sont aiguisés, ton corps est plus léger, ton esprit devient plus clair. Profites-en. Pars en vacances dans ta propre ville ! Je suppose que tu sais qu'il y a des humains qui viennent du monde entier pour la visiter.

— Mais est-ce que je ne vais pas me sentir faible ? Je ne devrais pas plutôt me reposer ?

— Ne t'inquiète pas, ton corps a largement de quoi rester un jour à jeun. Tu as vu toute l'énergie qu'il faut pour faire les courses, la cuisine, manger puis digérer ? Ton système digestif va se reposer, et il en a bien besoin. Quand tu te sentiras fatiguée, fais une pause et reprends des forces avec l'air, le soleil et l'eau. Allez, profite !

Voilà comment a commencé une journée qui restera l'une des plus belles de ma vie. Une journée qui a pris les couleurs des étés de mon enfance, de mes excursions avec les Lynx et des voyages en camping-car avec ma famille. Je me suis installée à l'étage d'un autobus londonien, au premier rang, et c'était comme si je visitais la ville pour la première fois. Tout me semblait neuf et digne d'intérêt : les grands arbres, les maisons en brique, les vieilles cabines téléphoniques rouges, les laveries, les pubs traditionnels et les kebabs, les Sikhs à turban et les gothiques à colliers à clous. J'avais l'impression que les Beatles allaient surgir à chaque passage clouté et que James Bond était au volant de chaque voiture de sport.

J'ai sauté dans un autre bus en direction de Westminster et j'ai traversé le fleuve près de la gigantesque roue du London Eye, jusqu'à Big Ben. Je me suis promenée autour de l'immense palais néogothique de Westminster, siège du Parlement. On aurait dit le sommet de la civilisation britannique, et c'était certainement le but recherché. Pourtant, me revenaient en tête des images de la Chambre des communes, avec ses riches boiseries et ses bancs matelassés de cuir, pleine de parlementaires britanniques beuglant, hululant ou feulant pour soutenir ceux de leur camp et se moquer de leurs adversaires. Dire que c'était l'une des institutions législatives les plus anciennes et les plus respectées de la planète ! Que pouvait bien penser Sybille de tout ça ?

Je suis entrée dans l'abbaye de Westminster, lieu des couronnements, mariages et funérailles des monarques britanniques, et j'ai pensé aux paroles de Sybille sur l'« Anglaise alpha », son siamois et ses petits chiens. Dans St. James Park, après avoir dit bonjour aux pélicans et aux cygnes de l'étang, je suis passée devant les hautes grilles du palais de Buckingham, l'immense demeure d'Élisabeth II et de ses Corgi, où comme toujours se pressait une horde de touristes motivés par l'espoir d'apercevoir la reine. Je me suis demandé si elle se sentait seule dans ce bâtiment démesuré. Et si elle savait manger en ne faisant que manger.

J'ai poursuivi ma promenade dans Green Park, en me laissant porter par le parfum d'une roseraie. Un charmant sentier entre les arbres m'a menée jusqu'à un énorme platane à l'ombre duquel je me suis reposée un moment, le temps de prendre un goûter d'air et d'eau. Je me sentais plus riche que tous les rois du monde. En sortant du parc, j'ai fait du lèche-vitrines dans le quartier de Mayfair, où les magasins étaient ouverts comme tous les dimanches. Le plus surprenant, c'est que je n'ai pas été tentée d'acheter quoi que ce soit, comme si je me trouvais dans un immense musée. Bien sûr, j'ai été attirée par une robe, un bijou, une paire de chaussures et même par un sac susceptible d'augmenter ma collection. Mais j'ai fait ce que Sybille m'avait conseillé : observer mon désir et continuer mon chemin. Par contre, je n'ai pas résisté à l'envie d'entrer dans un magasin de chapeaux pour m'amuser à en essayer plusieurs et prendre des poses devant la glace.

Il était déjà presque 17 heures et j'avais à peine réalisé que j'étais « à jeun ». Je n'en avais pas souffert, et pourtant j'avais déjà sauté deux repas. C'est vrai que je dévorais des yeux et surtout du nez – mon odorat était soudain incroyablement aiguisé – les marchands de glaces, les boutiques de chocolat artisanal, les sandwicheries, les restaurants et les cafétérias. Les premières heures, toutefois, je n'ai pas eu de mal à ignorer ou réprimer cet instinct. En marchant sur James Street, je remarquais à quel point je me sentais légère et pleine de vie, et j'ai commencé à penser que Sybille avait raison, que c'était possible, et que la colère que je ressentais quand j'étais contrainte d'attendre avant de pouvoir manger n'était pas due à un réel besoin physiologique, mais plutôt au fait que je ne pouvais pas manger *quand moi j'avais décidé qu'il fallait que je mange*.

C'est alors que je suis tombée sur Tonino's. C'était un de mes endroits préférés à Londres, un traiteur italien avec la gamme la plus exquise de fromages, charcuteries, vins et conserves, sans parler des pains et des gâteaux. Et le pire, c'est qu'ils servaient des plats à déguster sur place, tous plus délicieux les uns que les autres.

D'un coup j'ai eu les narines, la bouche, la gorge et les poumons emplis d'une merveilleuse symphonie italienne de parfums culinaires, où la tomate et la mozzarella, le basilic et les câpres, le jambon de Parme et le vin toscan jouaient chacun leur partition. Avant que je puisse m'en rendre compte, mes pieds m'avaient portée à l'intérieur, et là s'est réveillé cet animal sauvage qui dans mes rêves laissait libre cours à sa voracité. Une aimable vendeuse, qui portait son uniforme et ses lunettes rouges avec une élégance toute milanaise, m'a alors demandé, avec un fort accent de son pays :

— *How can I help you, madam ?*

La question m'a rendue à la civilisation, même si j'étais encore dépourvue du self-control nécessaire pour l'affronter. J'ai balbutié quelques mots incohérents et je me suis tournée vers une étagère où étaient alignées des bouteilles d'huile, de vinaigre et de sauces diverses. Tandis que j'essayais de me concentrer sur l'étiquette d'un flacon de pesto génois, je me suis rappelé une phrase de Sybille : « Si tu acceptes ce qui t'arrive, quel que soit ce qui t'arrive, alors tu seras libre. »

Je me suis approchée de l'appétissant assortiment de tentations du comptoir. J'ai parcouru des yeux les succulents fromages, les rouleaux d'aubergine frite fourrés, les salamis, les olives en saumure, les *gnocchi con pesto* encore fumants… J'ai inspiré à fond, tranquillement, laissant chaque nuance aromatique se glisser jusqu'aux plus profonds recoins de mon être, cherchant, en toute conscience, à me nourrir du parfum lui-même.

Envahie par un étrange sentiment de satiété, j'ai poussé un soupir énorme qui a relégué la furie sauvage qui s'était brièvement emparée de moi à l'arrière-plan. J'ai levé les yeux et j'ai découvert la vendeuse en train de me dévisager, visiblement étonnée.

— Excusez-moi, lui ai-je dit, mais je suis à jeun et je ne peux pas manger.

— Ah, je comprends, a-t-elle répondu, l'air désolé.

Elle s'imaginait peut-être que je souffrais d'une terrible maladie. Alors une idée assez surréaliste m'a traversé l'esprit, et sans réfléchir je lui ai demandé :

— Pour profiter de cette bonne odeur, c'est combien ?

La vendeuse a eu un petit rire puis, haussant la voix, elle s'est adressée au patron, un petit homme brun à grosse moustache qui était en train de couper un morceau de parmesan.

— *Hey, Tonino, quanto facciamo pagare la signorina per odorare la lasagna ?*

Sans ciller, Tonino a répondu :

— Trois livres. Mais il me suffit d'entendre tinter les pièces !

L'homme ne manquait pas d'humour. Aussitôt dit, aussitôt fait. Très cérémonieusement, j'ai tiré trois livres de mon porte-monnaie, les ai fait tinter sur le comptoir et les ai rempochées. La vendeuse a éclaté de rire et plusieurs clients ont souri, comprenant vaguement qu'il se passait quelque chose de drôle.

— *Brava, brava*, a dit Tonino, impressionné. *Grazie signorina. Buona giornata.*

Je suis sortie du traiteur comme une alpiniste qui, confrontée à une tempête de neige en pleine ascension de l'Everest, voit soudain la cime toute proche.

— Eh voilà, Sybille, ça, c'est fait, ai-je dit tout haut.

« Grrr » a grogné mon estomac.

— T'inquiète pas, petit, lui ai-je dit en le caressant pour le faire taire, demain on revient à la normale.

Quand on n'a pas à préparer à manger, s'asseoir pour mâcher pendant de longues minutes, puis laver et ranger la vaisselle, trois fois par jour, c'est incroyable tout ce qu'on peut faire… Comme cerise sur le gâteau, j'ai décidé, en cette fin de journée, d'aller faire un tour au Natural History Museum, l'endroit qui m'avait laissé le meilleur souvenir de Londres dans mon enfance et qui m'avait de nouveau éblouie quand je l'avais revisité avec Joaquín dix ans plus tôt. Une fois de plus, je suis restée bouche bée devant ces vieilles salles pleines de rapaces empaillés, d'inquiétants spécimens d'insectes tropicaux, de papillons spectaculaires, de fossiles de coquillages préhistoriques, de météorites, de pierres précieuses, sans oublier le célèbre et inoubliable squelette de diplodocus. Mais ce qui m'a le plus impressionnée, c'est la salle des mammifères : une collection de squelettes, d'animaux empaillés et de reproductions grandeur nature des espèces les plus proches de nous, dont un lion (un chat, aurait dit Sybille), un rhinocéros, un hippopotame, une girafe, un ours, un cheval, un zèbre et un mouton, des singes et des rongeurs et, suspendus au plafond, plusieurs dauphins, orques, et baleines. Au milieu, dominant l'ensemble, une gigantesque baleine bleue, l'animal le plus grand qui ait jamais vécu sur cette Terre.

C'était un panel spectaculaire de créatures si différentes et en même temps si proches de l'être humain, des cousins et des oncles éloignés du même arbre généalogique, grands ou petits, avec ou sans poils, sauvages ou domestiqués, terrestres ou aquatiques, chacun avec son cœur et son cerveau, son regard particulier et son rythme respiratoire, ses désirs et ses peurs, ses douleurs d'enfantement et son instinct maternel, tous naissant et mourant en un cycle qui, au fil des générations, nous unit à une même origine, une même mère. J'ai senti alors ce qui doit être à l'origine des croyances religieuses, un sentiment primitif d'empathie et de fraternité, l'impression d'être en accord avec les lois naturelles de la vie.

C'est là que la guenon habillée que je suis a décidé de suivre le régime de ses ancêtres. C'est à ce moment que j'ai eu envie de ne plus « manger des animaux », comme disait Sybille. En même temps, j'ai compris qu'il n'y avait dans cette démarche rien d'impossible, à l'inverse de ce qu'avait voulu me faire croire cette autre Sara, mon reflet dans le miroir, que j'avais toujours pris au pied de la lettre. Si je pouvais être heureuse avec des fruits, de l'eau et de l'air, je savais que me passer de viande ne serait pas difficile. Et si ça, c'était possible, si ça, c'était facile, combien d'autres choses le seraient ? Si j'arrêtais de croire mon reflet, y avait-il quelque chose que je ne serais pas en mesure de faire ?

TROISIÈME PARTIE

LA NOUVELLE VIE DE SARA LEÓN

18

Libre

Cette nuit-là, j'ai fait un rêve. J'étais prise au piège dans ce qui semblait être une coquille trop petite pour moi. Angoissée, suffocante, j'essayais d'en repousser les parois dans le noir, mais malgré mes efforts elles se refermaient sur moi de plus en plus. Soudain a retenti une voix, une voix confiante et sereine, venue du dehors :

— N'oublie pas que tu es en train de rêver ! N'oublie pas que tu peux t'envoler !

C'était vrai. J'étais dans un rêve. Et par le simple fait de le réaliser, ma conscience a traversé la paroi et j'ai pu voir la scène de l'extérieur : j'étais toujours dans ma coquille, chrysalide blanche collée à la tige de l'orchidée du salon. Sybille était là aussi, qui regardait. Ou est-ce que j'étais Sybille ? Soudain je suis redevenue la créature dans la chrysalide ; je m'emplissais de force et tout à coup j'ouvrais les ailes, brisant une membrane qui se révélait fine et fragile. Baignée par la lumière du soleil, je me suis vue pour la première fois telle que je suis réellement, dans un halo, un papillon battant au ralenti ses deux immenses ailes dorées qui contenaient toute sa sagesse cryptée en signes rougeâtres étranges, hiéroglyphiques. Sybille s'est mise à jouer avec moi, dressée sur son arrière-train, essayant de m'attraper avec ses énormes pattes, et moi je voletais autour d'elle, je la narguais, je la faisais tourner sur elle-même.

— Tu avais raison, Sybille, je peux voler ! lui criais-je de ma petite voix de papillon.

— Évidemment, ma belle. Vas-y, vole, vole !

Et j'ai volé. Au-dessus des toits, des rues et des jardins, me laissant porter par un courant, puis sautant sur un autre, faisant mille cabrioles, savourant cette pure liberté de mouvement et le pouvoir de mes ailes. J'ai survolé toute la ville, mon ancienne maison à West Hampstead, l'immeuble de Netscience, Tower Bridge et les eaux de la Tamise, et même le canal qui traverse Camden Town en direction de Regent's Park, entre deux rues arborées. J'ai plané sur les rides de l'eau, entre cygnes et libellules, frôlant les herbes et les fleurs sur chaque rive, jusqu'à un bateau qui a attiré mon attention.

C'était une péniche longue et étroite, peinte en bleu et blanc, une curieuse maison flottante pour humains dans cette oasis aquatique de la ville. Sur le pont, un enfant sautillait. C'était un petit garçon blond aux cheveux frisés, dont les traits m'étaient familiers. Lui semblait tout content de me voir. Je me suis approchée de sa main en virevoltant et j'ai failli me poser sur son doigt. Mais j'étais si vibrante de joie, si pleinement heureuse que j'ai ouvert les yeux et me suis réveillée.

Ce lundi de juin, j'ai commencé ma nouvelle vie végétarienne avec un petit dé-jeûner, le bien nommé, inoubliable : des fruits frais, des tartines beurrées et de la confiture de fraise. Et, chose inédite chez moi, je me suis abstenue de café. À l'heure du déjeuner, j'ai tenu la promesse que je m'étais faite de retourner chez Tonino's, où j'ai goûté leurs spaghettis à l'avocat, huile d'olive, jus de citron et noix. Puis je suis entrée dans une librairie et je me suis acheté plusieurs livres de cuisine et de diététique végétariennes. Pour le dîner, je me suis préparé une première recette simple : un houmous à base de pois chiches en boîte, accompagné d'une salade. Et j'ai dégusté tout ça comme Sybille me l'avait enseigné, en pratiquant l'art de manger en ne faisant que manger.. J'y ai pris beaucoup de plaisir. Mon corps n'avait besoin de rien d'autre.

J'ai appris qu'il était possible de cuisiner les lentilles avec des herbes et des épices au lieu de chorizo et de jambon. J'ai adopté les fruits secs et les céréales complètes. J'ai découvert le tofu, le seitan, le tahina et la crème de cacahuètes. J'ai continué à manger des œufs et des laitages, mais en prenant garde qu'ils soient bios, produits dans des fermes qui veillaient au bien-être des animaux. Je me suis tout de suite sentie en meilleure santé, avec plus d'énergie, et surtout la conscience tranquille. Et je me suis mise à regarder les animaux d'un autre œil. Je ne saurais pas l'expliquer. Peut-être que le terme le plus juste serait celui de « complicité ».

Mon changement d'alimentation n'était toutefois pas l'essentiel. Quelque chose avait changé en Sara León.

Quelque chose d'infime et de subtil, imperceptible de l'extérieur, mais qui pour moi a fait toute la différence. J'ai commencé à remettre en question la réalité de cette femme dans la glace, qui me certifiait que je ne pouvais pas faire ceci ou cela. J'ai commencé à jouer plus et à travailler moins. J'ai commencé à croire que je pouvais sortir de la pièce emmurée. Et même plus : j'ai commencé à sentir que j'étais déjà dehors, que j'avais des ailes et que je pouvais voler.

Ce premier matin de ma nouvelle vie, à peine le petit déjeuner terminé, j'ai décidé de me mettre à écrire. Ou plutôt, je n'ai rien décidé. J'ai senti un besoin irrépressible d'allumer mon ordinateur et de me lancer. Ce faisant, je rompais un second jeûne, qui avait duré bien plus longtemps, celui-là. D'une traite, j'ai écrit la première page de mon histoire :

La première fois que je l'ai vue, elle est apparue comme par magie, comme les génies des lampes, mais sans nuage de fumée, sans musique céleste, et sans autre frottement que le ressassement de mes soucis.

J'ai écrit pendant une demi-heure. Je devais aller travailler. Mais ce furent des minutes vécues intensément. Savourées. Écrire en ne faisant qu'écrire. Quand je suis arrivée à la fin de la page, je me suis levée, électrisée. Les mots étaient là, vibrants sur l'écran, noir sur blanc. J'ai respiré à fond pour célébrer le moment et j'ai refermé le couvercle de l'ordinateur. Clac.

Cet après-midi-là, dans les bureaux de Netscience, quelque chose d'insolite s'est produit. J'étais en train de travailler sur mon ordinateur quand Wendy, la fille de la réception, est entrée, une boîte de gâteaux secs à la main.

— Qu'est-ce que c'est ? ai-je demandé.

— Des biscuits artisanaux de chez Tonino's. Ils sont mortels. Quelqu'un les a laissés à côté de la machine à café.

— Qui ça ? ai-je fait, de ma voix la plus innocente.

— C'est ça qui est drôle. C'est un mystère ! a-t-elle dit, un sourcil levé. Il y avait juste une note, style gentleman cambrioleur.

Elle m'a montré un petit papier sur lequel, une heure plus tôt, j'avais tracé les mots suivants, en prenant soin de déguiser mon écriture :

1. Eat
2. Enjoy
3. Share

« Mange, apprécie, partage ». À côté, en guise de signature, le dessin d'une patte d'animal que je trouvais très réussi.

— On dirait l'empreinte d'un chat, non ? a fait Wendy.

— Ou d'une chatte, ai-je corrigé en attrapant délicatement un biscuit. Mmm… Je ne sais pas qui est ce mystérieux félin, mais j'espère qu'on reverra le bout de sa queue par ici.

Je n'avais plus joué ce genre de tour depuis l'époque bénie où j'étais monitrice de camps de vacances.

Et l'effet de cette délicieuse énigme sur les consultants britanniques fut le même que sur des gamins espagnols de dix ans : surprise, mystère et sourires complices. Le mythe de *The Cat* était né.

Parmi les trois millions d'individus qui pullulent dans les boyaux du métro de Londres, aucun n'a remarqué l'absence, depuis ce jour, d'une de ses usagères les plus assidues. Et à la surface, personne n'a remarqué non plus cette bicyclette flambant neuve, d'un rouge doré, qui vole désormais tel un papillon depuis la City, longeant la Tamise du pont de Blackfriars à celui de Wandsworth, jusqu'à Broomhill Road. Mais pour la nouvelle cycliste – une gamine de presque quarante ans qui savoure chaque coup de pédale –, c'est un événement qui a dépassé en splendeur et en importance le mariage du prince William, une prouesse sportive plus grande que n'importe quelle épreuve des Jeux olympiques de 2012, une victoire plus décisive que celle de lord Nelson à Trafalgar.

En revanche, celle qui a eu une surprise, c'est Ivana Uzelac. Un soir, quelqu'un a glissé une enveloppe sous sa porte. Dedans, elle a trouvé une lettre, manuscrite :

Dear Mrs. Uzelac,

Je suis votre voisine d'à côté, Sara. Je suis espagnole mais je suis née à Londres. J'ai trente-neuf ans et je suis écrivain, même si le monde l'ignore encore. Je vis avec ma chatte Sybille, je crois que vous avez eu l'occasion de la rencontrer : elle a un poil court et doré.

Je voulais m'excuser pour le dérangement que j'ai pu vous causer en faisant du bruit.

Si vous avez besoin de quoi que ce soit, n'hésitez pas à me le demander.

Best regards.

SARA

Un moment plus tard, alors que je faisais des étirements sur mon tapis, j'ai entendu la porte de ma voisine s'ouvrir et j'ai vu apparaître sous la mienne le coin d'une petite enveloppe, couleur crème. Sur un papier plié en quatre, quelques lignes dans un anglais peu orthodoxe étaient tracées de la plus belle écriture que j'aie jamais vue :

Dear Sara,

Merci pour lettre. Mes excuses si je brusque parfois. Je demande pardon à Dieu et la Vierge. J'ai eu accident. Malade d'hyperacousie. Je supporte pas bruit. Tous les sons pour moi trop forts. J'ai colère, pas contrôlable.

L'accident a brûlé mon visage. Défigurée, je sors pas beaucoup de maison.

Je aussi écrivain, mais en calligraphie.

Ta chatte a beaucoup de sagesse.

Sois bénie.

IVANA

J'ai compris alors combien je m'étais trompée sur cette femme, combien ma peur et l'image que je m'étais construite d'elle étaient absurdes et j'ai eu honte. Sybille avait raison : la réalité, en l'occurrence, était très loin de ce que j'avais cru voir.

J'ai senti que mon cœur s'épanouissait : il venait d'accueillir non seulement Ivana mais bien d'autres gens, inconnus encore, que plus jamais je ne jugerais à première vue. Il s'ouvrait aussi à des personnes plus proches, auxquelles il était fermé depuis longtemps.

— Oui ?

— Salut, c'est moi.

— Ah, salut frangine. Je te passe papa.

— Non, attends. C'est à toi que je voulais parler.

— Ah bon ?

— Écoute, Álvaro... je voulais te demander pardon. Je pense que je me suis mal conduite envers toi ces derniers temps. Enfin, quand je dis ces derniers temps... depuis pas mal de temps en fait.

Il y a eu un silence à l'autre bout de la ligne.

— Tu es toujours là ?

— Oui... oui.

— Tu as raison à propos de certaines choses. Tu... tu t'es occupé de soutenir papa pendant toutes ces années et moi j'étais loin, dans mon petit monde, toujours prise... Peut-être qu'on n'a pas la même façon de voir les choses, souvent, mais c'est toi qui étais là pour prendre les décisions. Et je suis mal placée pour critiquer.

— Pff. Bon, il ne faut pas exagérer non plus. Je sais bien que... je n'ai pas assuré. J'aurais dû te parler de l'hypothèque sur la maison. Ça n'a pas été une de mes meilleures idées.

— Oui, c'est vrai, ce n'était pas une idée lumineuse.

J'étais contente qu'il le reconnaisse. Álvaro a ri, avant de reprendre :

— Comme cette fois où j'ai lâché le frein à main de Rossinante II sur cette pente, au Portugal…

Le souvenir de ce moment de frayeur m'est revenu, avec l'image du camping-car se mettant à dévaler la côte en marche arrière, droit sur un précipice vertigineux. Tout tremblait et tressautait à l'intérieur du véhicule ; des cartes, des verres en plastique, des fiches de domino tombaient par terre à cause des trépidations et de l'inclinaison, et mes parents, tirés de leur sieste, se précipitaient, affolés, à moitié nus. C'est là qu'à douze ans j'ai connu mon premier grand moment d'héroïsme, quand j'ai eu la présence d'esprit de tirer à deux mains sur le frein, de toutes mes forces, jusqu'à ce que le camping-car, lancé dans sa course folle, s'arrête. Un mètre de plus et on y passait tous les quatre. Je crois que c'est de là que vient ma phobie des hauteurs.

— Oui, dans le genre, c'était pas mal, ai-je gloussé.

— Merci de nous avoir sortis de la panade une fois de plus, frangine.

— De rien, ai-je dit. Fallait bien faire quelque chose.

Puis Álvaro m'a parlé de l'organisation du déménagement. Mais je ne l'écoutais plus, parce que m'était venue une idée absurde, grandiose, donquichottesque.

— Dis donc, vous l'avez vendu finalement ? l'ai-je coupé.

— Quoi ?

— Rossinante II.

— Non. Deux, trois types sont venus le voir, mais la carrosserie est plus que limite et on n'avait pas eu le temps de bien nettoyer à l'intérieur. Je ne crois pas qu'on puisse en tirer plus de trois mille. Si on ne trouve pas d'acheteur, il faudra le conduire à la casse, parce qu'on n'aura nulle part où le garer près de chez toi.

— Mais le moteur, il tient la route ?

— J'en sais rien. Si tu demandes à papa, il te dira qu'il est comme neuf. J'y connais rien, moi, en mécanique. Il faudrait le tester.

— On le fait ?

— Quoi ?

— Partir en voyage avec.

— Hein ?

— Revoir les Pics. Retourner à Fuente Dé !

Rien que d'en parler, j'en avais la chair de poule.

— Tu es sérieuse ?

— Bien sûr. Après le déménagement. J'avais gardé une semaine pour faire le chemin de Saint-Jacques, mais ça, c'est bien mieux. Le dernier voyage de Rossinante II !

— Mais tu crois que papa sera…

— C'est son rêve ! Il en parle depuis des années. Et on pourra toujours se relayer pour conduire. Si tu promets de te souvenir de l'existence du frein à main.

— Ah ah ah, elle est bonne !

19

Le dernier voyage de Rossinante II

Deux semaines plus tard, j'atterrissais à l'aéroport de Barajas avec ma valise et, pour la première fois depuis presque cinq mois, je me retrouvais sans ma chère petite féline. J'avais essayé de convaincre Sybille de m'accompagner, mais elle a refusé catégoriquement :

« Voler, c'est bon pour les oiseaux. Moi, je reste ici, sur mon territoire. »

Mon père, qui est venu me chercher avec mon frère, m'a expliqué dans la voiture qu'il avait été obligé de vendre la moitié de son immense bibliothèque à Luismi, un ami à lui qui achetait et revendait des livres d'occasion.

— Tu sais quoi ? (En me convainquant, il se convainquait lui-même.) Tant mieux !! Comme ça, j'ai pu faire le tri. J'ai gardé les livres de poésie de ta mère, ceux qu'on lui a dédicacés et ceux qui valent vraiment le coup. De toute façon, à ce stade, je n'aurais jamais eu le temps de tous les lire, et puis je préfère me replonger dans les classiques : Shakespeare, Cervantès, Dante, Tolstoï, Platon… Il ne m'en faut pas plus.

— Oui, mais Luismi aurait pu t'en donner un peu plus que cinq cents euros, vu la quantité qu'il a emportée, a râlé Álvaro.

— Il faut encore qu'il les vende. Et tu sais comment vont les affaires en ce moment. Heureusement que je n'ai plus à m'occuper de tout ça. Fini ! Je ne veux plus en entendre parler.

J'ai félicité mon père d'avoir su se séparer de ses précieux bouquins, qu'il avait collectionnés, classés, rangés et chéris pendant tant d'années. Mais je n'ai pu m'empêcher de frissonner quand j'ai vu de mes propres yeux les rayonnages du salon, du bureau et des couloirs à moitié vides et poussiéreux. Le lendemain, ça n'a pas été facile de voir l'équipe des déménageurs professionnels démonter si vite le décor dans lequel Álvaro et moi avions grandi, laissant sur les murs des ombres jaunies à la place des photos et des cadres, emballant la vaisselle, roulant les tapis, démontant les canapés, emportant tout dans des cartons jusqu'à l'énorme camion qu'ils avaient garé devant la porte. Un vrai pillage. Lorsque nous avons fait un dernier tour dans les pièces vides, où l'écho de nos pas résonnait étrangement, puis dans le jardin, avec sa piscine vide et son trampoline cassé, je sais – sans qu'il ait été nécessaire que nous nous le disions – que tous les trois, nous avons eu la sensation d'abandonner là l'esprit de ma mère.

Heureusement qu'il nous restait Rossinante II comme trace de notre passé. Notre cher camping-car non seulement a démarré mais donnait même l'impression d'être dans une forme éblouissante. Comment ne pas reprendre du poil de la bête dans ce vieux mastodonte ? Nous avons quitté Mirasierra dans un boucan pas possible, mon père maniant le puissant klaxon du Volkswagen tandis que par la fenêtre nous criions des au revoir à tue-tête.

— Bah, de toute façon, on n'a jamais été chez nous, ici, a asséné mon père en frottant sa barbe blanche. C'est votre mère qui avait insisté pour qu'on vienne s'installer ici ; les maisons lui rappelaient celles de Londres, avec leur jardinet. Mais ça a toujours été un quartier de bourgeois !

Nous avons mis quatre ou cinq jours à déballer les cartons, monter les quelques meubles qui restaient, nettoyer, ranger et tout installer pour la nouvelle vie de mon père et d'Álvaro. En les voyant se démener ensemble, tous les deux, j'ai remarqué pour la première fois combien ils se ressemblaient. Álvaro était en train de prendre la même bedaine et, même s'il ne s'était jamais laissé pousser la barbe, à trente-cinq ans il portait toujours la queue-de-cheval. Avec l'âge, il se mettait à avoir le même air placide et débonnaire que mon père.

J'ai profité de la semaine pour voir mes trois meilleures amies, séparément, puis ensemble. Un soir, nous avons organisé un dîner chez Vero pour nous raconter en détail les nouveautés de ces derniers mois. Je les ai impressionnées. Le roman que j'écrivais, mon régime végétarien, mes exercices de yoga et de méditation, la relation épistolaire que j'avais entamée avec mon étrange voisine Ivana… Vero se demandait presque si ma rupture avec Joaquín ne m'avait pas rendue un peu barjo. Et pourtant, je m'étais abstenue de mentionner la véritable instigatrice de ces changements : mes amies le liraient bien assez tôt dans mon roman, si je le publiais un jour.

Enfin, la famille León s'est préparée à partir pour Fuente Dé. Le voyage a commencé aux aurores, non pas tant pour éviter les embouteillages que par tradition. Lorsque notre bon vieux Rossinante II a pris la route de Burgos, Álvaro au volant, mon père à côté de lui et moi sur la banquette arrière, j'ai eu l'impression d'un voyage dans le temps.

Mon frère avait retrouvé tout un tas de cassettes de l'époque, et certaines d'entre elles, miraculeusement, fonctionnaient encore. Nous avons repris en chœur des chansons de Perales, de Aute, de Mina, de Brassens et même des Machucambos.

Ce furent des jours merveilleux. Comme autrefois, nous nous sommes d'abord arrêtés à León, à cause de notre patronyme (même si rien ne permet de dire que notre famille ait eu un lien quelconque avec cette ville). Nous avons déjeuné dans un restaurant de l'élégante Plaza Mayor, puis nous avons continué jusqu'aux Asturies, où nous avons passé deux jours sur la côte, à nous baigner et à bronzer sur ces plages merveilleuses que ma mère aimait tant.

Constamment, l'un de nous rappelait aux deux autres l'une des mille anecdotes de nos périples en Espagne, au Portugal et dans toute l'Europe, et même dans le Nord de l'Afrique. La fois où nous avions été invités à un mariage, dans un village marocain, et que mon père s'était glissé dans la fête des femmes parce que, d'après lui, celle des hommes était beaucoup trop rasoir. La panne qui nous était tombée dessus en France, dans la ville du Mans, juste pendant les 24 heures, et nos difficultés pour y dégoter un mécanicien. L'accident bénin que nous avions eu en Italie, et comment nous avions cru que deux ou trois des passagers de l'autre voiture étaient morts jusqu'à ce que nous réalisions que ce qui ressemblait à du sang était en fait de la sauce tomate renversée.

Enfin, nous avons gravi la montagne, en passant par Panes, Potes et d'autres lieux-dits qui indiquaient tous que Fuente Dé n'était plus loin. Au fur et à mesure que nous approchions, les conversations se faisaient plus rares et chacun devenait songeur. Le dernier tronçon, une route étroite et sinueuse entre des ravins vertigineux, nous l'avons parcouru en silence. Quand finalement nous sommes entrés dans la vallée, nous avons pu nous rendre compte que, si dans le monde extérieur les Tours jumelles s'étaient effondrées et Internet était né, là, au cœur des Pics, tout était resté absolument identique. Le cirque de Fuente Dé était toujours aussi majestueux. Même le camping, niché au sein d'une forêt d'arbres touffus, n'avait pas changé. Juste comme dans nos souvenirs.

Nous avons garé Rossinante II près de la réception et éteint le moteur. De sa paume ouverte, mon père a donné deux petits coups sur le tableau de bord :

— Bravo, Rossinante.

Nous sommes sortis, saisis par la vue et par l'air pur de la montagne. Nous étions arrivés.

Ce que nous n'avions pas prévu, c'est que Rossinante II refuserait de redémarrer. Le propriétaire du camping, Rafa, était bon mécanicien, et selon lui le moteur était mort. Mais comme il pouvait faire usage de l'habitacle en le louant à des hôtes, il nous en a donné cinq cents euros, de quoi payer notre voyage de retour en bus et en train. En attendant, il l'a remorqué dans un coin agréable, à l'ombre de hêtres, et c'est là que nous avons passé les trois jours qui nous restaient.

Pendant la journée, Álvaro et moi faisions de longues promenades pendant que notre père restait à lire et à essayer de fourguer les livres qu'il avait apportés pour l'occasion, comme au bon vieux temps. Avec ses dons de vendeur, il a même essayé de me trouver un fiancé.

— J'ai quelqu'un pour toi, Sara. Il est de Pampelune. Un type bien. Il a lu Kundera. Je lui ai parlé de toi.

— Papa, je t'en prie !

— Et plutôt beau gosse, avec ça. Pas autant que ton père, bien sûr, mais il n'est pas mal du tout, ce garçon.

— Je ne suis pas venue ici pour trouver un mec.

En fait, je n'aurais pas pu nier que je lorgnais un peu certains randonneurs quand ils allaient aux douches en short et tee-shirt.

C'était la première fois depuis des lustres que nous passions autant d'heures ensemble, mon frère et moi, seuls tous les deux. Le troisième jour, j'ai passé outre mon vertige et nous avons emprunté le téléphérique pour nous promener sur les hauteurs entourées de pics et d'énormes blocs de granit.

Tout petits dans ce panorama de roches démesurées, nous avons marché pendant plusieurs heures, admirant la magie des paysages, échangeant quelques rares propos. À une intersection, un homme âgé avec une petite fourgonnette, qui vendait des cartes postales, à boire et à manger, nous a appris qu'il n'y avait plus que cinq minutes jusqu'au téléphérique.

— Il est quelle heure ? a demandé Álvaro.

J'ai regardé ma montre : 19 h 30. Le téléphérique fermait à 20 heures.

— On a vingt minutes. On reste un peu pour voir la vue ?

Nous nous sommes approchés de la falaise : à nos pieds s'étendait une vue spectaculaire de pics. Nous avons posé les sacs à dos par terre et nous nous sommes allongés dans l'herbe, fourbus.

— Alors, comment tu te sens ? a lâché Álvaro au bout de quelques minutes. Depuis Joaquín, je veux dire.

— Mieux, ai-je répondu, les yeux perdus dans le grand vide devant moi. Maintenant, beaucoup mieux. Au début, ça a été horrible ; j'avais perdu trop de choses en même temps. Le pire, c'était que la personne que j'aimais le plus trahisse ma confiance. Du coup, je ne croyais plus en rien ni en personne.

— Oui, je comprends. Tu sais... je suis désolé d'avoir été aussi brusque avec toi quand tu nous l'as annoncé. J'étais super mal avec tout ce qu'il se passait avec la librairie et...

— Je sais, Álvaro, c'est rien. Mais merci quand même.

Nous sommes restés là à regarder les couleurs de la tombée du jour. Le soleil s'était déjà caché derrière la montagne et teintait les petits nuages d'un rouge orangé.

— Et toi, ai-je demandé, comment tu vas ?

Álvaro a serré ses genoux repliés dans ses bras et a soupiré :

— Pas trop bien, à vrai dire. Je ne sais pas où je vais, dans ma vie.

— Bienvenue au club.

— Tu parles. Toi, tu as toujours su quoi faire. Le raté officiel, c'est moi.

— Ne crois pas ça. Ma vie a été plutôt désastreuse ces dernières années, et ce n'était pas la faute de Joaquín, mais la mienne. Avec tout ce stress, dans mon couple, dans mon travail, je m'étais perdue. Et là, j'essaie de retrouver mon chemin.

— Si tu considères que ta vie est désastreuse, je me demande ce que je devrais penser de la mienne. Je n'ai fait que me planter. Je n'ai pas été fichu de finir mes études et maintenant qu'on n'a plus la librairie, je me retrouve sans boulot et je n'ai aucune idée de ce que je vais bien pouvoir faire… Si tu as une idée, je suis preneur…

Ça faisait bien longtemps que mon petit frère ne m'avait pas sollicitée pour un conseil… Que lui dire ? Qu'aurait dit Sybille ?

— Tu sais quoi ? J'ai une amie d'une grande sagesse qui dit toujours que le mieux, c'est d'oublier le passé et l'avenir et de ne garder que ce qui existe :

le présent. Et là, tout de suite, ici à Fuente Dé, je pense que nous sommes en train de faire quelque chose de bien, toi et moi…

— Une amie d'une grande sagesse ? Ça me plaît. Tu pourrais me la présenter un de ces quatre. Elle est mignonne ?

— Eh bien… oui. À sa manière. Disons qu'elle est assez sensuelle, comme minette. Mais laisse tomber, tu n'es pas son genre.

— Oui, évidemment, elle est beaucoup trop maligne pour s'intéresser à un type comme moi. Au fait, pour revenir au présent, justement, il est quelle heure ?

— 19 h 30.

— Ah, OK.

Soudain, nos cœurs ont bondi.

— Comment ça, 19 h 30 !

Álvaro a sauté sur ses pieds.

— C'est pas vrai ! ai-je gémi en attrapant mon sac. Ma montre a dû s'arrêter.

Nous avons dévalé la côte aussi vite que possible, sous un ciel qui noircissait à vue d'œil. En arrivant à la cabane du téléphérique, nous l'avons trouvée vide et silencieuse, manifestement fermée. Nous sommes restés plantés là une longue minute, à contempler les gros câbles métalliques immobiles.

— Qu'est-ce qu'on fait maintenant ? me suis-je lamentée. On ne peut pas rester ici toute la nuit !

La température chutait rapidement, et nous n'avions que de légers cirés.

— On dirait que tu as raison, frangine : toi aussi, tu peux être un désastre. Comment c'est possible que ta montre s'arrête juste maintenant ?

— Qu'est-ce qu'on fait ?

— Mon portable ne passe pas. Peut-être qu'on peut tomber sur un groupe de randonneurs avec des tentes… Attends ! Et le type des cartes postales ?

Nous nous sommes remis à courir comme des dératés en sens inverse, remontant la pente vers le croisement, redoutant de le trouver aussi vide que la station de téléphérique.

De loin, nous avons distingué la silhouette de la fourgonnette prête à partir, sa marchandise déjà chargée et recouverte d'une bâche bleue.

— Eh, oh !

Nous hurlions en chœur tout en agitant les bras au-dessus de la tête.

— Attendez ! Monsieur !

L'homme est sorti de son véhicule, une sorte de tricycle motorisé avec une plateforme de chargement. Dans la cabine, sa femme attendait. Quand nous lui avons expliqué la situation, il nous a dit :

— J'aimerais vous aider, mais comment ? Ici, y a de la place que pour deux. Et derrière, c'est chargé à bloc…

— Il doit bien y avoir un moyen, a fait Álvaro. Attendez, et si on s'assoit là, sur la porte ?

Álvaro a grimpé à l'arrière et s'est accroupi sur ce qui ressemblait à une porte métallique, se calant contre les caisses de sodas et de barres chocolatées et s'accrochant à la bâche et à la porte, un pied en appui contre une petite tablette. L'homme l'a regardé sans rien dire, l'air sceptique.

— Álvaro, tu es dingue ? ai-je lancé, paniquée.

Il était hors de question que je monte là-dessus.

J'ai visualisé très nettement cette boîte de conserve à roulettes dévalant à pleins gaz la route de montagne bordée de précipices et nous deux rebondissant à l'arrière, manquant à tout moment de finir dans le ravin. J'en avais le vertige d'avance.

— C'est faisable, Sara, m'a assuré mon frère. Viens.

— Pas question. Oublie ça.

— On peut le faire. Allez, monte.

— Non !

— Mais si, viens. Si on voit que c'est trop dangereux, on descendra. Mais on essaie, au moins.

— Décidez-vous, moi je dois y aller, a dit l'homme en remontant dans sa cabine.

J'étais paralysée par la panique. Je pouvais presque entendre Sybille me dire de ne pas oublier de respirer. J'ai essayé de porter mon attention sur mon corps épuisé, mes pieds endoloris, sur la terre sous eux, sur la couleur bleutée du firmament, les premières étoiles, l'ombre des pics, l'air froid, ma tête tourmentée, la peur, le présent.

J'ai regardé mon frère. Je l'ai regardé dans les yeux. Et j'ai compris qu'à ce moment, ici et maintenant, il me demandait de lui donner ma confiance, de m'en remettre à sa capacité de discernement, l'occasion pour lui de prouver qu'il pouvait sortir sa grande sœur du désastre dans lequel elle les avait fourrés. Il me le demandait, lui, et les montagnes aussi me le demandaient. Le moment me le demandait.

— Voilà, c'est ça, a-t-il fait en attrapant ma main.

Je me suis assise comme j'ai pu, faisant mon possible pour maîtriser ma terreur et m'agrippant de toutes mes forces à la porte métallique glacée et à la bâche.

Le véhicule a démarré. Ce truc vous secouait plus qu'un tremblement de terre. Mon cœur battait à mille à l'heure. J'ai cru mourir du vertige anticipé qui m'envahissait. « Ne tombe pas dans le ravin avant d'y tomber », m'aurait dit Sybille. « Ne tombe pas dans le ravin avant d'y tomber », me répétais-je. « Ne tombe pas… »

— Non, ce n'était pas le radeau…, m'a crié Álvaro par-dessus le vacarme du moteur, le frottement des roues sur les pierres et le boucan de la marchandise qui brinquebalait à l'intérieur.

— Quoi ? ai-je hurlé à mon tour, croyant avoir mal entendu.

— De la Méduseuhh ce bateau…

Il était en train de chanter. L'une des chansons de Brassens que nous avions l'habitude d'entonner sur la route.

— Qu'on se le dise au fond des ports. Dise au fond des pooorts.

Il chantait avec le calme d'un marin cramponné au mât de son bateau en pleine tempête. Un drôle de loustic, mon frère. Il a réussi à m'arracher un sourire et j'ai fini par me joindre à lui :

— Il naviguait en père peinard, sur la grand mare des canards, et s'appelait les Copains d'abord, les Copains d'aboooord !

En fait, et comme tant d'autres fois, ma peur avait été disproportionnée. Le chemin de retour ne descendait pas à pic au bord du ravin comme je me l'étais imaginé, il serpentait en lacets entre des alpages où paissaient des vaches et une vue sur la mer encore éclairée par les dernières lueurs du jour.

Malgré tout, nous sommes arrivés au camping nauséeux et épuisés, les bras raidis de s'être tant agrippés, les fesses déformées d'avoir tant rebondi contre cette satanée porte.

Quand mon père, qui lisait Proust sur un pliant près de Rossinante II, nous a vus arriver, il s'est mis à rire.

— Qu'est-ce que vous avez fichu ? Vous avez l'air de bonshommes de sable !

J'ai regardé Álvaro à la lumière des lampadaires du camping : il était couvert de poussière sableuse, de ses chaussures de marche jusqu'aux cheveux. J'ai explosé de rire et lui aussi, parce que je devais avoir le même aspect. Nous avons été pris d'une telle crise d'hilarité, et nous étions si crevés et si contents de nous en être tirés à bon compte que nous avons fini par nous rouler par terre, sous les yeux perplexes de mon père.

Ce soir-là, après une douche divine et un dîner enjoué passé à raconter notre mésaventure, j'ai fait une courte promenade à l'écart des lumières du camping, jusqu'à une clairière d'où on pouvait voir le ciel étoilé et la voie lactée jaillissant de l'ombre de la montagne comme une cascade d'eau lumineuse. J'avais l'impression de flotter au milieu de l'univers. D'ailleurs, comme me l'aurait sans doute rappelé Sybille, je flottais effectivement au milieu de l'univers.

Je suis restée un moment à regarder l'infini par la fenêtre du ciel. J'ai pensé alors à ma mère. Elle adorait les nuits comme celle-là ! « Profitez-en, mes poussins, nous disait-elle, emplissez-vous les yeux de cette beauté. » Elle fumait une cigarette, impériale dans sa chaise longue. Ou elle sortait l'un de ses livres de poèmes et nous berçait des mots de Walt Whitman ou Miguel Hernández.

En réalité, ce voyage était une sorte de tribut à ma mère. C'était son amour de la nature qui réussissait à sortir mon père de la ville, c'était son désir de liberté qui avait été à l'origine de l'achat des Rossinante successifs, c'était son intuition qui la faisait choisir les parcours, les destinations, les moments pour s'arrêter et ceux pour continuer. Ce dernier périple de notre vieux camping-car était un pèlerinage sur l'un de ses itinéraires favoris, jusqu'à son site préféré. Un hommage.

Pourtant, nous l'avions à peine mentionnée. Quand elle faisait irruption dans la conversation ou quand un détail nous la rappelait avec force, nous nous taisions. À présent, dans le silence de la nuit, je la cherchais parmi les étoiles.

Une conversation que j'avais eue avec Sybille m'est revenue en tête. C'était la première nuit d'été où il faisait chaud à Londres, et la chatte m'avait invitée sur son toit. Je n'avais pas osé sortir complètement, mais j'avais passé la tête par le Velux et je m'étais accoudée sur les tuiles, pour contempler les lumières et le ciel au-dessus de la ville. Sybille parlait des anciens Égyptiens et du fait qu'ils enterraient parfois leurs chats auprès des défunts, et je lui avais alors demandé ce que pensaient les chats de la vie après la mort.

« Hmm. Les humains se compliquent beaucoup la vie avec ça, je trouve. La réalité est bien plus simple. En même temps, les mots de toutes les langues humaines ne suffiraient pas à l'expliquer.

— D'après toi, toutes ces croyances à propos du paradis, de la réincarnation ou des esprits sont fausses ?

— Ce n'est pas tant vos croyances sur la vie après la mort, le problème. Le problème, c'est votre croyance en la mort.

— Comment ça ? Comment ne pas croire à la mort ? Tout meurt. Une plante, un chat, un humain. À la fin, nous disparaissons tous. Ma mère, qui était là, ne l'est plus.

— Bien sûr que si, elle est là. Dans l'univers, rien ne disparaît, de même que rien n'apparaît. Tout est là, mais tout change de forme. Cette ville immense était un petit village il n'y a pas si longtemps, et avant ça, ici, il n'y avait que des forêts. Un jour, la ville tout entière disparaîtra de nouveau. Et pourtant la matière qui fait ses édifices, ses ponts et ses routes existera toujours, comme elle existait avant que les Romains posent les premières pierres. »

Sybille a grimpé au faîte du toit et sa silhouette noire s'est découpée sur le ciel étoilé.

« Même si on ne le dirait pas, la planète bouge dans l'espace à une vitesse vertigineuse, et dans chaque particule de poussière il y a des univers entiers en mouvement. Toujours, et sans exception, tout change, bouge, tourne, danse. C'est magique. De l'étoile naît une planète. De la planète naissent la terre et l'eau. De la terre et l'eau surgissent un arbre, le vol de l'oiseau et le chant du loup. Puis arrivent les humains avec leur science qui proclame que l'étoile et la planète sont mortes, que la terre n'a pas de vie, que l'eau est matière et non esprit. Quel sens donner à ces mots ?

La terre d'où est sorti le fruit qui fait maintenant partie de toi ne serait donc plus vivante ? Quand ton corps se désintégrera et retournera au vent, au fleuve, à la terre, pour devenir fleur ou scarabée ou, avec un peu de chance, chatte, est-ce qu'il ne sera pas toujours vivant ? »

En quelques pas, Sybille m'a rejointe.

« Bref, a-t-elle conclu, ce n'est pas la peine de chercher midi à quatorze heures. Respire, sens, observe. Tout ce que tu as besoin de savoir est là. »

En cette première nuit d'été à Londres, je n'avais pas vraiment compris ce que Sybille cherchait à me dire. Mais ici, à Fuente Dé, ses mots prenaient sens, au milieu des arbres, des oiseaux, des loups, sous ce ciel qui me permettait d'embrasser la moitié de l'univers d'un seul coup d'œil.

J'ai respiré. J'ai laissé le scintillement des étoiles pleuvoir sur moi, après leur long voyage dans l'espace. Et j'ai senti que ma mère était là. Dans la lumière et dans l'obscurité. Dans l'air et sur la terre. Dans la sagesse de la chatte. En moi.

Alors j'ai eu soudain le besoin impérieux de revenir au camping. J'avais une idée. Une lubie romantique. Ou peut-être simplement un désir que ma mère, en moi, a voulu exprimer.

Mon père et Álvaro venaient de se servir un whisky sous les étoiles.

— Vus ! ai-je fait.

— Tu en veux un ? a dit Álvaro.

— D'accord, mais c'est moi qui choisis à quoi on trinque.

Il m'a tendu une sorte de gobelet en plastique rouge

des années quatre-vingt, après quoi j'ai cherché dans mon smartphone quelques-uns des vers fétiches de ma mère, qui l'avaient tant envoûtée, et nous aussi, par sa voix à elle. Je me suis redressée comme elle le faisait, je me suis imaginée une cigarette à la main, et j'ai lu :

Les peupliers d'argent
S'inclinent au-dessus de l'eau.
Ils savent tout mais ne parleront jamais.

Dès les premiers mots, les yeux d'Álvaro et de mon père se sont emplis de larmes. Ce poème de Federico García Lorca, ma mère nous l'avait lu à cet endroit même, des années auparavant. Avec ces vers, je l'invoquais, et le mystère de sa mort et de sa présence s'ajoutait maintenant à tout ce que les peupliers ne disaient pas. Ma voix s'est brisée. Mais la suite du poème m'a donné la force de continuer :

L'iris de la fontaine
Ne crie pas sa tristesse.
Tout est plus digne que l'Humanité !

Pour la première fois, j'en comprenais vraiment le sens. Après avoir souffert et perdu, gémi et pleuré, je me confrontais à la sagesse et à la dignité de la nature à travers une chatte qui pouvait être fière de moi.

La science du silence face au ciel étoilé
Seuls la fleur et l'insecte la possèdent.
La science des chants pour les chants appartient

Aux bois frémissants
Et aux flots de la mer.
Le silence profond de la vie sur Terre,
C'est la rose qui nous l'enseigne
Au rosier épanouie.

Nous étions venus jusqu'à Fuente Dé pour ça. Nous le savions tous les trois.

Il faut répandre le parfum
Que recèlent nos âmes !
Il faut être tout chants,
Toute lumière et bonté.
Il faut s'ouvrir entier
Face à la nuit noire
Pour nous emplir d'immortelle rosée !

J'ai senti que c'était ce que je faisais : j'apprenais l'art d'aimer dont m'avait parlé Sybille. Je commençais à retrouver ma route, à grandir, à devenir moi-même. À éclore.

Il faut coucher le corps
Dans notre âme inquiète !
Aveugler nos yeux d'une lueur d'au-delà,
À l'ombre de nos cœurs,
Et arracher les étoiles que nous offre Satan.

Il faut être comme l'arbre
Constamment en prière
Comme l'eau de la rivière
Fixe en l'éternité !

Mon père a pris ma main dans les siennes et l'a caressée doucement.

Il faut se griffer l'âme de nos serres de tristesse
Pour qu'y entrent les flammes
De l'horizon astral !

J'étais avec ma mère. Et je savais à présent que jamais elle ne me quitterait. Simplement parce que c'était impossible. Elle était là, avec moi, maintenant et toujours, comme les étoiles qui, qu'on les voie ou non, continuent à tourner autour de nos vies.

Dans l'ombre de l'amour meurtri jaillirait
Une source d'aurore
Paisible et maternelle.
Des villes dans le vent disparaîtraient.
Et Dieu sur un nuage
Nous verrions passer.

J'ai posé mon portable sur la table près des trois verres intacts. Mon père s'est levé et m'a prise dans ses bras, bientôt rejoint par Álvaro. Et nous sommes restés tous trois enlacés sous les étoiles qui tournaient depuis la nuit des temps.

20

Féline

J'ai emporté à Londres le mystère de Fuente Dé. Chaque matin, à peine levée, je prenais vingt minutes pour observer ma respiration et, à travers elle, le moment présent. Je savais maintenant que ce n'était pas qu'une simple pratique d'hygiène mentale, loin de là. C'était entrer en contact avec la réalité, cette réalité que j'avais appréhendée sous les étoiles aux Pics d'Europe. Une réalité changeante et éternelle, qui ne peut être réduite aux paroles humaines. La réalité merveilleuse de mon existence physique, ma matière spirituelle, mon énergie animale. La réalité de mes petits problèmes et de mes petites joies face à l'immensité de l'univers. Jour après jour s'éveillait peu à peu une partie de moi qui se sentait infiniment libre, puissante, sage, belle ; en un mot : féline.

Et c'est en féline que cette Sara savourait son petit déjeuner et faisait sa toilette, puis consacrait une demi-heure à l'écriture, à jouer à être écrivain, et donc à l'être, même si elle avait une autre activité pour payer ses factures. Elle traversait ensuite la ville à bicyclette, pleinement consciente de la force et de la vitalité de son corps en mouvement.

Chez Netscience, The Cat continuait à faire des siennes, presque quotidiennement, tandis que Sara, secret alter ego de ce mystérieux personnage de plus en plus célèbre, surprenait ses collègues par sa bonne humeur, sa créativité et son esprit d'initiative – sans parler de sa nouvelle coupe de cheveux : un carré un peu décoiffé avec des reflets auburn. Sur les tableaux des salles de réunion apparaissaient des messages énigmatiques (« N'oublie pas de respirer »), des citations loufoques ou des gribouillages bon enfant, toujours signés de la fameuse empreinte. Un jour, Lise Anderssen, une chef comptable suédoise très compétente mais un brin austère, a trouvé un magnifique bouquet de fleurs sur son bureau. Jamais on ne lui avait vu un tel sourire. Le bouquet était accompagné d'un mot qui disait :

1. Profite de ces fleurs pendant 1/4 d'heure.
2. Offre-les ensuite à un ou une collègue que tu as envie de remercier ou de féliciter pour une raison particulière, ou simplement pour voir sa tête !
3. Dis-lui de faire pareil.

Toute la journée, les fleurs ont voyagé de bureau en bureau, y compris au département finance, donnant lieu à bien des conjectures et des scènes cocasses, comme quand Grey a remis le bouquet, à genoux, au chef des ventes avec lequel il est toujours à couteaux tirés.

The Cat frappait aussi par mail, toujours depuis l'adresse thecat@officecat.com. Par exemple, il donnait rendez-vous à certains membres du personnel, tous services confondus, pour un pique-nique en plein air, avec un message de ce genre :

Youpi, le soleil est sorti ! C'est le moment de prendre l'air, de se retrouver entre gens sympathiques et de célébrer la vie. Rendez-vous à 12 h 30 dans le hall d'entrée. Si pour une raison ou pour une autre, tu ne peux pas venir, offre cette invitation à la personne la plus proche.

Évidemment, Sara León était convoquée, et pendant que nous dégustions nos sandwichs dans les jardins de la cathédrale Saint Paul, je prenais un malin plaisir à spéculer avec les autres sur ce mystérieux Cat : qui pouvait-il être ? Pourquoi avait-il convoqué précisément ces personnes-là ? Quel serait son prochain coup ?

Puis The Cat s'est mis à réunir le personnel pour des séances éclair de « Cat Yoga » dans la salle commune. Ou pour un concours d'avions en papier dans le couloir. Ou pour une salve d'applaudissements surprise destinée à féliciter l'un d'entre nous pour un travail particulièrement réussi. Le plus beau, c'est que The Cat a commencé à recevoir des mails à son adresse personnelle avec de nouvelles idées du même acabit. Grey lui-même, qui récupérait un peu de son entrain d'antan, a fait des propositions, dont la célébration d'un Pirate Day qui lui permettrait de ressortir son cher déguisement et le portrait de son prétendu ancêtre.

Ils ne m'ont prise qu'une seule fois la patte dans le sac. Je venais de déposer une assiette de biscuits et un pot de Nutella sur la table d'une salle où allait avoir lieu une réunion avec un nouveau client. J'étais en train de dessiner la célèbre empreinte sur l'un des biscuits avec la pâte à tartiner quand Phil a fait irruption dans la pièce.

— Qu'est-ce que tu fabriques ? a-t-il lâché, intrigué.

Ma réponse a fusé.

— The Cat m'a chargée d'une mission.

— Une mission ? Il donne des missions, maintenant ?

J'ai bien vu que l'idée l'enchantait. Il n'a pas mis en doute ma réponse un seul instant. Et bien sûr, j'ai veillé à ce qu'il soit l'un des premiers à en recevoir une, de « mission » : installer des haut-parleurs pour accueillir en fanfare, avec la musique du *Seigneur des anneaux*, un groupe de vendeurs qui rentraient d'une réunion importante à Bruxelles.

À mon retour d'Espagne, Sybille ne me parlait plus autant qu'avant. Elle pensait sans doute que j'avais moins besoin d'elle. Moins besoin de ses conseils, en tout cas. Parfois, je croyais saisir quelques mots au milieu de ses miaulements et de ses ronronnements, mais tout bas, comme si quelqu'un avait baissé le volume au maximum. De toute façon, nous en étions à un stade de compréhension mutuelle tel qu'il suffisait qu'elle s'étire pour que je me souvienne que j'avais besoin de faire bouger mon corps, ou qu'elle miaule d'une façon particulière pour que je me mette à « faire la vaisselle en ne faisant que la vaisselle ». Il était facile de continuer à apprendre d'elle. Il suffisait de l'observer pendant qu'elle faisait sa toilette ou qu'elle jouait avec ma chaussure. Son insouciance, son esprit vital, sa présence absolue ne pouvaient que m'inspirer.

Moi, je continuais à lui parler, bien sûr. Pendant que je caressais son pelage soyeux, sur le canapé, je lui parlais de ce qui me préoccupait, des idées que j'avais, de ce que je ressentais pendant mes séances de méditation. Joaquín avait presque déserté mes pensées. Certes, ressurgissait parfois une vague de colère face à sa trahison, face à l'avenir rêvé maintenant perdu. Ou alors m'assaillait l'impression angoissante d'avoir gâché plus de dix ans de ma vie avec lui. En même temps, il était en train de devenir un personnage de mon roman, et transposer ma réalité dans la fiction me permettait de voir sous un autre jour les événements des derniers mois. Moi-même, je devenais un personnage littéraire, et en me voyant ainsi, avec mes pensées et mes émotions mises à nu sur le papier, je faisais ce que Sybille m'avait préconisé : m'observer moi-même en train d'observer le monde.

En fait, c'est tout mon quotidien que je racontais à cette chatte devenue muette. Je lui parlais de mes amies – Vero, Susana, Patri et Pip –, je lui parlais des lettres que m'écrivait Ivana, de la nouvelle vie de retraité de mon père – déjà occupé à monter un club de lecture avec plusieurs de ses anciens clients –, je lui racontais qu'Álvaro allait mieux, qu'il avait commencé à donner des cours particuliers d'anglais. Sybille se contentait de m'ouvrir grand ses immenses oreilles et de m'offrir généreusement la chaleur de son corps. Me sentir écoutée ainsi, par cette présence sauvage et attentive, me reconnectait toujours avec l'instant, m'apaisait si j'étais énervée, m'aidait à reconsidérer mes soucis et même parfois à leur trouver une solution.

Un jour, après le dîner, j'ai abordé un sujet auquel je ne m'étais pas encore confrontée vraiment.

— Tu sais, maintenant je me sens mieux à mon travail. L'ambiance s'est améliorée. Les gens sont plus souriants, se disent bonjour… comme autrefois. Et moi, je suis plus créative que jamais. Mais le fait de travailler pour des entreprises qui s'acharnent à détruire le monde au lieu d'essayer de l'améliorer me turlupine de plus en plus.

Sybille s'est levée et s'est mise à traverser lentement la pièce, d'un bout à l'autre, comme une équilibriste sur la ligne de jointure de deux lames de plancher.

— Je sais, je dois suivre mon intuition. Mais pour l'instant, elle ne me dit pas grand-chose.

Je me suis approchée de la fenêtre. Dehors, la voie de circulation rapide toute proche était éclairée par les phares des voitures : deux rangées de lumières, blanches dans un sens, rouges dans l'autre, intégrées dans un réseau énergétique qui couvrait toute la ville et les cités du monde entier, brûlant des tonnes de plantes présentes dans le sous-sol depuis des millions d'années. Même fenêtres fermées, je pouvais sentir le monoxyde de carbone. Et moi, je travaillais depuis des mois pour le principal groupe pétrolier du pays et j'étais complice de la nouvelle image écologique qu'il cherchait à se donner. J'en avais la nausée.

Sybille m'avait rejointe ; je me suis accroupie pour caresser son museau. J'ai senti ses fines moustaches se plier sous ma main. Elle me regardait. En elle, je sentais l'infinie patience d'une espèce qui attend depuis des millénaires que les êtres humains fassent preuve d'un peu de bon sens.

— Il y a quelque chose que je ne t'ai jamais raconté. Même mon père n'est pas au courant.

Les oreilles de la chatte se sont dressées.

— Quelques années après la mort de ma mère, on m'a confié un projet pour une compagnie de tabac, Kensington Cigarettes. Une campagne pour des cigarettes aromatisées, qui visait les jeunes. Après tout ce qu'avait traversé ma mère, et alors que j'avais connu de si près la toux du fumeur, l'addiction, le cancer… Bref, j'étais horrifiée. Je n'avais aucune envie de travailler pour eux, évidemment. Mais nous étions en pleine restriction budgétaire et… je ne voulais pas risquer mon poste. Alors j'ai ravalé mes scrupules. J'ai bossé pour eux. Et je l'ai très mal vécu. Je le vis encore très mal.

Je me suis remise à caresser Sybille.

— Et tu sais le pire ? Peu de temps après la sortie du site Web, une page était créée avec presque le même nom de domaine, qui reprenait mon design mais avec un autre contenu. C'était une sorte de parodie, avec des noms de cigarettes très bien trouvés, du genre « Tropique du cancer », « Menthastases », « Mort par chocolat », suivis d'informations sur le tabagisme et la santé, et sur les stratégies marketing de l'industrie du tabac… Une idée de Badverts, une association d'activistes online spécialisés dans le détournement publicitaire. Notre client était fou de rage, bien entendu, et il a traîné Badverts en justice. Mais ça les a quand même bien desservis, lui et ses concurrents du secteur. Non seulement ils ont perdu le procès, mais l'affaire a ouvert un débat public qui a débouché sur l'interdiction de toute publicité pour le tabac au Royaume-Uni.

J'ai commencé à arpenter la pièce de long en large. Me remémorer tout cela me mettait en transe.

— Je me suis demandé pourquoi je n'avais pas choisi le bon côté. Pourquoi n'était-ce pas moi qui avais conçu le site de Badverts ? Qu'est-ce qui fait qu'on accepte de mettre son énergie au service de mauvaises causes ? C'est ce qui me dégoûte le plus. Et maintenant, rebelote avec Royal Petroleum. Quelquefois je me dis que je devrais lancer moi-même la contre-campagne du site de RP… Mais évidemment, je ne peux pas.

Sybille a penché la tête.

— Oui, je sais, encore mon « je ne peux pas ». Mais imagine… Imagine qu'ils apprennent que… eh, mais qu'est-ce que tu fais ?

La chatte, joueuse, se lançait toutes griffes dehors à l'assaut de mes pieds. Je me suis accroupie et je me suis mise à faire semblant de la boxer, parant et déjouant ses attaques. En même temps, je me remémorais les slogans parodiques et ingénieux de Complutense Verde, une association environnementale que nous avions créée à la fac. C'était souvent moi qui trouvais des textes percutants, des slogans spirituels, des idées créatives. Une fois, sur mon initiative, en pleine canicule, on avait distribué sur tout le campus des éventails en carton avec quelques phrases de mise en garde sur le changement climatique et une photo de désert – ce désert que l'Espagne avait toutes les chances de devenir si notre comportement énergétique ne changeait pas. Nous avions convaincu les techniciens de couper l'air conditionné pendant une conférence où devait intervenir le président de Cepsol, la plus grande entreprise pétrolière du pays. Comme il faisait une chaleur à crever dans la salle, l'homme avait été obligé de recourir à notre éventail, et quelques images étaient passées au journal du soir. Oui, résolument, je regrettais cette époque.

— Tu as peut-être raison, ai-je dit à Sybille en ébauchant un sourire. Ce serait drôlement rigolo…

Quelques jours plus tard, tel un agent double dans un film d'espionnage, j'avais rendez-vous après le travail avec un certain Tom Terrier à la section anglaise de Badverts, près de la gare de King's Cross. J'imaginais une pièce minuscule dans un de ces vieux immeubles délabrés au pied des voies, avec des ordinateurs recyclés, un fouillis de papiers sur les tables et le masque du film *V pour Vendetta* accroché au mur.

J'avais mal imaginé… Badverts n'avait pas de local propre, mais partageait un espace avec deux cents autres activistes, artistes et innovateurs sociaux, tous portés par la même volonté de collaborer à un monde meilleur, installé dans un ancien hangar où étaient autrefois réparées les locomotives de King's Cross.

On entrait dans ce lieu baptisé Dream Station par une porte, découpée dans un énorme rideau métallique, qui arborait un spectaculaire graffiti aux mille couleurs : une planète Terre d'où jaillissaient des immeubles avec potagers et jardins sur les toits, des bicyclettes sur les routes, des forêts verdoyantes envahies d'une faune sauvage, des déserts couverts de panneaux solaires, des océans fourmillant de poissons. Au-dessus, on pouvait lire : *Work. Play. Create the Future* (Travaille. Joue. Crée le futur). Une « sacrée bande d'idéalistes », aurait ricané Joaquín. Moi, j'étais déjà séduite.

Derrière la porte s'ouvrait un immense espace, haut de plafond d'une dizaine de mètres, dont la large verrière qui traversait le toit d'un bout à l'autre laissait passer la lumière du soleil. Des globes aérostatiques miniatures au look désuet étaient suspendus, l'un à rayures rouges et blanches, un autre jaune avec des étoiles bleues, un troisième bleu pâle orné de nuages blancs. Six ou sept grandes tables rondes rythmaient l'espace, chacune d'une couleur différente, autour desquelles une quarantaine de personnes étaient assises, presque toutes devant un ordinateur portable, certaines travaillant en silence, d'autres parlant ensemble avec animation. Au fond, on apercevait une scène avec des spots, un rideau et un piano peint en blanc. Sur un côté, plusieurs espaces plus petits avaient été aménagés, séparés par des cloisons et des portes en verre, et surmontés d'une partie en mezzanine avec trois tables en demi-cercle appuyées contre le mur. Au-dessus de la grande porte principale, sous une vieille horloge comme celles qu'on voit dans les gares, une pancarte annonçait au visiteur son lieu d'arrivée : Dream Station. Deux pommiers encadraient l'entrée, plantés chacun dans un gros trou plein de terre.

— Bienvenue, m'a dit un grand garçon, cheveux blonds frisés, barbe courte et casque audio énorme autour du cou. Je suis Tom.

Dessinateur canadien, il vivait à Londres depuis cinq ans. Il m'a expliqué que Badverts était un réseau global d'activistes qui luttaient contre la surconsommation et la publicité, dirigé depuis Vancouver. À Londres, ils étaient assez nombreux, et de temps en temps ils se réunissaient à la Dream Station, mais presque tout le travail et la com se faisaient online.

— Mais moi, travailler chez moi, c'est pas du tout mon truc. Si je ne fais pas gaffe, à midi, je suis toujours en pyjama, pas lavé, avec mon chien qui me fait la tête. Alors je préfère venir ici, où je retrouve des gens sympas, et en plus, parfois, je décroche un peu de boulot.

— Tu as quoi comme chien ?

— Un labrador super malin. Il s'appelle Ben. Tu en as un, toi ?

— J'ai une chatte, Sybille. Mais je vois très bien ce que tu veux dire. Elle aussi, elle me redresse les bretelles quand il faut. D'ailleurs, tu ne vas sans doute pas me croire, mais c'est elle qui m'a encouragée à venir vous voir.

— Après ce que j'ai vécu avec Ben, je peux croire n'importe quoi.

Tom m'a fait visiter la Dream Station et m'a présenté plusieurs personnes, qui travaillaient là en échange d'une cotisation mensuelle. J'ai rencontré Silvia et Brendan, en train de monter une agence de voyages alternative mettant en relation des projets de volontariat dans le monde entier avec de potentiels bénévoles en quête de vacances différentes et solidaires. J'ai découvert un distributeur automatique de jus de fruits naturels, de sandwichs et gâteaux secs bios. Karen, la fille qui commençait à le commercialiser dans tout le pays, était justement là. Dans la cuisine, une monitrice de yoga enceinte jusqu'aux yeux, un type en cravate qui dirigeait la succursale d'une banque éthique et une violoniste qui organisait des ateliers musicaux dans les hôpitaux avec des patients en phase terminale prenaient un thé ensemble. Sur une table de travail, trois associés étaient penchés sur les plans de ce qu'ils appelaient un Playcafé, une cafétéria avec des espaces de jeux pour enfants et toutes sortes d'activités.

— Ça a vraiment l'air sympa, chez vous ! me suis-je écriée, enthousiaste. J'adorerais bosser ici !

— Je te comprends, m'a dit Tom avec un haussement de sourcil amusé. Moi aussi, je me suis senti comme un poisson dans l'eau dès que j'ai mis les pieds dans cet endroit.

— Et qu'est-ce que je dois faire ?

— Eh bien, réfléchis à un projet, m'a-t-il conseillé en me faisant entrer dans une petite salle dont les murs étaient couverts de notes, schémas et graphiques. Ou rejoins l'un de ceux qui existent déjà. Mais sache que je ne touche aucun salaire de Badverts. Je suis bénévole, comme presque tout le monde ici. Je gagne ma vie comme designer, en partie pour des clients privés, en partie pour Dream Station, sur certains dossiers.

— Donc tu travailles aussi pour l'ennemi, ai-je dit avec un sourire.

— Exact. Presque tous les membres de Badverts

sont des gens qui bossent dans le marketing et ont mauvaise conscience.

Nous nous sommes assis à une table et j'ai sorti mon portable de sa sacoche. On entendait des rires dans la salle d'à côté, où un formateur donnait un cours sur le financement de projets sociaux.

— Tout d'abord, Tom, je dois te dire que l'info que je vais te donner est confidentielle et que…

— Pas de souci.

Il avait un sourire d'une oreille à l'autre. Un sourire qui inspirait confiance.

— De toute façon, a-t-il ajouté, personne ne peut savoir que ça vient de toi. À moins que tu utilises ton adresse mail professionnelle pour me l'envoyer !

— Oui, bien sûr.

Je lui ai alors montré ce que Royal Petroleum était en train de tramer. Tom savait déjà que la firme avait acheté plusieurs sociétés d'énergie renouvelable.

— Tous les groupes pétroliers essaient de redorer leur blason comme ça, maintenant. La prise de conscience des gens à propos de l'écologie est de plus en plus forte, et pour eux, se mettre au vert, au sens littéral, devient une nécessité. Nous avons déjà fait plusieurs campagnes autour de ce thème. Mais si tu nous briefes sur ce qu'ils mijotent, on pourra manigancer quelque chose de bien, hé, hé, hé…

— Oui, c'est ce que je me suis dit. Et si on profitait de la couverture médiatique que Royal Petroleum prépare, ça aurait encore plus d'impact. Leur stratégie tomberait à l'eau.

— Et on les plongerait dans le noir !

— Oui. J'avais imaginé leur nouveau logo couvert de pétrole…

— Super. On pourrait aussi jouer sur leurs initiales… En changeant RP en RIP, par exemple ?

Nous avons éclaté de rire.

— J'adore, ai-je dit en notant l'idée. Et si on invitait les gens, à travers les réseaux sociaux, à participer à la nouvelle image de Royal Petroleum ? On leur demanderait d'inventer des slogans… Quelque chose d'interactif.

— Excellent ! On crée une vraie-fausse page d'accueil de Royal Petroleum, en reprenant leur design. Imagine la bombe sur les réseaux sociaux !

Nous avons commencé à réfléchir à des photos chocs pour la fausse campagne de Royal Petroleum : des ours polaires barbotant dans les eaux de l'Arctique, une mouette couverte de mazout, des plateformes pétrolières dans les eaux caribéennes… En quelques minutes, les grandes lignes de la conspiration étaient nées, et tout ça dans une explosion de rires. En même temps, je dois avouer que j'ai passé un moment très agréable avec ce Canadien aux yeux bleus et au regard limpide. Il savait écouter, il savait jouer et il a éveillé en moi une excitation que je n'avais pas ressentie depuis longtemps.

En plus, il sentait bon. La vanille. En sa compagnie, je me suis sentie plus féline que jamais.

21

Lettres

Pendant que les deux sites de RP, le vrai et le parodique, prenaient tournure, à Broomhill Road mes échanges avec ma voisine Ivana s'intensifiaient, même si nos relations restaient exclusivement épistolaires car pour le moment elle préférait qu'on ne se rencontre pas. Dans ses premières lettres, elle m'avait posé beaucoup de questions sur ma vie, sans me dire grand-chose de la sienne.

Comme je l'avais félicitée pour sa superbe écriture, elle m'a expliqué qu'après son accident elle avait trouvé beaucoup de réconfort dans l'art de la calligraphie. C'était une activité silencieuse qui, contrairement à la peinture, ne réclamait pas de vrais talents artistiques. Toutes les lettres étaient constituées des mêmes quatre ou cinq traits et il y avait différents styles d'écriture, auxquels elle avait même apporté quelques modifications : l'Onciale, l'Humaniste, la Gothique, l'Anglaise, la Rustica, l'Antiqua…

Son autre grand sujet de prédilection était sa foi

religieuse : après son accident, c'était la Bible et les révélations de la Vierge de Medjugorje qui l'avaient sauvée, d'après elle. Elle avait réuni ces deux passions, la calligraphie et la religion, en un projet singulier qui l'occupait depuis plusieurs années : réaliser une version manuscrite de la Bible, en latin, à la manière des copistes médiévaux.

De son passé et de sa famille, elle ne m'avait presque rien dit, si ce n'est une vague allusion à une vieille tante qui vivait à Londres, la personne qui lui rendait visite de temps en temps. Dans l'une de mes premières lettres, j'avais demandé à Ivana de quel pays elle venait, mais elle ne m'avait pas répondu. Je supposais, à cause de son nom, de sa dévotion pour la Vierge de Medjugorje et de son silence, qu'elle venait des Balkans et qu'elle avait sans doute été victime de la guerre sanglante qui avait sévi là-bas dans les années quatre-vingt-dix.

Je ne m'étais pas trompée. Au fil des lettres, elle s'est mise à me parler de son enfance dans la Yougoslavie communiste, de son mari, Andrej, et de sa fille, Anja. Peu avant la chute du mur de Berlin, elle était devenue institutrice dans une école catholique de Sarajevo. J'ai craint le pire, parce que je n'ignorais rien des ravages qu'avait faits ce cruel conflit. J'étais à l'époque en fac de journalisme, et j'avais été effarée de voir qu'une guerre de cet ordre puisse avoir lieu en Europe, plus d'un demi-siècle après celle qui avait contraint mes propres grands-parents à l'exil.

Finalement, Ivana m'a raconté que sa famille et elle s'étaient retrouvés pris au piège à Sarajevo pendant les quatre années de siège des forces serbes. Elle m'a décrit sa vie sous les bombes, à essayer de garder un semblant de vie normale dans une ville sans nourriture, sans électricité, et quasiment sans eau. Elle avait continué à enseigner, mais la moitié du temps les enfants ne pouvaient pas aller en classe à cause des tirs continus de mortier qui tombaient sur la ville, tuant et mutilant par milliers hommes, femmes et enfants.

La tragédie s'était abattue sur sa famille de la façon la plus improbable : son mari, aidé d'un voisin, avait bricolé des conduites de gaz dans leur appartement, apparemment sans y connaître grand-chose. Une nuit où Anja avait réclamé d'aller aux toilettes, Andrej avait craqué une allumette. Ivana écrivait :

Je me souviens juste lumière éclatante, essayer de couvrir visage avec mains et bruit horrible. J'entends encore le bruit. Tous les jours. Chaque son pour moi, j'entends le bruit et je deviens folle. Je porte toujours bouchons d'oreilles. Je pas écoute radio ou téléphone. Juste télévision sans son.

C'est pendant sa convalescence, à l'hôpital, qu'elle avait rencontré une femme musulmane qui l'avait initiée à l'art de la calligraphie, d'abord avec l'alphabet arabe.

Après la guerre, une tante, mariée à un avocat anglais, l'avait aidée à émigrer à Londres et elle s'était installée dans cet appartement. Entre son intolérance au bruit et son aspect physique, elle était devenue une sorte d'ermite, presque totalement coupée du monde, hormis les visites occasionnelles de sa tante. Du coup, d'après ce qui transparaissait dans ses lettres, cette correspondance avec moi était la chose la plus importante qui lui était arrivée depuis des années. « Sara bénie, commençait-elle toujours, je remercie ciel et Vierge de nouvelle lettre reçue. » Puis elle faisait des commentaires sur ce que j'avais écrit, elle me disait qu'elle priait pour que je trouve un bon mari, elle me racontait la vie sous la dictature de Tito, ses élèves, le siège, Andrej et Anja qui l'attendaient au ciel, les apparitions « miraculeuses » de Medjugorje et les messages de la Vierge à l'humanité.

Cette correspondance avec ma voisine Ivana m'a apporté énormément, malgré nos différences et cette curieuse impossibilité de la voir alors qu'elle se trouvait si près. Je comprenais à quel point Sybille avait raison quand elle disait que mes problèmes n'étaient pas si graves et que je devais m'estimer heureuse de ce que j'avais. De quel droit pouvais-je me plaindre de la solitude, de l'injustice, de ma peine ? En réalité, je n'avais pas la moindre idée de ce qu'étaient la cruauté ou la souffrance. Et pourtant, Ivana m'assurait qu'elle avait pardonné aux Serbes :

Moi je détestais Serbes. J'aurais étouffé un avec mes mains. Eux détruit Sarajevo et bombardé enfants dans école. Fait vivre comme rats. À cause d'eux morts mon Andrej, ma Anja. Mais maintenant je sais que Serbes trompés et moi aussi. Leur haine et ma haine, pareils. Une erreur. Grâce à Vierge et Jésus maintenant je peux pardonner. Amour de Dieu sur tout le monde.

Et moi qui ne pouvais même pas pardonner à Joaquín ! Comment faisait-elle pour pardonner à ceux qui avaient assassiné les siens, son mari, sa fille ? Ça me dépassait. C'était pourtant le message de Sybille : « Ouvre ton cœur aux gens qui t'entourent. Même à ta voisine qui t'embête. Même à ton frère irresponsable. Même à Joaquín. »

Je m'étais acheté une plume et j'avais commencé à imiter ses pleins et ses déliés, que ce soit pour mon courrier avec elle ou dans ma pratique d'écriture matinale. Ce faisant, j'avais l'impression de reprendre contact avec la petite fille de dix ans que j'avais été. J'aimais voir le roman que j'étais en train d'écrire grandir sous mes yeux dans cette écriture si belle. Je me sentais dans la peau de Cervantès.

Au bout de quelque temps, toutefois, ma relation avec Ivana est devenue un peu envahissante. Si je lui écrivais une lettre, je trouvais quelques heures plus tard, glissée sous ma porte, une réponse de plusieurs pages. Et si je n'écrivais pas, un ou deux jours après, je recevais un mot où elle me demandait si tout allait bien, me disait que je lui manquais et qu'elle priait pour moi. Sans compter que dans ses lettres elle s'étendait de plus en plus sur la vie et l'œuvre de Jésus-Christ, sur la Sarah de la Bible, sa conversion, et sur les messages et révélations de la Vierge aux enfants du village bosniaque de Medjugorje. Je respectais ses croyances. Et même, j'avais connu ces derniers mois – au Natural History Museum, sous les étoiles de Fuente Dé, ou dans la pratique de la méditation – des moments de transcendance qui me reconnectaient à une certaine forme de spiritualité. Mais cela faisait longtemps que je n'avais plus la foi catholique, et ces miracles et révélations n'étaient pour moi que pure superstition, voire des manœuvres d'escrocs.

Bref, la responsabilité d'être non pas la meilleure amie d'Ivana Uzelac mais pour ainsi dire son unique contact avec le monde extérieur finissait par être pesante. Et à dire vrai, nous n'avions pas tant de choses en commun. Je pouvais difficilement lui parler de mon travail parce qu'elle semblait ignorer presque totalement les nouvelles technologies. Et puis je me voyais mal lui confier mes problèmes, connaissant l'immensité des injustices qu'elle avait subies. Je sentais bien que j'aurais dû être plus à son écoute, mais je n'y arrivais pas. Tout cela a fini par miner mes bonnes dispositions à son égard.

À plusieurs reprises, j'ai abordé le sujet avec Sybille. La chatte m'écoutait attentivement mais ne me parlait quasiment plus. Au mieux, j'avais droit à un miaulement. D'ailleurs, je commençais à me demander si Sybille m'avait vraiment parlé un jour ou si tout n'avait été que le fruit de mon imagination.

Cela m'a conduite à une réflexion plutôt troublante : si les révélations de la Vierge de Medjugorje, qui, d'après Ivana, arrivaient ponctuellement le vingt-cinq de chaque mois, étaient du délire comme je le pensais, que dire d'un chat qui parle ? Sybille était-elle aussi fictive que la Vierge ? Était-ce nous, humains, qui avions besoin de ce type de fictions ? Un chat ou une Vierge, aussi imaginaires qu'une belle histoire, pouvaient-ils renfermer une quelconque vérité ? J'ai repensé alors au faux musée du vrai Sherlock Holmes.

Ou devrais-je dire le vrai musée du faux Sherlock Holmes ?

Côté boulot, la deadline du projet Royal Petroleum se rapprochait. Le lancement était prévu pour le 1er septembre et il n'était pas question de le repousser d'un seul jour. J'ai dû gérer les derniers tests avant la mise en service, la révision et correction de milliers de pages et fonctionnalités, et le démarrage simultané de deux autres projets. Parallèlement, la mise en place du faux site de RP et ses conséquences possibles me stressaient beaucoup, sans parler de ce Tom, qui commençait à me plaire un peu trop alors même que je ne savais rien de lui. Pas même s'il y avait une femme dans sa vie. Ou un homme.

Pendant une semaine, les lettres d'Ivana se sont accumulées sans que je les ouvre, et le simple fait de les voir m'angoissait. Un soir, alors que je déposais la lettre du jour sur la pile en attente, Sybille m'a lancé un miaulement. « Écoute ! » me disait-il.

— Écoute, écoute... Mais j'en peux plus, moi, de l'écouter, Ivana. Pourquoi ce serait toujours à moi de l'écouter ? Qu'une autre s'y colle ! Ce n'est pas de moi qu'elle a besoin mais de connaître des gens différents, des gens qui auraient les mêmes centres d'intérêt qu'elle : la calligraphie, son pays, sa ville, sa guerre, sa tragédie, cette fichue Vierge de Medjugorje...

Mes mots ont résonné dans la pièce. Alors je me suis entendue. J'ai compris ce qu'Ivana demandait réellement. J'ai compris ce que Sybille voulait dire.

Et j'ai écrit à Ivana :

Chère Ivana,

Je voudrais te faire un cadeau. Mais je dois te le remettre en mains propres. Puis-je passer te voir ?

SARA

Ce soir-là, je n'ai pas eu de réponse. Ni le lendemain. Et ainsi de suite jusqu'à la veille du double lancement.

L'attente ne m'a jamais bien réussi. Le suspense me met sur les nerfs. J'ai besoin d'agir. Certes, ces derniers mois, j'avais beaucoup pratiqué l'exercice de vivre l'instant, d'accepter le présent, etc. Mais là, il y avait un peu trop de choses en même temps.

La veille du lancement, donc, je suis rentrée à la maison à toute vitesse, donnant de grands coups de pédales pour évacuer le stress. Dans ma tête, ça pédalait encore plus vite, dans plusieurs directions à la fois. Pour couronner le tout, près du pont de Wandsworth je suis tombée sur l'un des panneaux publicitaires vantant les mérites de la nouvelle RP, qui venait d'être installés. Dès le lendemain, le pays serait inondé de pubs dans la presse, à la radio et à la télé. Et le nouveau site du groupe, avec toutes ses modalités pour tablettes, smartphones et réseaux sociaux, serait prêt à fonctionner. De même que la version satirique, plus modeste mais autrement plus déterminante. Tout d'un coup, je ne savais plus ce que je voulais. Je n'avais plus qu'une envie : me cacher dans un trou de souris.

Quand je suis arrivée chez moi, j'ai constaté que Sybille était sortie. Moi qui aurais tant voulu trouver un peu de soutien auprès d'elle… J'avais besoin de lui parler, de la câliner et de sentir que tout était bien dans le monde. Mes tentatives de recours à la méditation et au Chatha yoga n'ont servi à rien ; j'avais la tête trop pleine.

J'ai eu envie d'appeler Tom, mais je n'osais pas le faire. En attendant, le cadeau d'Ivana était toujours là, empaqueté, sur la table. Il me tardait qu'elle me réponde. Mais visiblement, mon dernier message l'avait effrayée.

Soudain, j'ai entendu un bruit dans la cage d'escalier. La porte d'Ivana s'était ouverte. Je me suis figée sur place.

— Miaouuu.

Sybille ! Que faisait-elle sur le palier ? J'ai trouvé la chatte sur le paillasson, un papier plié en deux dans la gueule. L'élégante calligraphie disait :

Entre si tu veux, Sara.

J'ai pris mon cadeau, un paquet rectangulaire. Je l'avais emballé dans un morceau de toile bleue – pour éviter le bruit désagréable du papier qui se froisse – et l'avait serré avec un ruban jaune.

La porte d'Ivana était restée entrouverte. Dans l'entrebâillement, on distinguait une pièce plongée dans l'obscurité. L'espace d'un instant m'est revenu cet absurde fantasme paranoïaque dans lequel Ivana, armée d'un couteau, m'attaquait.

J'ai poussé la porte et j'ai vu sa silhouette debout au fond de la pièce, près du rideau qui couvrait la seule fenêtre. Elle portait la même robe de chambre que la première fois, et sur la tête un foulard de couleur sombre qui lui cachait la moitié du visage. Au bout de sa main droite, une plume argentée brillait. Le « couteau » que j'avais cru avoir vu.

Nous sommes restées un moment immobiles toutes les deux. Ivana penchait la tête, semblant vouloir garder dans l'ombre la partie de son visage non cachée par le foulard. J'ai refermé la porte tout doucement pour ne faire aucun bruit. Son studio était un peu plus grand que le mien, mais sans mezzanine. Il y avait une table avec plusieurs piles de papiers soigneusement rangés près d'une lampe ancienne. La cuisine était la même que la mienne, et le canapé presque pareil, mais le lit était plus petit et recouvert d'un tissu fleuri. Un grand crucifix trônait au-dessus de la tête de lit ; plusieurs statuettes de la Vierge étaient posées sur la table de nuit et le bureau ou accrochées au mur.

J'ai fait quelques pas et j'ai tendu mon cadeau. Elle l'a reçu des deux mains et a levé un peu la tête. Alors j'ai vu ses yeux brillants et hésitants, sa peau rouge et cartonnée. Malgré l'obscurité, on devinait à quel point elle était défigurée. J'ai souri et ses yeux aussi ont souri.

Elle s'est approchée de la table et a commencé à déballer son cadeau. Très vite, comme une gamine le jour de son anniversaire. C'était une tablette rectangulaire. D'un côté noire, plate et lisse, de l'autre argentée, avec des lignes courbes. Ivana l'a inspectée sous tous les angles et a remarqué un petit bouton, sur un bord. Quand elle a appuyé dessus, l'écran s'est éclairé et des lettres noires sont apparues sur le fond blanc lumineux :

Chère Ivana,

Cette nouvelle invention va te plaire : elle est silencieuse, mais tu pourras communiquer avec le monde, sans même avoir à sortir de chez toi. Elle contient la Bible, les messages de la Vierge de Medjugorje, des photos de Sarajevo, tous les styles de calligraphie et bien plus. Si tu le veux bien, je te montrerai comment l'utiliser.

Puis j'ai ajouté, à l'aide du clavier virtuel :

OK ?

Ivana regardait l'appareil entre ses doigts, incrédule et fascinée. Ses yeux se sont levés sur moi, puis sont revenus sur cet étrange prodige. Elle l'a posé sur la table, a effleuré les touches virtuelles et a découvert, surprise, qu'elles s'inscrivaient sur l'écran. Ses yeux ont encore souri. Je lui ai montré la touche qui sert à effacer et j'ai retapé :

OK ?

Ivana a eu l'air d'hésiter. Puis elle a écrit, lentement, avec un seul doigt :

Pas possible. Cadeau trop grand.

J'ai répondu :

Quand je trouverai l'homme que je voudrai épouser, tu me feras les cartons d'invitation avec ta splendide écriture, OK ?

Ivana a souri.

OK !

Elle m'a serrée dans ses bras d'une façon que je n'oublierai jamais. Et Sybille, sur le seuil, a regardé ces deux humaines s'étreindre et pleurer en silence.

22

La chatte et le chien

Le lendemain, les journaux, radios et télévisions du monde entier ont reçu par mail deux communiqués de presse à propos de la nouvelle image de Royal Petroleum. Leur ton et leur contenu se ressemblaient, ils avaient le même titre, « RP : une énergie nouvelle », et le même soleil vert pour logo. Dans beaucoup de rédactions, on a cru à un envoi en doublon. Sauf que deux points essentiels les distinguaient.

D'abord, les adresses Web et de contact étaient légèrement différentes : bien que presque personne ne l'ait remarqué, l'une finissait en *rp.com* et l'autre en *rpglobal.com.* D'ailleurs, la plupart des liens de *rpglobal.com* renvoyaient à des pages de *rp.com.* Mais surtout, plus significatif, seul l'un des communiqués mentionnait l'initiative novatrice de RP : inciter le public à imaginer des slogans pour sa nouvelle campagne publicitaire, et à voter pour les meilleurs. Peu de journalistes ont résisté à la curiosité d'aller faire un tour sur la page qui les recensait pour voir les résultats d'une sollicitation de plus en plus répandue à l'ère des réseaux sociaux, mais toujours un peu risquée. Et ils n'ont pas été déçus !

Quand j'ai passé la porte de l'agence, je suis tombée sur six ou sept personnes regroupées autour de l'ordinateur de Phil, qui riaient, mi-figue, mi-raisin.

— *Come here, Sara*, m'a lancé Phil. Tu ne vas pas en croire tes yeux.

— Quoi ? Qu'est-ce qu'il y a ?

J'essayais de cacher ma nervosité. Mon cœur battait à grands coups. Ça allait forcément se voir. Mais tout le monde était dans le même état que moi : la contre-campagne que Tom et moi avions organisée était un succès total et faisait déjà un foin terrible. Au bout de quelques heures à peine, des dizaines de slogans avaient déjà été mis en ligne par les internautes, évidemment tous critiques envers RP, certains extrêmement ingénieux. Et ce qui m'a le plus surprise, c'est que Cathy, Wendy, Phil et tous mes collègues étaient aussi amusés que moi, même s'ils essayaient de ne pas trop le montrer au cas où un des boss passerait dans le coin.

Le premier slogan que j'ai lu légendait la photo d'une plateforme pétrolière dans une mer paradisiaque :

Grâce au réchauffement climatique, la côte anglaise sera bientôt la nouvelle Méditerranée.
RP : Une énergie nouvelle.

— À RP, ils doivent s'arracher les cheveux !
— C'est une catastrophe !

— D'où ça peut bien venir ?

Les commentaires allaient bon train, entrecoupés de rires étouffés à chaque nouvelle découverte. La photo d'une raffinerie de pétrole de RP en Irak proclamait :

Un monde sans guerre ? Non, merci.
RP : une énergie nouvelle

— Et pan ! Dans les dents !

— Ah, oui, quand même !

— Regardez ! #RPbadverts est *trending topic* sur Twitter !

Pendant que mes collègues rigolaient, eux-mêmes tentés de trouver de nouveaux slogans, je suis allée à mon bureau et j'ai allumé mon ordinateur pour continuer à découvrir tranquillement les inventions des internautes. L'image qui avait récolté le plus de votes était une photo d'ours polaires, en Arctique, nageant au milieu de morceaux de banquise en train de fondre :

Bientôt, on n'aura plus à craindre les attaques d'ours polaires.
RP : une énergie nouvelle

Là où certains voient une catastrophe climatique, nous voyons du profit.
RP : une énergie nouvelle

On est plus branchés trou polaire que panneau solaire.
RP : une énergie nouvelle

Dommage ! Toute cette glace ne nous suivra pas en enfer.

RP : une énergie nouvelle

De minute en minute, de nouvelles trouvailles apparaissaient. Et plusieurs titres de presse parlaient déjà de la débâcle : « Désastre publicitaire pour RP », « RP et les dangers des nouvelles technologies », « RP : Royal Pratfall » (qu'on pourrait traduire par « RP : une gaffe royale »). Évidemment, certains journaux étaient tombés dans le panneau, avaient vraiment cru à cette campagne censément lancée par RP et l'avaient relayée, contrairement à d'autres médias plus prudents, comme la BBC, qui annonçait : « Un faux site web coule la campagne de RP ».

À 10 heures, la totalité de notre équipe était convoquée de toute urgence dans la grande salle de réunion. Nous étions plus de trente, et il manquait des chaises. Anne Wolfson a pris la parole. Son ton était celui d'un général impatient de couper une tête.

— Je suppose que vous êtes au courant des derniers événements. Je viens d'avoir Richard chez RP, je lui ai fait part de notre consternation. Il s'agit de faits d'une extrême gravité. Ils portent préjudice à nos relations avec notre client, bien sûr, mais aussi à la réputation de notre agence.

À ce moment-là, deux ou trois personnes ont échangé en aparté un commentaire visiblement amusé. Anne est devenue livide.

— Ça vous fait rire ?

Elle s'est approchée d'eux, faisant claquer ses talons.

— Vous trouvez ça drôle ?

— Non, a répondu l'un des coupables en regardant ses pieds. *Sorry.*

Un silence total planait.

— Écoute, Anne, est intervenu Grey pour essayer de détendre l'atmosphère. Il faut reconnaître que l'initiative ne manque pas de piquant. D'ailleurs, comme action virale, ça me paraît assez magistral, et…

— Je me fiche des mérites créatifs de l'entreprise, l'a coupé Anne sèchement. Nous avons tous ici signé des clauses très claires de confidentialité. Je veux croire qu'aucun membre de notre équipe n'est mêlé à cette histoire, de près ou de loin. J'ai assuré à Richard que nous mènerions une minutieuse enquête en interne. Mais d'abord, je vous pose la question à tous : est-ce que quelqu'un ici sait quoi que ce soit ?

Le moment était venu.

— Anne, ai-je commencé, hésitante. Je sais quelque chose, oui.

Tous les yeux de la salle se sont braqués sur moi.

— Ah oui ? Quoi ? a-t-elle dit, surprise.

Lentement, j'ai fait un pas en avant, puis deux, pour me rapprocher d'elle. Grey ouvrait des yeux comme des soucoupes.

— *Excuse me*, ai-je dit. Tu peux te pousser un peu ?

Anne a obtempéré. Alors est apparu le message qu'elle cachait, écrit au feutre bleu sur le tableau blanc :

J'ai fait ça pour le bien de tous les animaux.
Vous compris !

La phrase était signée de l'empreinte désormais familière. Incapable d'y résister, Captain Grey a éclaté d'un rire sonore qui a gagné la moitié de la salle, pendant qu'Anne devenait aussi blanche que le mur. C'était le dernier coup de The Cat à Netscience et son entrée dans la légende.

Au cours de la matinée, j'ai reçu un SMS de Tom :

Retrouvons-nous dans mon quartier pour fêter ça.
Ben dit qu'il vient aussi.
Tu amènes Sybille ?

Nous avions rendez-vous en fin d'après-midi au 16, Prince Albert Road. D'après mon portable, l'endroit bordait Regent's Park, côté Camden Town. Tout excitée, impatiente de pouvoir enfin partager ma joie avec quelqu'un qui était dans la confidence, j'ai installé Sybille dans le panier de ma bicyclette et j'ai pédalé jusque là-bas. Je me sentais radieuse, dans ma robe blanche festonnée de fleurs rouges qui mettait parfaitement en valeur ma nouvelle coupe et mes jambes de sportive.

Qu'y avait-il exactement entre Tom et moi ? Nous ne nous étions vus physiquement qu'à trois reprises, toujours à la Dream Station, mais à chaque fois j'avais ressenti une espèce de vertige. Un bon vertige ! J'avais oublié cette sensation, et le sens du mot « flirter ». Mais je me sentais éclore : j'avais droit à l'amour, et oui, ce garçon me plaisait. En tout cas, c'était le signe que je commençais à surmonter ma séparation : il y avait d'autres hommes dans le monde !

Arrivée sur Prince Albert Road, je n'ai pas trouvé le numéro 16. Les numéros 14 et 15 étaient de grandes maisons blanches, élégantes. Ensuite, on tombait sur une église ancienne, en pierre grise, qui n'avait pas de numéro, puis on passait au 17. En face, il n'y avait rien d'autre que le canal qui bordait Regent's Park et, à hauteur de l'église, un petit pont qui enjambait le canal vers le parc, dont l'entrée était flanquée de deux colonnes blanches. Je suis descendue de mon vélo et j'ai marché jusqu'au milieu du pont.

En me retrouvant là avec Sybille, à regarder l'eau couler sous le pont, je me suis rappelé cette nuit sombre à Tower Bridge, aussi différente de cet après-midi lumineux que les eaux agitées de la Tamise l'étaient de la quiétude de ce canal entre les arbres du parc. J'ai pensé à tout ce que j'avais appris depuis. À prendre soin de mon corps et de mon esprit, à être reconnaissante du bon et à accepter le mauvais, à rester proche des miens, à retrouver mes rêves de petite fille, à m'extraire de la pièce emmurée, à découvrir mon côté animal, à me libérer de mon reflet dans le miroir, à ouvrir mon cœur, à jouer, à savourer, à écouter, à observer, et surtout à vivre le moment présent. J'avais traversé dernièrement tant de moments intenses, conscients, pleinement vécus, que j'avais du mal à croire que six mois seulement étaient passés depuis que j'avais commencé mon entraînement avec mon initiatrice féline.

— Merci de m'avoir aidée à en finir avec mon ancienne vie, ai-je dit à Sybille en lui caressant la tête et le cou. Celle-ci me plaît infiniment plus.

Sybille a ronronné et s'est contorsionnée dans son panier, me présentant son ventre. Je le lui ai gratouillé avec la totale attention qu'elle m'avait apprise, la chatouillant avec application et la regardant dans les yeux avec cette complicité absolue qui nous unissait, jouissant de la douceur de son pelage et m'amusant des positions qu'elle adoptait pour décupler son plaisir, en authentique experte.

— Tu ne vas plus jamais me parler, hein, coquine ?

J'ai compris alors que mon entraînement était terminé. J'ai senti que j'étais enfin arrivée là où je devais arriver. Ce n'était pas une destination, un but, un point final. J'étais arrivée sur mon chemin. J'avais trouvé mon propre chemin. Ou peut-être avais-je juste découvert l'art de marcher. Marcher en ne faisant que marcher. Vivre, et seulement vivre. Parfois avec confiance, parfois avec crainte, parfois contente, parfois triste, mais toujours ouverte au changement, à la course des astres, à la danse de l'existence. J'étais prête à aller là où mes pas me mèneraient. Avec ou sans travail idéal, avec ou sans prince charmant, avec ou sans enfants.

Soudain Sybille a tourné la tête brusquement. Quelque chose avait attiré son attention. Un papillon voletait autour du panier. Un papillon jaune et orangé. La chatte a pris appui sur le rebord du panier avec l'une de ses pattes et de l'autre s'est mise à jouer avec lui. Le rêve que j'avais fait quelques semaines plus tôt m'est revenu à l'esprit : je sortais de ma chrysalide, je volais comme un papillon, Sybille jouait avec moi…

— Sara !

Tom était là, remontant le pont. Mon cœur a bondi dans ma poitrine. Il portait un jean et une chemisette à rayures rouges et blanches. Ben, en laisse, l'accompagnait : un superbe labrador retriever, aussi blond que son propriétaire.

— Flaire-le, toi, et tu me diras ce que tu en penses, ai-je murmuré à Sybille.

Tom avait son sourire jusqu'aux oreilles et nous sommes tombés dans les bras l'un de l'autre. C'était la première fois, mais nos corps se sont trouvés avec un tel naturel, une joie si généreuse, qu'on aurait dit que nous nous connaissions depuis toujours.

— Bravo, Sara ! Félicitations ! Tu as réussi !

— Bravo à toi. Et à cette brave bête, et à tous les animaux de la planète. Hé, mon beau, salut !

J'ai caressé le labrador, qui me flairait avec intérêt et remuait la queue de plus en plus frénétiquement. Sybille nous regardait, terrée dans son panier. Son poil était un peu hérissé, ses oreilles et sa queue aplatis.

— Tout va bien…, lui ai-je dit pour la rassurer, puis, à Tom : Tu crois qu'un chien et une chatte peuvent… ?

— On va voir ça. Faisons les présentations en douceur.

Nous y avons passé un bon moment. Moi, je caressais Sybille, retranchée dans son panier toutes griffes dehors, pendant que Tom tenait fermement son labrador. Après qu'ils se sont flairés un certain temps, que Sybille a avancé prudemment sa patte vers la truffe du chien à plusieurs reprises, chacun a semblé commencer à s'habituer à l'autre. Finalement, quand

Sybille a compris que le chien était immobilisé par la laisse, elle a consenti à sortir de son panier, s'est approchée et a tourné autour de Ben à une distance raisonnable.

— Tu vis vraiment par ici ? ai-je demandé à Tom en attachant mon vélo à la grille.

— Pas loin, oui.

— Eh bien ! Classe, le quartier !

— Oui, c'est bien, a-t-il dit avant de changer de sujet : C'est l'heure où Ben me sort. Vous nous accompagnez ?

Nous nous sommes promenés tous les quatre dans Regent's Park. L'après-midi était splendide et le parc plein de jeunes qui prenaient le soleil, de cadres qui avaient tombé la cravate et d'enfants qui poursuivaient les canards. Tandis que Ben et Sybille commençaient à jouer ouvertement, Tom et moi sommes revenus sur notre victoire du jour, sur les slogans les plus percutants, et je lui ai raconté la scène avec Anne et le mystérieux message de The Cat.

— Donc, tu n'as pas été virée.

— Pas pour le moment, non.

— Zut, moi qui pensais qu'on allait t'avoir à Dream Station à temps complet.

— Eh bien, en fait, j'ai quelque chose en tête.

— Ah oui ?

— Je dois encore y penser, mais ces derniers temps j'aide une voisine qui ne peut pas sortir de chez elle à se débrouiller sur le Net. J'ai envie de monter une société de services : former les handicapés à des technologies qui pourraient leur être d'une grande aide.

Une ONG financée par une société informatique. Ou par Netscience, même, pourquoi pas ?

— Pourquoi pas, en effet ? C'est sûr que ce serait plutôt marrant qu'ils te paient pour quelque chose d'aussi radicalement différent. Après le bazar que tu as mis aujourd'hui, je n'ai aucun doute sur le fait que tu y arriveras. Tu as un sacré cran, Sara !

— Il faut dire que ma petite guide m'a bien aidée…

C'est ainsi que nous avons parlé de Sybille et de Ben, de chiens et de chats, et de la sagesse des animaux en général. Et c'est là que Tom m'a raconté qu'il avait divorcé de sa femme deux ans plus tôt.

— Ben m'a adopté après mon divorce, m'a-t-il expliqué en s'asseyant dans l'herbe et en caressant l'intéressé. À cette époque, j'avais un peu perdu foi en la vie, en l'humanité, en tout. Mais sa joie de vivre est absolument contagieuse. Tiens, regarde, il n'y a qu'à voir sa façon de me filer ces grands coups de langue ! C'est lui qui m'a appris tout ce que je sais.

— Je comprends. Moi, c'est pareil. Sybille m'a sauvé la vie quand j'ai rompu avec mon ex. Littéralement. C'est pas vrai, ma belle ?

Je me suis assise près de l'étang, où voguaient plusieurs barques. Une fois, Joaquín et moi en avions loué une. Cette pensée, bizarrement, ne m'a pas fait mal. Ma rancune envers Joaquín semblait avoir disparu. Est-ce que je lui avais pardonné ? Sa trahison était toujours aussi cruelle, égoïste et lâche. Mais j'en avais assez de porter une haine qui ne faisait que me gâcher la vie. En outre, si Joaquín avait été capable d'un tel acte, c'est qu'il était certainement complètement perdu dans cet univers, coincé entre les murs épais de son ignorance et de ses peurs. Ou peut-être que simplement j'avais enfin accepté que lui avait sa propre route à suivre et moi la mienne.

— Et ce divorce ? Comment vous en êtes arrivés là ?

Je me faisais l'effet d'une chatte, planquée dans son panier face à un chien dont elle ne sait pas encore si, oui ou non, elle peut lui faire confiance.

— Tu veux vraiment le savoir ?

— Je n'ai pas besoin d'avoir tous les détails, ai-je fait, l'air innocent. Je veux juste savoir si c'était ta faute, si tu es un petit salaud, tu vois ? Je prends des notes sur les hommes que je rencontre, des fois qu'il y en aurait un qui me plairait...

— Ah, OK ! a-t-il dit en toussotant. En fait, je crois que ça n'a été la faute de personne. D'ailleurs, on s'entend toujours bien, Clara et moi. C'est juste que finalement nous n'étions pas aussi compatibles que nous le pensions. Tant que nous avons vécu ensemble aux États-Unis, tout s'est plutôt bien passé. Elle est anglaise, mais on s'est rencontrés là-bas. On s'est mariés et on a travaillé tous les deux à Manhattan, pendant un certain temps. Les problèmes sont apparus quand on est venus vivre ici, près de sa famille et de son cercle social. Elle vient d'un milieu d'aristos, tu sais, ceux qui vont chasser le renard le week-end. Je le savais et j'avais rencontré mes beaux-parents une ou deux fois. Mais évidemment, c'est autre chose quand tu les as sur le dos toute la journée. Clara, dans cet environnement, avait une attitude différente. Ma façon d'être et de parler l'agaçait, et moi, c'était les airs qu'elle se donnait qui me sortaient par les yeux.

Ce n'était quand même pas ma faute si je n'accrochais pas avec le tennis, le cricket ou le polo ! Ou si je trouvais la plupart de ses copines insupportables. Ou si les renards morts me faisaient de la peine. Bref, à la fin, c'était devenu invivable, chacun ne supportait pas même la façon dont l'autre tenait sa fourchette à table. Et toi ? Quelle est ta triste histoire ?

— Beaucoup plus banal. J'ai découvert que mon copain me trompait depuis presque deux ans.

— Ouh, oui je vois. Ça a dû être un sacré choc. Je comprends que tu veuilles maintenant filtrer les salauds. Enfin, si tu as besoin de plus de références, tu peux toujours interroger Ben.

— Qu'est-ce que tu en dis, Ben ? Il est fiable, ton maître ? ai-je demandé, très sérieuse, au chien.

Le labrador a dressé l'oreille.

— Dis-lui oui, Ben, a chuchoté Tom. Dis-lui qu'elle peut avoir confiance jusqu'à la nuit des temps, et ce soir tu auras un steak gros comme ça pour le dîner. Hein ? Bon chien !

Ben, dont une bonne moitié de la langue pendait sur le côté, faisait des moulinets avec sa queue et semblait acquiescer. Difficile de rester sur la réserve devant cette image désarmante de sincérité canine. Mais j'étais encore en attente du verdict de Sybille. La chatte avait pris sa mission au sérieux et furetait depuis un bon moment autour du corps de Tom étendu dans l'herbe, laissant traîner son museau ici et là, les moustaches à l'horizontale, à quelques centimètres de son cou et de ses boucles dorées. Enfin elle a fini son inspection et, s'asseyant à côté de lui, la queue enroulée, elle m'a fait un léger signe de tête.

Je connaissais bien le langage de Sybille et je n'ai eu aucun mal à interpréter le message : « Qu'est-ce que tu attends, ma fille ? Fonce ! »

Elle n'a pas eu à me le dire deux fois. Avec une sensualité féline, je me suis approchée furtivement de Tom. D'un doigt j'ai soulevé vers moi son menton. Nous avons plongé dans les yeux l'un de l'autre, jusqu'au fond de nos âmes, puis nos lèvres se sont cherchées et trouvées. Le soleil brillait dans le ciel, la terre nous portait et nos cœurs se sont mis à battre à l'unisson. J'ai savouré ce baiser comme l'inoubliable fraise du Borough Market. Avec le même plaisir intense, sauvage, félin, du présent. Jusqu'à ce que Ben, qui devait être un peu jaloux de cette manifestation de tendresse à quelques centimètres de sa truffe, se joigne à notre baiser à grands coups de langue, balayant tout romantisme et nous ramenant aux rires. J'ai vu Sybille jeter au chien un regard sévère, comme pour lui dire : « Laisse-les donc tranquilles, ces pauvres primates. »

Nous sommes restés muets quelques minutes. Tom m'a pris la main. Il m'avait transmis son sourire d'une oreille à l'autre. J'ai brisé le silence :

— Dis donc : ça va être mon anniversaire dans un mois. Tu viendras à ma fête ? Tu es le premier que j'invite.

— J'y serai. Quel jour ?

— C'est le 9 octobre, mais comme j'ai plein de trucs à fêter et que je veux remercier tous ceux qui m'ont soutenue cette année, ma famille, mes amies… je vais bien avoir besoin de deux jours pour les quarante heures de fiesta que j'ai en tête.

— Ouah, j'adore ta façon d'envisager les choses !

Quarante heures, tu dis ? J'espère que tu m'en réserveras quelques-unes.

— Au moins la moitié, ai-je dit en me levant. Alors, tu as l'intention de nous la montrer, ta maison, ou pas ?

— Viens, Ben, a dit Tom en sautant sur ses pieds et en se mettant à courir. Allons faire visiter les lieux aux filles.

Il est des moments qui ne s'oublient pas. Des moments où il faut bien reconnaître que ce que m'a dit Sybille la première fois que je l'ai rencontrée est vrai : la vie est merveilleuse. Cette balade en compagnie d'un bel homme joyeux, garanti fiable par son chien et ma chatte, dans un parc londonien en cette fin d'été m'avait emplie de joie. Je me laissais envahir par une avalanche de sensations, de couleurs, de sons, d'odeurs et d'énergies divines. Je me sentais voleter dans le temps comme le papillon le plus heureux du monde.

Et quand, au bout du parc, au lieu de retraverser le pont, Tom a pris un petit escalier vers le canal et est monté avec Ben à bord d'une péniche peinte en bleu et blanc, ressemblant à s'y méprendre à celle de mon rêve, quand j'ai compris qu'il vivait dans une maison flottante amarrée un jour parmi les cygnes de Regent's Park et le lendemain à Camden ou à Windsor Castle, ce n'était plus seulement un moment splendide, inoubliable. C'était la découverte, ou plutôt la confirmation, que la magie existe bel et bien en ce monde.

Remerciements

Au nom de Sara et de Sybille, je voudrais remercier…

— Les nombreux humains qui ont su regarder vraiment les chats et ont inspiré mon écriture : Lao-tseu, Erich Fromm, Jon Kabat-Zinn, Thich Nhat Hanh, Gandhi, Félix Rodríguez de la Fuente, Jane Goodall, Ed Wilson, Gustavo Diex et mes différents maîtres de méditation et de yoga des écoles Sivananda, Satyananda et Nirakara.

— Franco et Adriana, pour le séjour que j'ai fait à l'Aglaia, un paradis terrestre où, parmi les chiens, les poules, les crapauds, les geckos et les oiseaux, j'ai écrit une bonne partie de ce livre.

— À Birte Siim, de l'université d'Aalborg, qui m'a accueilli pour la dernière étape de mon travail dans son superbe studio où j'ai pu admirer la pipe et la casquette (authentiques ?) de Sherlock Holmes, accrochées au mur.

— Santiago García Caraballo pour son livre *Gatos felices, dueños felices* (Madrid, Ateles, 2003) ; et Bruce Fogle pour *Los gatos hablan sobre sus dueños*

(Madrid, Ateles, 1999). Tous deux m'ont permis de me documenter sur la psychologie de nos amis félins et leurs rapports avec l'être humain.

— Martin Seligman et le mouvement de psychologie positive.

— Mon collègue et ami Jesús Damián Fernández, mais aussi Matt Weinstein, Miguel Olivares (l'inventeur de la « manette disco »), les Chief Morale Officers de Scient, et tous ceux qui ont fait le pari de l'humour, de la diversion et du jeu.

— Uli Diemer, pour m'avoir entraîné dans une série de jeûnes inattendus.

— Federico García Lorca pour son poème « Les peupliers d'argent ».

— Alejandro Jodorowsky pour son koan sur la pièce emmurée, tiré de son livre *El dedo y la luna.* Cuentos zen, haikus y koans, Obelisco, Barcelone, 2004 [*Le Doigt et la Lune*, Albin Michel, 1997].

— Gonzalo del Valle-Inclán, pour cette splendide phrase : « Un appartement avec vue sur le bonheur ».

— Rémi Parmentier de Varda Group, pour son idée des éventails contre le changement climatique, qu'il a réellement mise en pratique lors d'un sommet sur le climat.

— Greenpeace (et en particulier Tracy Frauzel) et les créateurs et participants de la campagne *arcticready.com,* dont j'ai repris certains des slogans.

— L'Adbusters Foundation et d'autres mouvements qui, comme Badverts, remettent en question ce que la publicité nous vend.

— Les rêveurs de Hub Madrid et de toutes les

communautés de coworking alternatif dans le monde, qui m'ont inspiré pour la Dream Station.

— Mes professeurs et camarades d'« impro », en particulier Javier Pastor et les *absurdios de Absurdia*, pour avoir joué avec moi à inventer tant de personnages et d'histoires.

— Steve, Fernando, Arancha et Ceci, pour avoir partagé avec moi leurs connaissances sur les chats et sur d'autres sujets importants pour l'élaboration de cette histoire.

— Mon agent Marta Sevilla de Zarana, pour m'avoir incité à me lancer dans ce projet et m'avoir accompagné tout au long de cette aventure éditoriale.

— Marisa Tonezzer d'Ediciones B, pour sa confiance et ses lectures attentives, ses suggestions et ses corrections qui ont amplement contribué à améliorer le texte final.

— Ma merveilleuse famille, mes amis et mes collègues, avec qui j'ai réellement vécu certaines des péripéties de cette fiction.

— Elena et Gudrun, pour leurs lectures et leurs commentaires.

— Les animaux non humains qui m'ont tant appris et continuent de le faire.

— Ema, pour ses corrections du manuscrit et parce qu'elle m'aide à découvrir jour après jour le présent, l'amour et la magie de l'univers.

Composition et mise en pages
FACOMPO, Lisieux

Imprimé en France par CPI
en janvier 2019
N° d'impression : 2041888

Suite du premier tirage : janvier 2019
S27834/04